房地产开发新兵入门丛书

旅游地产新兵入门

刘丽娟　主编

天火同人工作室　策划

中国建筑工业出版社

图书在版编目（CIP）数据

旅游地产新兵入门 / 刘丽娟主编．— 北京：中国建筑工业出版社，2014.5

（房地产开发新兵入门丛书）

ISBN 978-7-112-16859-0

Ⅰ.①旅… Ⅱ.①刘… Ⅲ.①旅游 — 房地产业开发 — 基本知识 Ⅳ.①F293.3

中国版本图书馆CIP数据核字（2014）第100488号

旅游地产对环境资源依赖性大，给开发商带来一定的技术门槛。旅游地产具备商业房地产的特征，投资回报率高，又给开发商带来更大的开发动力。本书研究了旅游地产在国内外的发展历程，进一步剖析旅游地产的特点。依据地产开发的一般流程，重点分析了旅游地产异于住宅地产开发的各个关键环节，涵盖了旅游地产前期项目定位、规划设计、运营管控、营销推广等，总结出9种不同旅游地产模式的盈利特征，最后对旅游地产投资的风险与规避作出探讨。

责任编辑：封　毅　周方圆
责任校对：陈晶晶

房地产开发新兵入门丛书

旅游地产新兵入门

刘丽娟　主编

天火同人工作室　策划

*

中国建筑工业出版社出版、发行（北京西郊百万庄）

各地新华书店、建筑书店经销

北京京点设计公司制版

北京云浩印刷有限责任公司印刷

*

开本：787×1092毫米　1/16　印张：16¾　字数：346千字

2014年9月第一版　2014年9月第一次印刷

定价：68.00元

ISBN 978-7-112-16859-0

(25319)

本书编委会

策划

天火同人工作室

专业技术支持

易中居地产培训机构

主编

刘丽娟

编委

龙　镇	肖　鹏	张连杰	成文冠	孙权辉	金　毅	周国伟
吴仲津	曾庆伟	樊　娟	叶雯枞	饶金军	杨　莹	卜鲲鹏
曾　艳	刘丽伟	王丽君	卜华伟	张墨菊	朱青茹	欧倩怡
	林德才	林燕贞	陈越海	冯　墨	董　丽	张展飞

执行主编：吴仲津

美术编辑：杨春烨

特约校审：樊　娟

前言 ▶ preface

旅游地产的概念最早可以追溯到19世纪，一种流行于欧洲地中海沿岸贵族圈的度假别墅。我国旅游地产的发展，直到20世纪80、90年代才开始起步，最初以旅游饭店的形式出现。

从消费背景与投资背景来看，旅游地产的发展对经济的依赖性很大。相比起传统的住宅项目，旅游度假项目并不是刚需产品，购买旅游度假产品多半是投资客行为，抑或是中产阶级、富豪等群体的个人度假消费。开发商投资旅游地产项目也比投资住宅地产项目有更大的资金压力。在旅游地产前期的资金投入中，旅游资源的开发资金占整个项目很大比重。除了销售房子快速回笼资金之外，其余资金需要靠旅游资源长期的运营收回，回笼周期较长。

但是，从长期发展来看，开发商投资旅游地产比投资住宅地产有更高的盈利空间。消费群体消费能力的壮大，旅游度假时间的增多，扩大了旅游地产的市场需求。市场供求的倾斜，经济利益的驱使，助长了开发商投资旅游地产的热情，不少住宅地产开发商纷纷进军旅游地产领域。一股旅游地产的开发浪潮已经袭来，我国旅游地产出现多元化的发展局面。

在研读了大量旅游地产开发案例与理论成果之后，本书描绘出一张旅游地产开发的全新地图，为旅游地产开发新军解读战场上的每个细节。本书以总括论述到分点解说的编排方式，先从欧洲贵族圈的度假别墅开始，讲述了旅游地产在国内外的发展渊源。主体结构以旅游地产的开发流程为线索，分章节依次介绍了旅游地产前期规划设计、运营管控、推广营销、后期盈利等关键环节，最后对旅游地产的投资风险与规避作出探讨。

旅游地产项目的开发形态取决于当地的旅游资源，旅游地产项目的开发也因此千差万别。没有一种打法是绝对正确，也没有一种打法是绝对错误。本书提出的几种旅游地产开发模式，建立在对已有项目的总结分析上，在旅游地产发展的春天，随时会出现创新的项目开发。本书提出的观点，同样基于已有案例的总结分析，所列举要点未必详尽，但希望能为入门者打开一个了解旅游地产开发的窗口。

如有不当之处，恳请读者批评指正。

目录 CONTENTS

03 旅游地产收入设计及运营管控 107

04 旅游地产的营销推广 147

05 旅游地产的盈利特点 189

06 旅游地产风险规避与发展趋势 247

旅游地产概述

操作程序

一、旅游地产的发展渊源

二、旅游地产的业态特点

三、常见的旅游地产分类方式

四、影响旅游地产开发的关键因素

五、旅游地产开发运营的注意事项

从字面上理解，旅游地产是旅游资源结合房地产开发的一种地产类型。研究旅游地产，必须从了解3方面的专业知识入手：一是旅游地产的起源；二是国际旅游地产的发展；三是国内旅游地产的发展等背景知识。

本章依次介绍旅游地产的发展渊源、业态特点、分类、影响因素等，为旅游地产开发作一次较为全面的扫描。

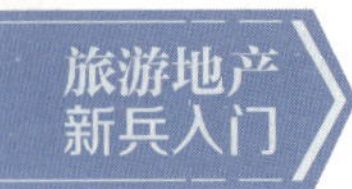

一、旅游地产的发展渊源

作为一种地产类别，旅游地产诞生于 19 世纪，最早出现在欧洲地中海沿岸。到 20 世纪 70 年代，旅游地产已经在全球都有开发。20 世纪 80、90 年代，中国的旅游地产逐渐起步，取得快速发展。

1. 国际旅游地产发展

19 世纪欧洲地中海沿岸的度假别墅是旅游地产的雏形，主要接待休假中的富人或贵族，后来逐渐成为贵族圈的生活方式。由于这种物业有季节性消费的特点，导致度假别墅淡季空置率高，经营亏损，从而催生出分时度假产品。

分时度假概念的出现使旅游地产在产品开发和市场占有率上获得了突破性增长，并影响至美国，进而覆盖世界各个地区。从此，旅游地产作为一种新型的地产，在房地产市场中不断发展成熟，开发的产品与形式也渐趋多元化。

（1）欧洲旅游地产的起源

最早的旅游地产可以追溯到 19 世纪前的地中海，其中以法国南部和意大利的那不勒斯最为典型。在 19 世纪到 20 世纪的法国南部，贵族度假旅游形成了数不清的城堡，实际上就是自发而形成了今天所谓的旅游地产。

1）法国南部因自然景观稀缺而兴起旅游地产

19 世纪以前，休假是富人或贵族的特权。英国是浪漫主义文化的发源地，崇尚自然的英国式花园就出现在那个时代。1839 年，英国首相布鲁安（Brougham）勋爵在意大利之行途中发现，地中海岸风景漂亮，气候宜人，而且远离社会喧嚣。卸任后，他到这里建了自己的别墅，并生活了 30 年后去世。这期间他给许多亲友写信，描述法国南部海岸的美丽，从而引发了英国人的兴趣，纷纷在冬天来到法国南部海湾度假。

1858 年，法国诗人科诺（Conneau）在法国南部海岸休假时，给皇后（拿破仑三世的妻子）写信介绍地中海岸的美丽宜人，又激起法国人对海岸的兴趣，法国国王、贵族等纷纷来到海岸度假，并以此引发欧洲其他皇室的兴趣，地中海北岸一下成为欧洲王公贵族和富豪名儒云集的胜地。

随着到海岸休假的英国人和法国人越来越多，海岸旅游业开始兴起。到处建起了别墅和旅馆，甚至建起了供富人娱乐的赌场，从而成为欧洲最著名的休假和疗养胜地。

这样的黄金时代到第一次世界大战时结束，海岸上又旅客稀落，兴建的豪华宾馆无人问津。

2）美国人使充满贵族气氛的海岸度假文化爵士化

几年后美国开始了“爵士乐时代”，美国人要到欧洲来寻找他们在美国无法享受到的自然景观与人文景观，再度发现法国南部海岸。原本充满贵族气氛的海岸度假文化变得“爵士”化：海岸上看不到王室贵族，只有演员明星、作家。威士忌替代了香槟酒，美国平民的别克车替代了英国贵族的劳斯莱斯车。尤其在 1925 年，一位美国作家（当时的百万富翁）一改以往欧洲人只有冬天才来海岸休假的传统，而选择夏天来海岸度假，发现了夏日的海岸更美。

这样几个过程下来之后，法国南部海岸从传统的冬季度假胜地，变成了暑期度假胜地，从而改变了法国南部海岸的度假文化。

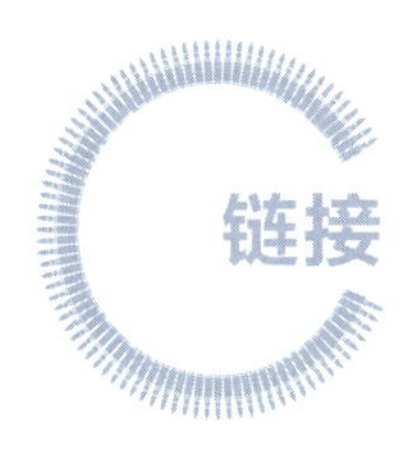

庞贝古城证明意大利早期就有旅游地产开发

公元79年那不勒斯附近最著名的维苏威火山喷发，当年火山灰掩埋了庞贝古城，1000多年后才被发现。这个古城在16世纪被发现并开始发掘，位于那不勒斯郊外的世界著名古迹已经有许多游客进入参观，古城还保存着当年的街道和房子、富人的花园、神庙、广场等。

（2）欧洲近代旅游地产首创“分时度假”概念

二次大战以后，历经战火洗礼的欧洲经过十余年的发展，已逐渐恢复起往昔注重生活品质、讲究生活品位的民族传统。其中最为明显的就是当时度假风气兴盛，尤其在欧洲最浪漫、最富有情趣的法国表现尤盛。

1）海滨别墅空置率很高

20 世纪初法国地中海沿岸开发了大量海滨别墅。一时间地中海成为欧洲乃至世界的休闲度假中心。来自欧美的各国政要、贵族、富商蜂拥而至，他们本无力单独购买整幢度假别墅，而部分有能力购买整幢别墅的家庭用户，每年的使用时间又非常有限，最多只用几周，这类别墅的空置率很高。

2）分时度假概念一经推出便一举成功

20 世纪 60 年代早期，一位名叫亚历山大·奈特（Alexander Nette）的德国人，在他所管理的位于瑞士提西诺（Ticino）的饭店中首先创造出原始的分时度假概念。他的设想是，将度假地房产的股份出售给消费者，然后给予每个购买者在度假地住宿的权利，所有购买者被称为股东或合伙人，最早的分时度假概念就由此自然而然地产生。

随后，亚历山大·奈特创建了专门经营分时度假产品的欢乐迈格（Hapimag）公司。在 1968 年就有 8000 多名股东购买其房产。到 20 世纪 90 年代，这家公司共有 12.5 万名股东和遍布欧洲 15 个国家的 53 处分时度假地。

1967 年，法国著名的建筑公司 Les Grands Travaux de Marseille 也设计了分时度假产品，这是全球第一个标准的分时度假产品设计，这家公司在位于法国阿尔卑斯地区的 Superdevoluy 滑雪度假地开始出售固定住宿单元的分时度假产品并一举成功。

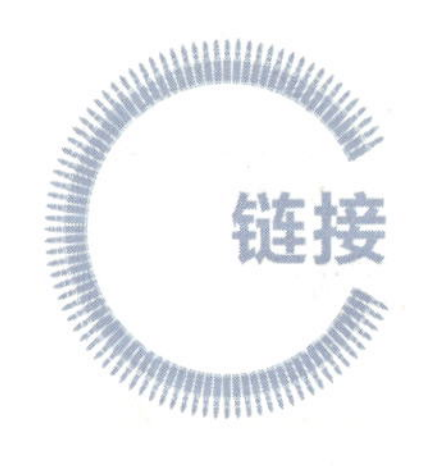

各国分时度假的法规

《欧盟分时度假指令》（European Union Timeshare Directive）

分时度假在这个指令中被定义为："所有有效期在3年以上、规定消费者在按某一价格付款之后，将直接或间接获得1年内某些特定时段（这一期限要在1周之上）使用某项房产的权利的合同，住宿设施必须是已经建成使用、即将交付使用或即将建成的项目"。

美国佛罗里达州《分时度假房产法案》（Real Estate Timesharing Act CH721 Florida）

该法案对分时度假的定义是："所有以会员制、协议、租契、销售或出租合同、使用许可证、使用权合同或其他方式做出的交易设计和项目安排，交易中，购买者获得了对于住宿和其他设施在某些特定年度中低于1年的使用权，并且这一协约有效期在3年以上"，即称之为分时度假项目。

（3）美国旅游地产的发展

分时度假市场在法国形成以后，迅即在世界范围内得到发展，成为风靡世界的休闲旅游度假方式。

1）美国引入分时度假概念并取得成功

20 世纪 70 年代中期，美国经济正经历近 20 年快速发展，又在 60 年代经历"婴儿潮"后开始衰退，经济泡沫造成大量房地产积压、空置，特别是市场不景气时期积压下来的大量别墅。为处理积压与空置产品，重新盘活闲置房产，美国人从欧洲引入分时度假概念，取得了巨大成功。

有数据显示，1977 年美国 95% 以上的度假物业是由其他房地产开发项目改造而来，由此美国成为世界上分时度假产业最发达的国家。1987 年后，大量投资商、开发商纷纷进入这一领域，使分时度假这一产品模式更加清晰，法规也相应健全；配套的服务业、管理业也迅速成熟。1999 年全球分时度假物业销售额达到 67.2 亿美元，540 万个家庭参与了全球最大的分时度假公司 RCI 开发的分时度假网络。

2）开发分时度假交换系统出现

分时度假概念在美国大获成功后，房产经营者们很快就发现一个问题：休闲度假如果永远只在一个地方进行，对度假的人来讲，未免太过无趣，这样的度假房产最终会对消费者失去吸引力，会让好不容易摆脱困境的开发商又陷入销售不利的局面。经营者们看到了从欧洲简单复制而来的分时度假产品过于僵化、缺乏灵活性的一面。

很快，从分时度假概念上进一步拓展出分时度假的交换系统。其核心方法是：在拥有客房使用权的客户内部，建立一个交换平台，使客户可以将自己的度假房产使用权通过这个交换平台换取同等级别但位于其他地区的度假房屋使用权。

这个概念让分时度假里房产主人只能到一个地方度假的局限得到破解，客户不用每年都去同一个地方度假，这样的开发概念广受客户的欢迎。计算机技术和网络技术的飞速发展为这个概念注入了更强劲的发展动力，分时度假交换平台很快发展成为一个不受空间地域限制，内部复杂，外部操作简单，可以通过电话、计算机、网络进行安全便捷交换的分时度假交换系统。

分时度假交换系统的发展成熟，极大促进了分时度假市场的拓展。20 世纪 90 年代后，正是有了分时度假交换系统的支持，分时度假风靡美洲和欧洲大陆，大洋洲和部分亚洲国家也加入了分时度假市场，分时度假从此进入了一个崭新的发展阶段。

全球最大的分时度假公司是国际分时度假交换公司RCI（全称Resort Condominiums International），隶属温德姆企业集团（Wyndham Worldwide）。作为世界顶级的分时度假交换公司，截至2012年，RCI在191个国家里，拥有超过300万会员家庭，这些家庭每年都享受着RCI全球范围的交换服务和各式各样与旅游、休闲相关的服务。每年RCI为它的家庭会员确认180万次以上的度假交换，让超过650万名客户能够度过愉快的假期。

3）分时度假交换系统用点数制促进房产的流通

点数制即顾客购买的不再是某处房产的一段时间的使用权，而是购买一定的点数（或称分数），以所购买点数来选择消费标价已折合成点数的住宿和娱乐等产品。它可以推进全球化点数制体系的建立和发展，即通过点数制网络将各地的点数制俱乐部联合起来交换，使会员在度假需求上具有更大限度的自由选择性。

分时度假交换系统对加盟的房产有明确的要求。

第一，对于房间大小，度假饭店房间不小于 18.6 平方米；供两人住宿的套房在 23.5

平方米以上；供4人住宿的套房在41.8平方米以上；供6人住宿的套房60.4平方米以上；

第二，对于卫生间，所有房间都必须备有单独卫生间，6人套房必须平均拥有1.5个卫生间。

点数制下消费者的消费方法是：只需一次购买一定数量的“点数”，这些“点数”就成为他们选购产品的“货币”。他们可以使用这些“点数”，在不同时间、不同地点、不同档次的度假村中灵活选择其“点数”所能负担的住宿设施。迪士尼和希尔顿分时度假交换系统中均已采取这种模式。

实行点数制的俱乐部一般会拥有几处度假地房产，不同房产有面积、档次等方面的差异，点数制里的会员向供应商购买一定数量的点数，所有的住宿、娱乐产品也以点数标价。会员可以随意选择在一年的任何时间、选择网络内任意地点消费，并且对于房间的大小、住宿时间长短、每年来度假的次数等都可以自由选择。点数是俱乐部用来测度房产价值的工具，点数多少与淡旺季、房产面积和度假地坐落地点有关。点数制模式，相当于在度假地引入了一种新的流通手段。

（4）亚洲旅游地产市场发展

随着亚洲旅游消费需求从观光向度假层次的转变，日本、韩国、菲律宾、泰国、马来西亚、新加坡等国家，利用其优越的海滨自然资源，推出了假日休闲、周末度假、旅游度假、会议休闲、运动健康休闲等多种休闲度假类产品（图1-1），对旅游房地产及其相关配套设施需求激增。随即，大批国际金融投资商、地产开发商、酒店投资管理机构纷纷介入旅游物业开发，取得了可观的收益，同时也带动了亚洲各国经济的增长。

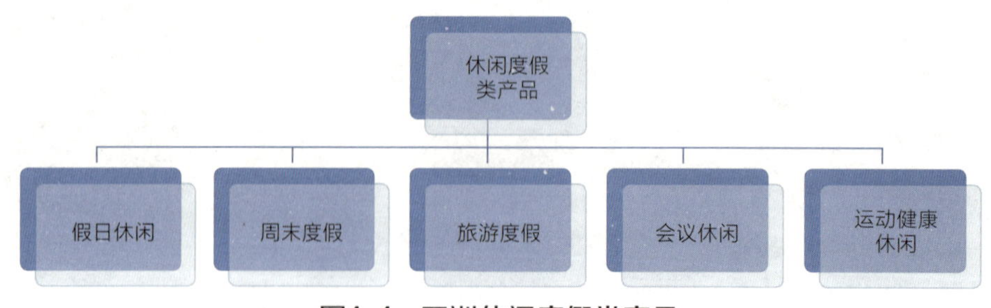

图1-1 亚洲休闲度假类产品

2. 中国旅游地产发展的3个阶段

与国外旅游地产业相比，中国旅游地产业产生较晚，发展相对较慢，这与国家旅游、地产政策以及经济发展水平有着密切的联系。

旅游地产是一种资本密集型的产业，本身具有投资周期长、投资额大、影响因素复杂等特点，不确定因素多且极易受到整体经济环境的影响，资金的充足与持续性直接影响着旅游地产项目的成功。中国旅游业发展阶段是从观光旅游到休闲旅游再到度假旅游的过程，与之相对应的，中国旅游地产业发展基本符合这 3 个阶段发展规律（表 1-1）。

3种旅游形式的内容对比分析 **表1-1**

指标	观光旅游	休闲旅游	度假旅游
人均GDP	1000～2000美元	2000～3000美元	3000美元以上
理念	追求体验，获得刺激	追求愉悦，获得放松	追求健康，获得放松
目的	通过适当外部刺激摆脱日常生活的枯燥，达到身心愉悦	通过各种不同体验方式达到摆脱生活的枯燥	通过各种活动使紧张得到放松，恢复身心平衡
产品形态	多个不同景点串成的旅游线路	多种不同休闲产品的组合	依靠单个旅游度假的各种产品组合
旅游半径	由小到大，越走越远	不太注重距离的远近	相对较近，主要集中在居住地附近几小时车程内
停留时间	在单个景点或目的地停留时间较短	停留时间相对延长	在单个度假地较长时间停留
旅游形式	以旅游团队形式居多	团队较多，但逐渐在减少	以散客为主
要求重点	对景点吸引力、交通便利、导游服务要求较高	对娱乐产品的新鲜度、参与性要求较高	对住宿、餐饮、环境要求较高
消费特点	中低档为主	中档为主	以中高档为主
购买方式	较多选择旅行社与中间商	越来越倾向自我选择	较多选择直接购买
重复购买	较少	越来越多	较多
消费心理	从众心理	从众较多	从众较少

旅游地产在我国起步于 20 世纪 80、90 年代。它的市场成长方式如下：

第一，解决沿海地区房产项目供过于求的局面。

最早开始在沿海地区以及改革较早的地区，特别是海南等旅游胜地。当时旅游地产在我国是一种被迫式发展，主要为解决房地产项目供过于求剩下来的那些物业。

第二，满足人们收入提高后的消费需求。

随着人民收入大幅度提高之后，新的消费理念逐步形成，住宅消费开始向舒适型转移。于是，随着大量开发商进入旅游地产领域进行投资，旅游地产开发迎来了其正规发展阶段，且在巨大的发展前景的推动下，成为业界关注的中心。

第三，政策发展战略导致其发展深入。

20 世纪 90 年代以后，中国的改革开放逐渐深入，中国旅游业也出现了蓬勃发展的新局面。

第四，被迅猛增多的国际交流和入境旅游拉动。

随着国际交流的增多和入境旅游的迅猛发展，旅游地产作为旅游业发展的重要物质基础，在改革开放的 20 多年中得到迅速发展。中国旅游业从原来仅仅有入境旅游逐渐转化为国际（包括入境旅游和出境旅游）旅游和国内旅游并重的局面，特别是 20 世纪 90 年代末，中国假日旅游热使国内旅游需求全面释放。

中国旅游地产发展的 3 个阶段如图 1-2 所示。

图1-2　中国旅游地产发展的3个阶段

阶段 1. 旅游地产初期发展只是宾馆酒店业的发展

1949 年到 1978 年改革开放政策实施之前的 30 年时间。

这个阶段中国的旅游一直为政治服务，被看作是外事活动的一个组成部分，还没有形成一个产业。出入境旅游规模也都很小，境内旅游仅限出差或探亲访友，人们绝少专门去旅游，而旅游地产仅作为一种住宿结构，发展相当缓慢。

1978 年国务院召开全国旅游工作会议，中央提出从政治接待向自主经营转变的旅游产业发展战略，标志着我国现代旅游产业的开端。之后，随着旅游业兴起，现代化大规模酒店成为那个时代旅游经济发展的迫切需求。

严格来说，当时这些酒店不能算作中国的旅游地产业，更多只是传统意义上的宾馆酒店业的发展。

阶段 2. 国家级旅游度假区出现引发旅游热

中国的旅游业是改革开放的产物。改革开放后，中国旅游地产才得到了迅速的发展。国务院在 1992 年批准了 12 个国家级旅游度假区，随后各级地方政府又批准了 100 多个省级旅游度假区。1996 政府对“旅游年”活动的推广，休闲和商务旅游这种度假形式成为我国旅游经济发展的新特色和新形式。

借助房地产行业的大规模发展，一些高投入、高品质游乐场和旅游景区的开发建设成为地区与旅游相关的地产项目开发和投入的主要模式。此时中国旅游地产行业的投资和开发模式开始从单一的酒店项目建设向大规模、多元形式的转变。

1978~1998 年期间，旅游地产仍主要以旅游饭店的形式迅速发展，旅游饭店作为旅游地产的一种业态承载形式，在这一阶段可以划分为如图 1 3 所示的 4 个时期：

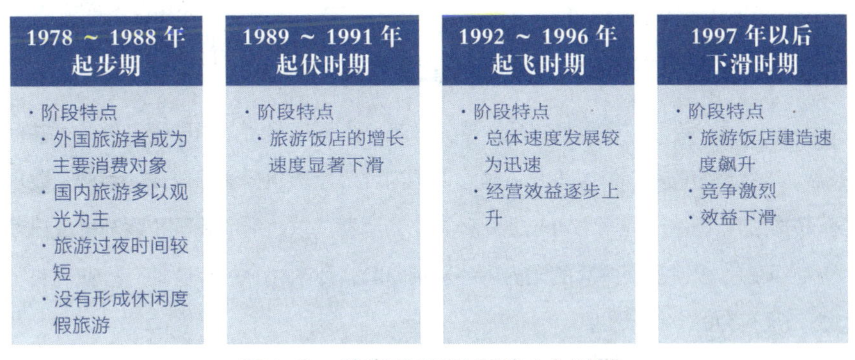

图1-3　旅游饭店发展的4个时期

1）起步期

1978~1988 年是旅游饭店的起步期。

改革开放后，大批外宾、华侨涌入国内进行旅游、贸易，或进行科学文化交流和访问考察。在这种情况下，原来的一些事业性质的招待所或饭店已经不再适应对外开放的需要，各地都相继建造了一批旅游饭店。许多大中型城市和沿海地区的宾馆饭店纷纷走上企业化经营管理的道路。为了适应当前旅游的要求，大量引进外资、独资、合资、合作经营饭店是此时旅游地产发展的主流。

此阶段，旅游地产的特征是：外国旅游者成为旅游酒店的主要消费对象，国内旅游多以观光为主，旅游过夜时间较短，没有形成休闲度假旅游。

2）起伏时期

1989~1991 年是旅游饭店的起伏时期。

1989 年中国经济有一个下滑期，蓬勃发展的旅游业突然跌入一个低谷。阶段特征就是这个时期旅游饭店的增长速度显著下滑。从 1989 年 21.5% 的客房增长率连续下降到

1990 年的 9.83%，1991 年的 9.28% 和 1992 年的 9.32%。

这一时期整个市场的下滑对旅游饭店数量增长产生了影响。

3）起飞时期

1992~1996 年是旅游饭店的起飞时期。

这一阶段可以说是旅游饭店发展的一个黄金时期，阶段特征是，总体速度发展较为迅速，经营效益逐步上升，在一个更高的层次上满足了社会需求的增长和旅游发展的需要。

4）下滑时期

1997 年以后是旅游饭店的下滑时期。

阶段特征是这一时期旅游饭店建造速度大幅度飙升，与之相伴的是饭店的经营竞争异常激烈、经营非常艰难、效益持续下滑。

阶段 3. 多种旅游形式和概念蓬勃兴起

2000 年以后，商务和休闲旅游开始蓬勃兴起，国家开始大力倡导国内旅游，并提出了休闲旅游、全民旅游的新旅游经济发展理念，国内度假旅游规模逐渐形成，客观上要求出现具有度假功能的新型旅游地产来对应逐渐多样化的消费需求。借助我国正逐渐形成日趋强大的入境旅游实力，以及呈现井喷的国内旅游发展态势，我国整个的旅游地产行业拥有了巨大的推动力和强有力的支撑条件。

而分时度假概念的一朝引入，旅游地产瞬间进入了一个全新阶段。

3. 中国旅游地产发展的区域性特点

中国旅游地产可以划分为 5 个板块，分别为海南、西南、环渤海、长三角及两广地区（图 1-4）。这 5 大片区的旅游地产项目占全国总数的 83%，发展也明显具有区域性。

图1-4　中国旅游地产的5个板块

截至2012年底，全国已面市的旅游地产项目共有2259个，遍布全国85个城市和地区，相比2011年区域集中性特征更加突出（表1-2）。2012年中国旅游地产投资额超过万亿元，有超过1/3的百强房企开始涉足旅游地产开发领域。

新时期中国5大片区旅游地产项目概况 **表1-2**

片区	旅游地产项目数量（个）	占比（%）
环渤海	271	12
长三角	116	5
西南	294	13
两广	181	8
海南	1016	45

（1）海南板块旅游地产项目分布

海南是中国旅游地产发源地，旅游业发展相对最为成熟，截至2012年底，海南旅游地产项目总数为1016个。

海南旅游地产的发展重心仍然在东线湾区，是海南旅游地产的主战场。其中，海口项目数量巨大达到536个，三亚项目数量仅次于海口有161个，其次为琼海、文昌和万宁。虽然三亚旅游地产项目数量少于海口，但其旅游地产单体规模与项目品质均高于海口。

在国家宏观调控和剧烈竞争环境下，2012年海南整体市场出现了量价齐跌的格局（表1-3、1-4）。

海南重点城市成交面积对比 **表1-3**

面积（万m²）	2011年1～10月	2012年1～10月	同比增幅
海口	116.23	140.59	21%
三亚	76.51	54.46	-29%
琼海	101.09	45.13	-55%
陵水	39.50	22.17	-44%
文昌	30.08	18.00	-40%
5城综合	363.41	280.35	-23%

海南重点城市成交均价对比 表1-4

均价（元/m²）	2011年1～10月	2012年1～10月	同比增幅
海口	8993	8206	–9%
三亚	26238	27132	3%
琼海	9098	7418	–18%
陵水	30307	25899	–15%
文昌	7913	6786	–14%
5城综合	14880	13092	–12%

（2）西南板块旅游地产项目分布

西南地区是我国旅游地产的后起之秀，截至 2012 年底，已有 294 个旅游地产项目。从发展布局来看，昆明、丽江、大理、西双版纳和重庆是项目集中区。

西南地区是旅游地产的集中地，其中，昆明有项目 49 个，丽江 45 个，大理 41 个，西双版纳和重庆皆有 40 个项目（表 1–5）。

西南重点城市旅游地产项目占地面积 表1-5

城市	占地面积（m²）
重庆	5573987
昆明	40767287
西双版纳	15490873
瑞丽	8344221
丽江	7018839

（3）环渤海板块旅游地产项目分布

依托良好的滨海资源，环渤海已成为我国继海南、云南之后的第三大旅游地产重点区域，截至 2012 年底共有 275 个旅游地产项目。青岛、烟台和威海 3 个城市是旅游地产项目数量最多的城市，分别有 50 个、46 个和 45 个。

从项目占地规模来看，烟台是环渤海地区占地面积最大的城市，其旅游地产用地面积已超过 1 亿平方米（表 1–6）。

环渤海重点城市旅游地产项目占地面积 表1-6

城市	占地面积（m²）
大连	3573913
秦皇岛	843203
青岛	3158626
烟台	103556688
威海	9894105

（4）长三角板块旅游地产项目分布

长三角旅游地产发展时间较早，但开发规模一直较为稳定。截至 2012 年，长三角真正意义上的旅游地产项目有 116 个。

从项目数量上看，杭州地区的项目最多，为 25 个，紧跟其后的是上海和无锡，分别有 19 个和 15 个。

从项目占地规模来看，上海旅游占地规模最大，其次是杭州（表 1-7）。

长三角重点城市旅游地产项目占地面积 表1-7

城市	占地面积（m²）
上海	5143537
无锡	1370854
宁波	1014705
杭州	3146528
南京	2408326

（5）两广板块旅游地产项目分布

珠三角地区是旅游地产起步较早区域，与长三角地区发展相似，规模较为平稳，截至 2012 年底珠三角地区共有旅游地产项目 181 个。

从项目数量上看，广西北海地区的项目最多，有 52 个，其次是惠州，有 29 个。

从项目占地规模来看，惠州旅游地产项目占地规模最大，其次是北海（表 1-8）。

两广重点城市旅游地产项目占地面积 表1-8

城市	占地面积（㎡）
深圳	890290
珠海	866828
惠州	5356651
北海	2945189

二、旅游地产的业态特点

旅游地产的核心业态特点主要在3个方面，一是对环境资源依赖性大；二是具备商业房地产的特征；三是产品类型与运作方式多样化、消费档次高。具体而言业态特点如图1-5所示。

特点1	·对环境资源依赖性大
特点2	·具备商业房地产的特征
特点3	·产品类型与运作方式多样化
特点4	·整体消费档次高
特点5	·具备投资和消费的双重属性
特点6	·多种使用功能相结合
特点7	·地产开发与配套服务软硬兼施
特点8	·对开发商开发运营要求高

图1-5 旅游地产的业态特点

特点 1. 对环境资源依赖性大

旅游地产开发选址多为风景名胜区。要求地块风光秀丽、气候宜人，当地还要具有一定的历史文化氛围及文脉。

中国城市间发展差异较大，已经形成一、二、三线城市的划分标准，在这个城市划分标准下，旅游地产市场基本呈现“一级城市靠地产，二、三级城市靠资源”泾渭分明的发展趋势。比如，北京、上海、天津等一级城市的旅游房地产基本上走“地产”路线，以人造的景区和景点景观来配套住宅、酒店、社区的开发；而二、三级城市的旅游房地产则主要走“旅游”路线，依托区域已有的高端旅游资源做项目配置。

中国沿海地区经济发达、景观资源丰富，旅游地产业率先在这一区域落足，而中、西部的旅游地产不仅数量少，且多集中在城市附近或相邻城市。

特点 2. 具备商业房地产的特征

旅游地产是一种具有商业房地产性质的地产业态，具有 4 类商业房地产开发特征（图 1-6）：

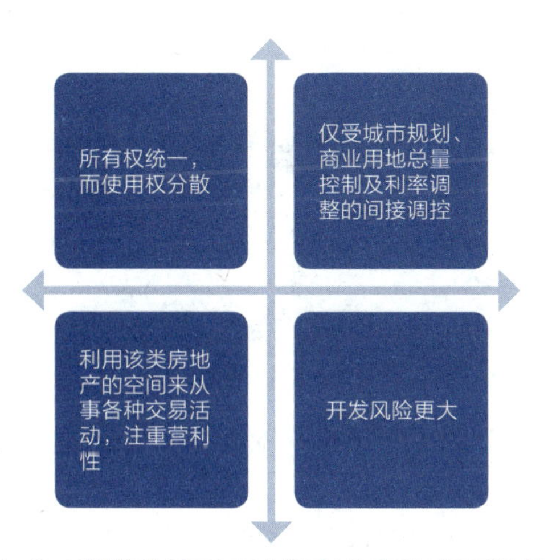

图1-6　旅游地产具有4类商业房地产开发特征

第一，在产权特征方面，通常是所有权统一，而使用权分散；

第二，在市场运作方面，一般不受政府的直接干预，而仅仅受城市规划、商业用地总量控制及利率调整的间接调控；

第三，在投资经营方面，投资者通常是利用该类房地产的空间来从事各种交易活动，注重营利性；

第四，相对于住宅类地产，旅游地产开发风险更大。

旅游地产的上述特点决定了其在开发过程中，需要充分考虑市场因素，包括市场容量、规模和变化等；由于旅游地产独特的产权特征，不能只注重开发过程，更要注重开发后的经营和管理。

特点 3. 产品类型与运作方式多样化

众多旅游地产已由过去的产权式酒店、分时度假逐步发散性延伸发展，以健身、滑雪、旅游、休闲、娱乐、健康为主题的旅游房地产项目逐步兴起，旅游房地产的运作方式逐渐呈现出综合化、多元化的特征。

特点 4. 整体消费档次高

旅游地产自诞生便具有贵族化色彩，在国外它属于中产阶级消费品。国内旅游房地产的消费者群集中在城市高收入阶层，这一阶层经济状况良好，希望拥有较高品位的住宿条件和度假环境。这种特征推进旅游地产快速打破传统旅游项目对消费需求满足有限的藩篱，使得旅游地产消费人群特征也比较明显。

（1）消费群体以中高收入阶层为主

旅游地产是经济发展到一定阶段的产物。无论从消费行为还是生活方式上看，旅游地产都要求消费者具有较高收入。

旅游地产的形态不一样，所针对的消费行为特征也不一致，目标消费群体更会有差异。比如，产权酒店一般是以投资为目的兼针对中产阶层消费行为为目标市场。度假村及度假别墅则主要是以强烈度假需求的高收入群体为目标市场。

（2）置业人群区域划分比较集中

中国旅游地产市场基本呈现方式多样，除了过去常规的产权式酒店、分时度假等产品，又兴起诸如健身、滑雪、旅游、休闲娱乐、健康为主题的旅游地产产品，旅游地产运作投资形式也更加科技化、综合化、多元化。

（3）置业对象以多层次置业的异地置业者为主

旅游地产具有明显的异地置业特征，大多表现为二次置业、三次置业。旅游地产中的地产项目是以稀缺性的旅游资源为依托，不但表现为能满足人们的旅游休闲度假等需求，其投资价值也在旅游地产中占有较重地位。所以，旅游地产对异地置业者的吸引在于，一是能满足其旅游度假；二是能满足其投资需求。

特点 5. 具备投资和消费的双重属性

旅游地产首先是一种投资品，它具有投资和消费的双重属性。

从开发环节来看，旅游地产是一种固定资产投资，一种投资生财的方式。固定资产投资通常被认为是拉动地方经济增长的三驾马车之一。

从消费环节上来看，消费者购买旅游房产，满足了自己旅游消费的方便。

（1）投资回报率高

像景区以及酒店这类一般旅游产品，投资回收缓慢。因为景区主要依靠每日门票，酒店依靠房间出租，这种小额交易使其投资回收期变得漫长。

对于旅游地产中的业主来说，自己出钱买下其中的一个或多个单元，成为业主，然后再委托开发商去管理经营，是一种相对稳定的投资回报。

对于旅游地产经营者来说，可以凭借自己优越的房产资源、标准化的服务模式来吸引投资者，同一房产可以在不同的时段租借给不同的消费者，提高房产的资金回收效率，不断通过经这样的经营获利。

（2）可储存消费和期权消费

旅游地产中的度假房产，在消费时间上可以表现为多次，即一次性购买多个时间段或生前永久性（如养老型酒店）的消费权。

时权酒店出售的便是每一单位的每一个时间段一定年限内的使用权。购买分时度假产品的消费者还可将自己的度假权益交换至分布于世界各地的度假村。但在旅游业的其他领域，当时当地购买或提前异地预定的产品，只能在当时当地消费，不存在储存消费和期权消费一说。

特点 6. 多种使用功能相结合

旅游地产是把养身度假和交易以及身份象征结合起来的一种地产业态。和一般城市房地产只解决简单居住的问题不同，它还要解决更多的其他问题。

不管分时度假还是一般度假都是第二居所的概念。第二居所，是指“5+2”物业，大多是周末或假期能够比较常去居住的物业，也包括富裕阶层用于寒暑期间避寒、避暑的物业。它所辐射的消费人群是从旅游点，即旅游房地产所在地，开始向一个区域或者一个城市逐渐扩大。

旅游地产不但让人游玩还要让人居住，今后会逐步出现旅游地产的产品功能和产品类型细化。因为没有多种消费方式，旅游地产就发展不起来。如外省市的人跑到海南去购房，很多人开始在香港或其他一些地区购房，这样都会带动当地房地产和旅游业的提升。

特点 7. 地产开发与配套服务软硬兼施

旅游地产不能光有硬件设施，如果没有软件建设，很难把普通地产项目变成旅游地产。凡是有最优秀的酒店管理公司或物业管理条件的地区，才有可能逐渐形成旅游地产。因为它要有一个巨大的网络来实施。并非是某一个开发商说，我在某一个地区盖一小块作为一个旅游地产，又没有一个庞大网络或者软件配套，就成了旅游地产。这样的方式绝难把它变成分时度假。所以，配套、服务系统和硬件不能分离（图 1-7）。

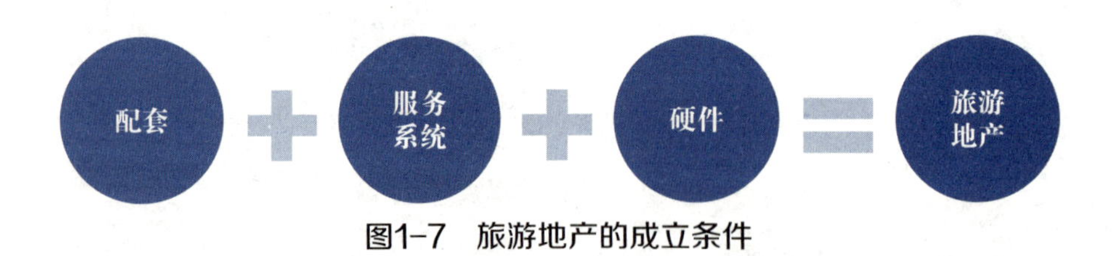

图1-7　旅游地产的成立条件

旅游地产要把旅游项目经营得很好，又要把旅游房地产配套服务经营得很好，这两者结合起来才能让旅游地产发挥出旅游的价值和作用。

特点 8. 对开发商开发运营要求高

旅游地产是高风险行业体现在两点：一、它是一个投资周期漫长、投资资金巨大、对土地储备非常严格的行业；二、它上升空间不可限量，下跌幅度也不可预言。

旅游地产是一个系统工程，不但需要政府政策支持，更需要开发商的智慧和魄力。开发这类地产项目最考验开发商综合实力和项目运作水平。旅游地产对开发商提出更高要求主要体现在如图 1-8 所示的 3 个方面：

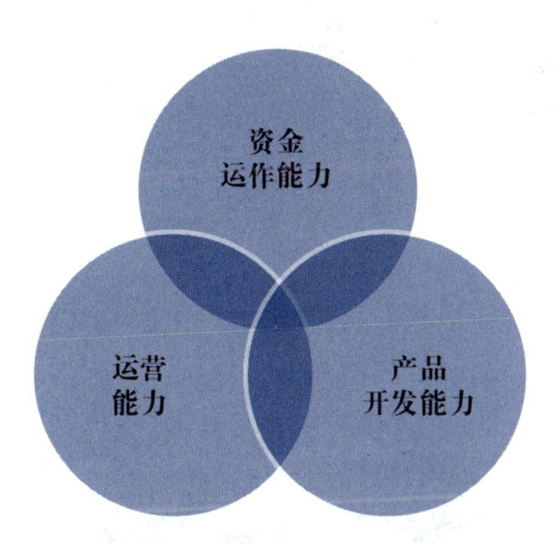

图1-8 旅游地产对开发商提出更高要求的3个方面

（1）资金运作能力

旅游地产在投入和收益上有两个特征：

一是旅游地产短期内很难达到收支平衡。

旅游地产资源需要先改造培育，旅游业最初需要源源不断的投资，才能实现在地产上的利润。

二是作为旅游产业的派生产品，其开发规律与住宅地产完全不同。资金需求量更大。

旅游房地产更是一种弹性置业需求，它从前期策划到市场营销和后期物业管理的全过程都与住宅地产有着完全不同的规律，开发者要有足够的心理准备和综合实力的储备。

（2）产品开发能力

旅游地产的产品开发有两个限制条件：

一是社会舆论环境严苛。

旅游地产的开发投资行为特征已不再是单纯的地产投资活动，它对社会文化的促进、生态环境的保护、土地资源的利用等各种层面的影响，均受到社会舆论的关注。

二是高端消费人群的生活品位高。

旅游地产客户群已不是简单地为解决住房有无的客户群体，而是一批讲究生活质量、着眼投资效益的苛求客户，消费者要求更高，投资行为更理智。

（3）运营能力

旅游地产开发商正面临一个专业化的时代，投资开发的行为趋向于专业化、集约化和国际化3个方向发展（图1-9）。旅游地产不同于普通的房地产开发，它更依赖于环境条件和投资的实力。旅游地产的营销方式是租赁与出售相结合的形式，要求有更高的管理水平和经营能力。

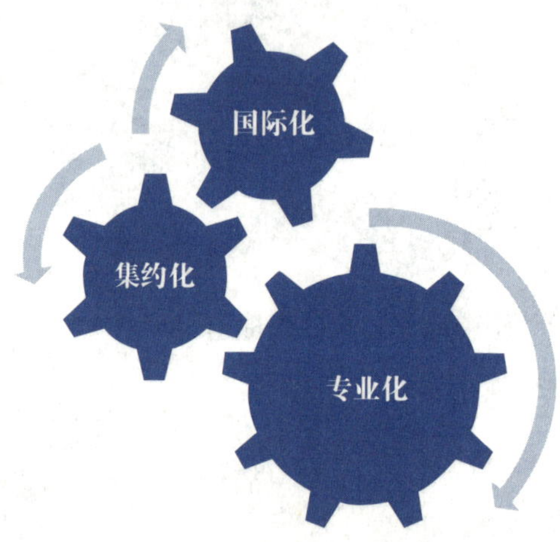

图1-9　旅游地产投资开发的行为趋向

操作程序

三、常见的旅游地产分类方式

旅游地产市场发展渐趋成熟，综合运营与多元开发让旅游地产呈现出各种不同的形态。对于旅游地产的分类，常见的是依据开发类型和物业类型两种标准划分。

1. 按开发类型可分为4类

按开发类型划分，旅游地产可分为旅游景点地产、旅游商务地产、旅游度假地产、旅游住宅地产4种（图1-10）。

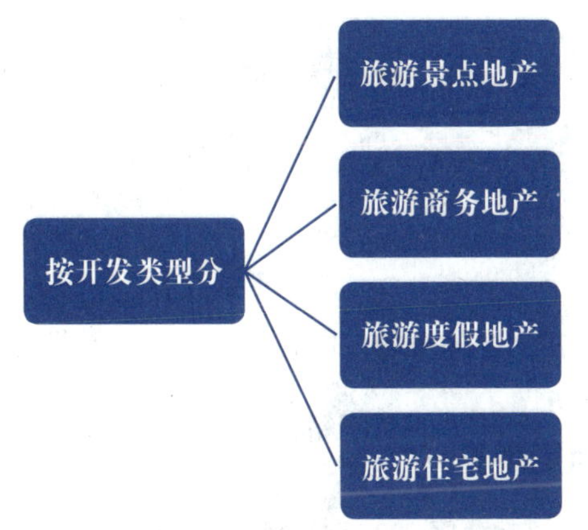

图1-10 按开发类型划分的4种旅游地产

类型 1. 旅游景点地产

旅游景点地产主要是指在旅游区内为游客的旅游活动建造的各种观光、休闲、娱乐性质的、非住宿型的建筑物及关联空间。

这种房地产的价值在于增加景区的游览内容，提高游客的游览兴趣，进而间接提升其他旅游地产的价值。一般以主题公园最为常见。

1）主题公园本质是游乐场所

主题公园完全是人造的娱乐场所，虽然它在各种旅游吸引物中属于比较新的项目，但却有着久远的历史渊源。

16 世纪，欧洲的一些短期性商业市场因加入娱乐设施而大获成功，以后就产生了所谓的娱乐公园（Amusement Park）。目前对主题公园的定义比较模糊，一般认为主题公园是通过各种活动和吸引物来刻意营造某种氛围的游乐场所。

2）主题公园因地域不同而特点不同

大的主题公园都配备餐饮、纪念品商店等辅助设施。欧洲人仍笼统地把主题公园看作是娱乐公园，主题公园中 5%以上的工人是业余工或季节工。在主题公园的发源地美国，主题公园以土地、资本密集型和季节性就业为典型特征。

亚洲主题公园的发展注重与当地文化相结合。面向家庭，强调老少同乐，突出运动与参与，寓教于乐，与零售业配套发展（图 1-11）。

美国主题公园

- 土地、资本密集型
- 季节性就业

亚洲主题公园

- 与当地文化相结合
- 面向家庭
- 强调老少同乐
- 突出运动与参与
- 与零售业配套发展

图1-11 美国主题公园与亚洲主题公园特点对比

类型 2. 旅游商务地产

旅游商务地产主要指在旅游区内或旅游区旁边提供旅游服务的商店、餐馆、娱乐城等建筑物及关联空间（表 1-9）。

旅游商务地产的两大类型 **表1-9**

类型	英文名称	游憩设施
直接参与型	Participatory Projects	溜冰场、迷你型或标准型高尔夫球场、保龄球馆以及其他顾客主动参与的项目
参观型	Spectator Projects	电影院、歌舞厅、运动竞技场、赛车场之类的被动式设施

它的产品主要表现为：一、以旅游接待为目的的自营式酒（饭）店；二、与旅游相关的写字楼；三、旅游休闲培训中心等。

旅游商务地产的客户群体主要针对企业公司，是其举办商务会议和员工度假的去处，既可以作为公司投资的固定资产，又能为公司员工提供经济方便的福利待遇。

类型 3. 旅游度假地产

旅游度假地产又可称为“第二居所”，主要指为游客或度假者提供直接用于旅游休闲度假居住的各种度假型的建筑物及关联空间，如旅游宾馆、度假村、产权酒店、用于分时度假的时权酒店以及养老型酒店等（图 1-12）。

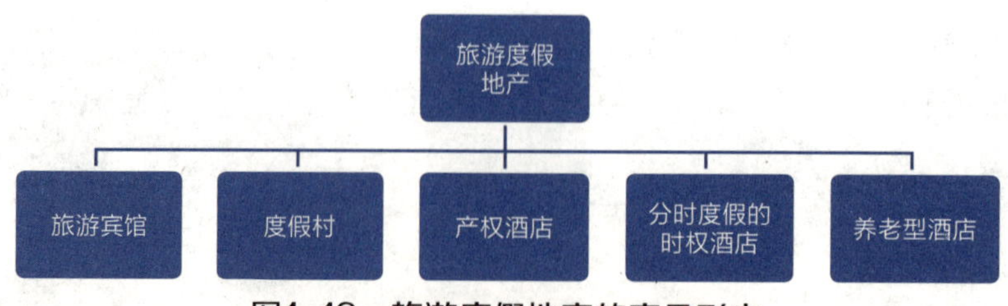

图1-12 旅游度假地产的产品形态

1）旅游度假地产特点是休闲度假

休闲度假是此类房地产的最大特点，是旅游接待链条上重要的一环，多建在大中城市远郊或远离大中城市的著名风景区附近，或建在旅游资源突出的旅游目的地城市。既依托现有的优秀旅游资源旅游景区，又投入休闲度假设施设备的建设，大力营造旅游度假氛围。

开发商是以异地置业者提供“第二居所”度假休闲为目的，业主则是以度假置业和投资置业为目的。

2）旅游度假地产可以做更多产品细分

根据地理位置和环境特征，可以将旅游度假地产分为 5 类：海滨度假区、山地度假区、森林度假区、湖滨度假区、温泉度假区等。

其中海滨度假区发展历史最为悠久，数量也最多，如东南亚和南太平洋的巴厘岛、槟榔屿、关岛、冲绳、夏威夷和地中海地区等。

根据度假住宅区距离城市的远近，可以将旅游度假地产分为 3 类：城市度假区、近郊度假区和远郊度假区。

城市度假区是城市用地的组成部分，事实上，有些城市就是在海滨度假区的基础上发展起来的。近郊度假区比较普遍，如韩国庆州市附近的波门湖度假区、法国蓝色海岸度假区等，它可以方便地利用城市的公共基础设施，如机场、水源和道路。

远郊度假区一般自成体系，有用油机场和综合接待服务设施，包括服务员工的住房，如西班牙加纳利群岛的蓝沙罗特岛等（图 1-13）。

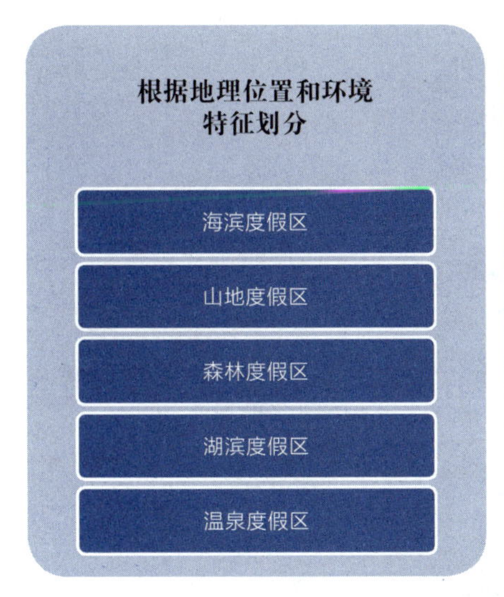

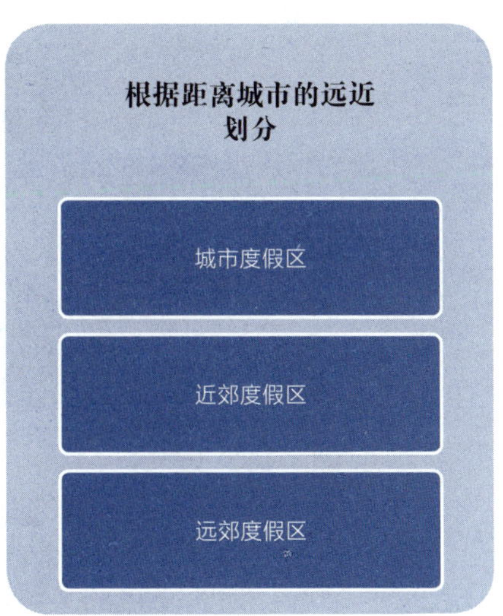

图1-13　旅游度假地产的进一步细分

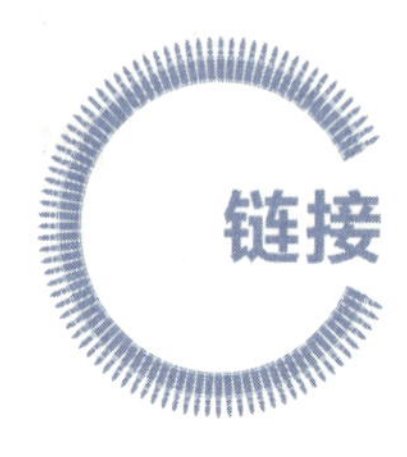

度假区是一种短期性的旅游地，在内容上有各种休闲活动可以选择，在功能上除了提供住宿、餐饮之外，最主要的是提供娱乐设施供度假者使用，其目的不外乎给消费者提供享受各种休闲娱乐的经历以及提供度假、洽商和会议的场所。目前，越来越多的度假区突破了时间限制，一年四季都在经营，并且可以当作不动产投资，逐渐成为度假别墅（第二居所）。在度假区周围或度假区内，经常有作为第二居所的别墅社区如雨后春笋般出现。

不同的度假别墅区开发形式不同，大多会使非永久性居民逐渐成为永久居民，一般而言，在15～20年之后，这些度假别墅有望成为退休隐居或其他长年使用的主要住宅。

类型 4. 旅游住宅地产

主要是指与旅游区高度关联的各类住宅建筑物及关联空间，多用于第一居所。

这类住宅以为本地置业者提供“第一居所”为主要目的，多建在旅游资源突出的大中型城市市内或市郊。通过依靠旅游资源（自然的、人文的或二者兼有的）条件，如优美的自然风光、主题突出的人文内涵、多种休闲娱乐设施，直接提升住宅环境品质，增加休闲功能，提高居民生活质量。依托旅游景观资源建造发展起来的住宅，不论是在城市内还是城市郊区，都能在一定程度上提高所开发物业的品质和价值。

2. 按物业类型可分为 6 类

按物业类型分，旅游地产可分为如图 1-14 所示 6 种：

图1-14　按物业类型分的6种旅游地产

类型 1. 景区住宅

就是利用旅游开发区、旅游景区、休闲度假区（图 1-15）的优越自然条件和地理位置开发具有投资回报和多种功能的住宅项目。如：景区住宅、海景住宅、风景名胜度假村（风格别墅）、民俗度假村等。

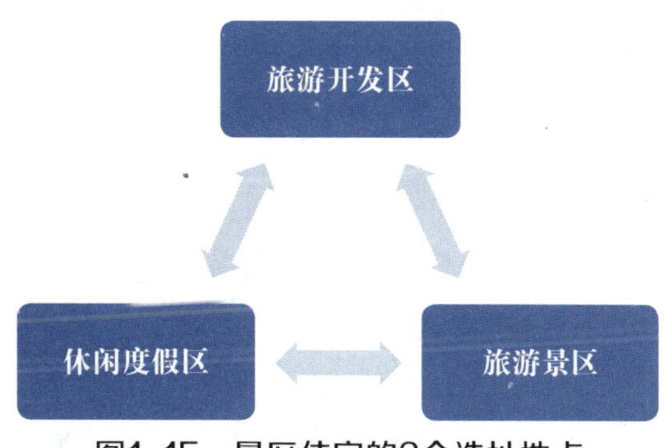

图1-15　景区住宅的3个选址地点

这类项目本质上是旅游休闲设施和住宅两大块拼在一起，前者不出卖产权及使用权，后者实际就是商品住宅，可以购买完全产权。在美国的夏威夷、佛罗里达、瑞士洛桑、卢森，许多景区周边开发的住宅项目很有特色。如洛桑大湖北面，环保住宅同风景区很美地配合，既适合人居，又很好地保护了环境。

景区住宅又可细分为如图 1-16 所示 3 类：

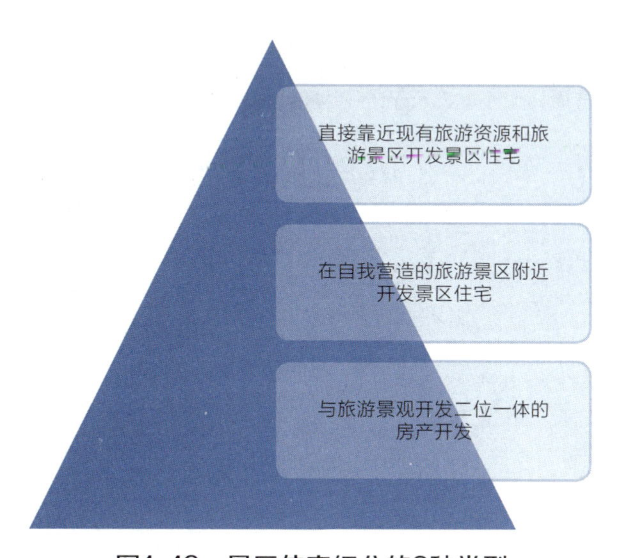

图1-16　景区住宅细分的3种类型

1）直接靠近现有旅游资源和旅游景区开发景区住宅

这类景区住宅开发对风景区建设和旅游开发几乎没有什么建设性贡献，有的甚至对旅游景区还造成一定破坏。很多城市旅游景区附近的住宅多属此类。

2）在自我营造的旅游景区附近开发景区住宅

这类房地产不依附现有的旅游资源、旅游景区。往往先投入巨资，专注于搞大型旅游项目开发，营造具有影响力、冲击力的旅游景观景区，改善区域基础设施条件和环境质量，靠旅游业的关联带动作用引来人流和物流，将生地变成旅游熟地和旺地，引起景区附近地产升值，再趁势搞房地产开发。

3）与旅游景观开发二位一体的房产开发

此类房地产开发与旅游景观开发高度融合，房地产开发即旅游景观开发，房产本身即是旅游景观载体或表现形式。景即是房，房即是景，景中有房，房中有景。

如宋城集团在杭州乐园开发的荷兰水街私人酒店、地中海公寓、地中海别墅、高尔夫酒店等，景观房产本身就是景观构成的有机组成部分，无论别墅、公寓均按它所在的环境氛围要求建造，在造型、选材、用料、装饰上都极富个性。将旅游房地产开发提升到一个新境界。

类型 2. 产权酒店

产权酒店，也称时权酒店，是将酒店每一个单位分别出售给投资人，同时投资人委托酒店管理公司或分时度假网络管理，获取一定投资回报。即出售一定时间内的酒店住宿或娱乐设施使用权利，该权利可以上市转售、转让或者交换。

1）产权酒店的投资形式

投资者可自主选择如图 1-17 所示的 3 种使用方式：

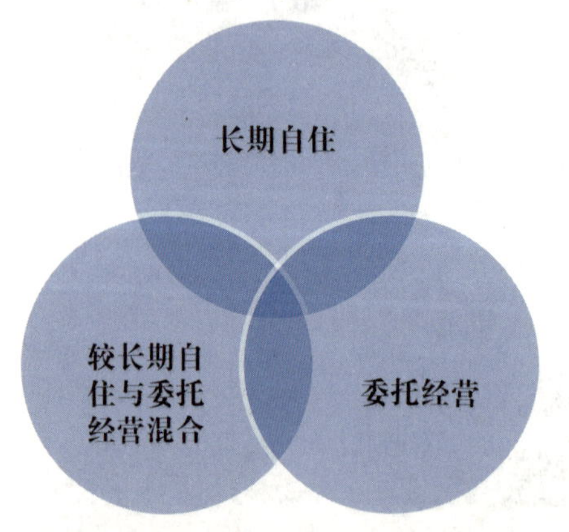

图1-17　产权酒店投资者可选择的3种方式

一是长期自住，只需支付相应的物业管理及物资消耗，就可以得到酒店全套规范的客房服务。

二是委托经营，与酒店签订一份《委托经营协议》，几年续签一次，该类投资者除每年享有若干天免费入住权，其余时间则交由酒店代为经营，每年给投资者一定数量的回报。

三是较长期自住与委托经营混合，没有固定的入住天数和年终回报，视实际使用情况和经营情况而定。

目前国内通行的是“售后包租”的方式，即把建成后的酒店分成无数个产权卖出去，产权人可以在该酒店居住旅游，酒店管理公司把酒店房间租出去，产权人可以从中得到利润。业主也通常在交付首期后，利用租金来向银行交付按揭贷款。

产权式酒店是“为投资者量身定做的投资形式”，把业主和酒店开发者及经营者拴在了一条线上。

2）产权酒店的三个投资优势

第一、资金快速回笼

房地产开发商在兴建酒店时，前期必将投入大量资金以确保工程按期交付。这种巨额投入会给开发商带来巨大的资金压力。实行产权式酒店的经营方式，可以将建设酒店的巨额集中投资，分解为单位的组合，将部分产权出售，回笼资金。这样有利于酒店的管理和缓解资金压力，也为不愿意承担投资风险的个人或法人提供了用呆滞资金谋取较高回报的机会。

第二、规避投资风险，获得高额回报

产权式酒店与住宅写字楼投资、股票投资、储蓄及国债投资等相比，最大卖点是投资回报率高、投资风险低，同时还可获得一套真正属于自己的私家酒店。据有关资料统计，近10年来，全世界产权式酒店平均每年增长 l5．8%。在国际上，产权式酒店作为一种稳健的投资理财方式，受到众多独具慧眼的投资者青睐，是一种新型的融资方式。

第三、扩大客户源，实现酒店与业主的“双赢”

产权式酒店卖方的初衷是为了解决资金不足的问题，尽快回笼资金；买方的动机实质上是为了使呆滞的资金获得较高、稳定的回报，是一种投资行为。因此，这是一种“双赢”，具有较大的市场潜力（图 1-18）。

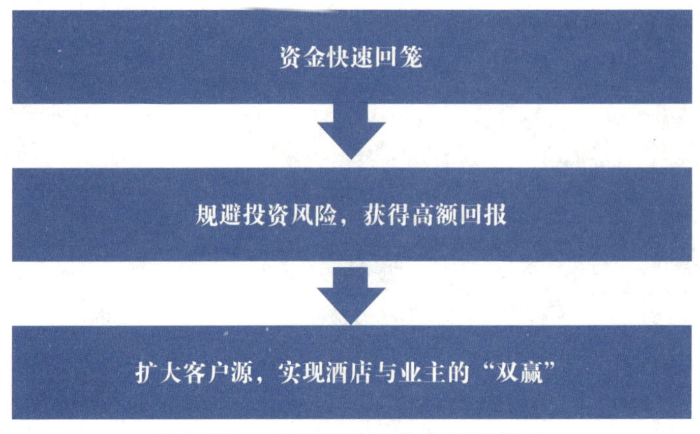

图1-18　产权酒店的3个投资优势

3）两种典型的产权酒店

养老型酒店和时值度假型酒店是两种典型的产权酒店（图 1-19）。

养老型酒店是指投资人为自己或为老人在退休前购买退休养老酒店（度假村）的某一个单位，每年和家人去使用一段时间，其余时间委托管理公司出租管理获取一定的租金回报，直至退休后完全自用。一般情况下该酒店度假村在产权人去世后由管理公司回购再出售，收益归其家人所有。

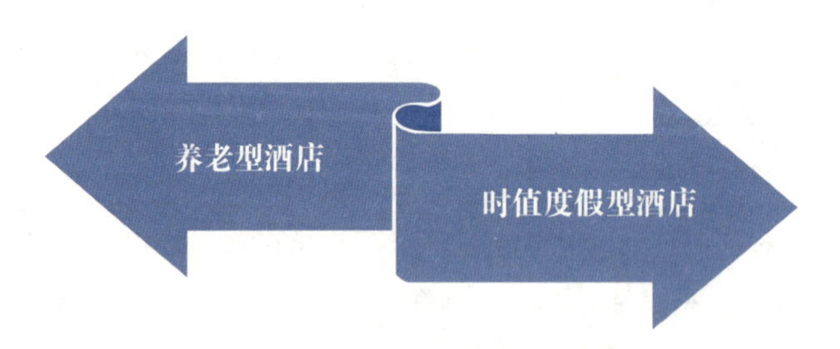

图1-19　两种典型的产权酒店

养老型酒店是产权酒店的类型之一，是一种为自己或老人退休后准备后路的住房投资方式。还有一种是公司自用型，即购买产权酒店产品，一方面用于投资，另一方面用于企业员工度假或公司年会使用。

时值度假型酒店是指消费者购买一定数量的“点数”，这些“点数”成为他们选购产品的货币。他们可以使用这些“点数”在不同时间、地点、档次的度假村灵活选择其“点”数所能负担的住宅设施。消费者不拥有使用权或产权，只是为休闲消费提供便利、优惠和更多选择。“点数”消费可以获取更大的折扣和免费居住时间。

类型 3. 高尔夫、登山、滑雪度假村

指在高尔夫、登山、滑雪运动地附近开发的度假别墅项目，这些度假村的客源主要来源于这些运动爱好者，度假村运行的好坏与前来运动的游客量息息相关。

类型 4. 旅游培训基地、国际休闲度假中心

指具有集旅游、观光、休闲、度假、运动健身、会议、培训等多功能的房地产开发项目。在开发面积很大或周围有需要保护或可以借力的生态环境的前提下，建造的不同于小区配套景观的而有大规模人造景观或自然借景的开发项目，不拥有产权。

类型 5. 与旅游相关的写字楼

这类房产以写字楼面目在旅游资源丰富的城市出现，专为旅游企业如旅行社、旅游咨询机构等提供集中办公的场所，既方便本城居民出游，也方便外来游客。此类房地产目前比较少见，但已有涉猎。西安旅游集团开发的西安大厦即属此类旅游房地产。

类型 6. 以旅游接待为目的的自营式酒店

这类房产紧紧围绕旅游六要素中的“住”做文章，以提供旅游住宿为主要功能。后来增加了娱乐、会议等功能。多建在旅游、商务发达或会议较多的大中型城市。旅游酒（饭）店虽然是最早出现的旅游房地产形式，但由于酒店自营的回收期相当长，与房地产商通过出售物业快速回笼资金的经营理念不符，所以，还没有成为当前旅游房地产的开发热点。

操作程序

四、影响旅游地产开发的关键因素

旅游地产依托独特的旅游资源，结合房产的综合开发，已经成为一种新型地产。旅游资源是影响旅游地产开发最关键的因素。除此之外，还要考虑宏观环境、关联行业、资金条件等因素的影响（图 1–20）。

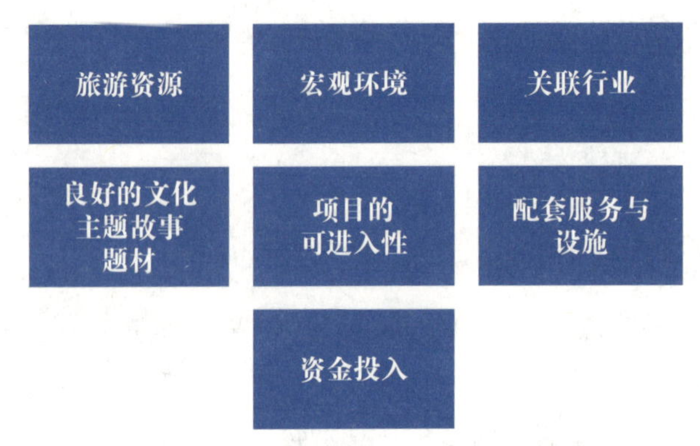

图1-20　影响旅游地产开发的关键因素

因素 1. 旅游资源

旅游资源直接决定了旅游房地产项目品质的高低，因此，旅游地产的最大卖点和典型特征是旅游与地产元素的组合，不同类型旅游资源特点决定了旅游房地产项目的主题定位、景观设计、楼盘风格的不同。资源数量的多少决定了旅游房地产项目可供挖掘的素材的多少，资源数量越多则越有利于提升项目的品质；在天然资源数量较少的情况下，“造景”也成为常用的旅游房地产开发的手段。旅游资源等级越高则旅游房地产项目市场价值越高，市场成功的机会也越大。

旅游资源有如图 1-21 所示的 3 个基础条件：

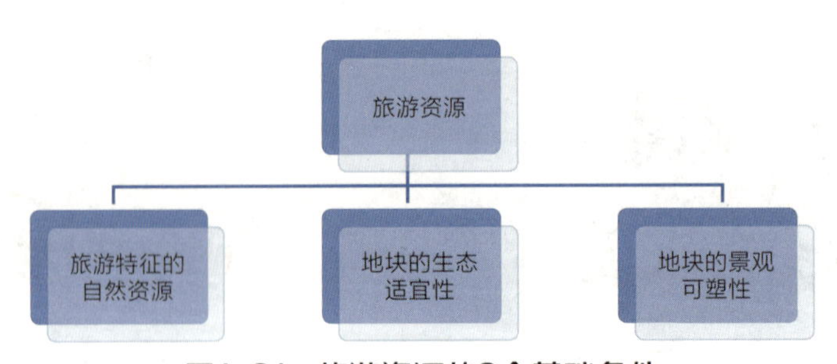

图1-21　旅游资源的3个基础条件

条件 1. 旅游特征的自然环境

旅游地产多在旅游风景区或运动、度假的胜地，地块附近有青山绿水等优良自然环境能吸引人到此旅游度假，这是项目开发的先天优势。

借助旅游资源开发地产，一定要先有一个景点或景区，而这个景点或景区一定是与生态、休闲等要素相关。并且这个景点或景区本身的旅游价值，甚至本身就是旅游品牌。这是空间特性与产业性质在定位上的特质，是旅游地产的必要条件。

有的地方环境价值特征很明显，如山区景观或海边景观；有的地方则比较微妙，如田园风光、古老村镇的建筑肌理等。

值得强调的是，有特色的自然环境实际上决定了旅游地产项目的特征，几乎所有成功的旅游度假区都是在保护和加强自然和社会环境方面获得了最佳状态。

条件 2. 地块的生态适宜性

考虑生态价值，是为开发者提供远景构想，实现地块远期价值。

生态适宜性比较重要的因素包括（图 1–22）：气候因素、特种水资源、珍稀植物物种、土壤生态适宜性、区域文化等。通过对培育珍稀物种、保留特种资源、传承文化遗产，可以构建未来稀缺资源的升值空间，提升地块附着物的品位和档次，保证地块开发价值最大化。开发地块的生态价值要从土地的远期价值考虑，这需要开发者以创造最高品质的人居休闲生活空间，实现环境价值、经济价值、社会价值的完美统一为目的才能做到。

图1–22　生态适宜性比较重要的因素

条件 3. 地块景观可塑性

景观打造是旅游地产开发的先决条件。景观价值主要蕴含在区域土地的生态物种、土地坡度坡向分布、景观天际线形态及水域生态环境等方面（图 1–23）。

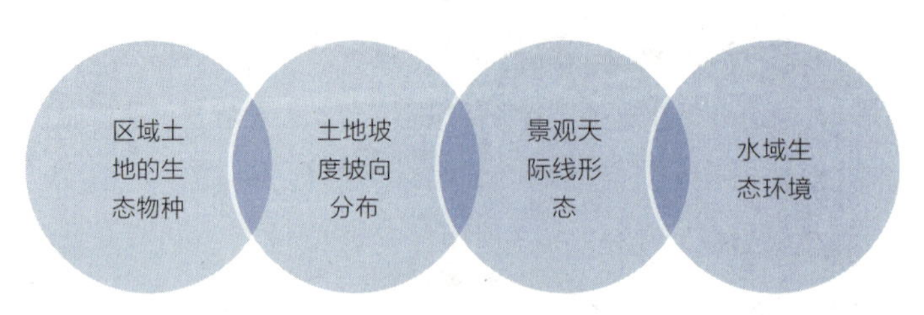

图1-23　景观价值的影响因素

其中，优良的植被生态是一个地块具备景观功能的基本条件，有两点可以判断地产景观价值的大小。一、如果该地块植物物种配比状况优良，可利用水资源充足，便可确定其具备开发的基础景观价值；二、从地块景观营造的空间角度分析，借助坡度坡向对景观影响力分析、景观天际线的形态营造分析、旅游者的景观视野角度分析，判断地块的景观价值。

必须注意，对地块景观价值的判断，要从多角度出发，依据因素权重，实施复合研判。土地的景观价值预测是项目中构建旅游吸引物的重要依据，是实现综合地块价值的重要前提。

因素 2. 宏观环境

旅游地产的发展深受宏观环境的影响，主要包括软环境和硬环境两个方面（图 1-24）：

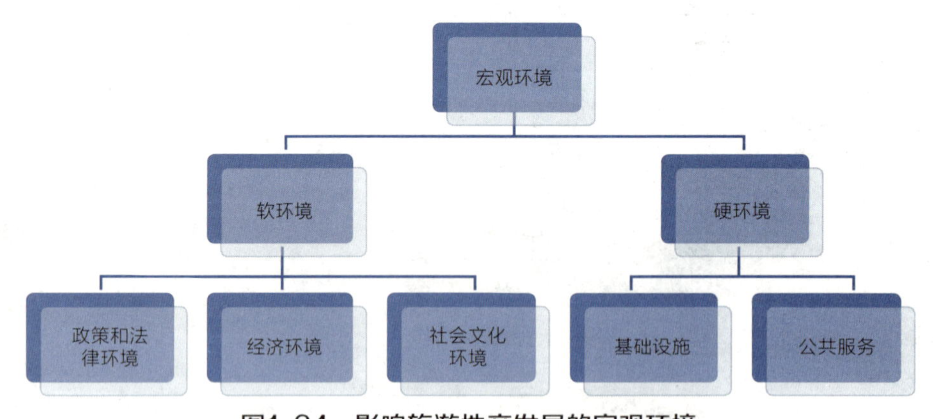

图1-24　影响旅游地产发展的宏观环境

（1）软环境

软环境包括政策和法律环境、经济环境、社会文化环境。

1）政策和法律环境

政策和法律环境直接关系到旅游房地产业的市场风险，例如扶持性的产业发展政策、规范的行业市场管制与有序的市场经营秩序、完善的法律法规等，都有利于促进旅游房地产业发展，反之则会抑制其发展。

2）经济环境

经济环境决定了区域市场的消费能力与活力，其衡量指标包括：人均国民生产总值（GDP）、经济增长速度（GNP 增长率）、经济稳定状况等。地区经济环境良好则意味着更多的市场机会。

3）社会文化环境

社会文化环境的概念是地区社会公众价值观、风俗习惯、教育水平、社会行为、消费观念等综合体现（图 1-25）。社会文化因素直接影响顾客的消费行为，也间接影响旅游房地产企业的市场经营行为。地区拥有齐全、高质量的硬件设施是吸引和保障旅游房地产企业生产经营活动正常开展的物质条件。

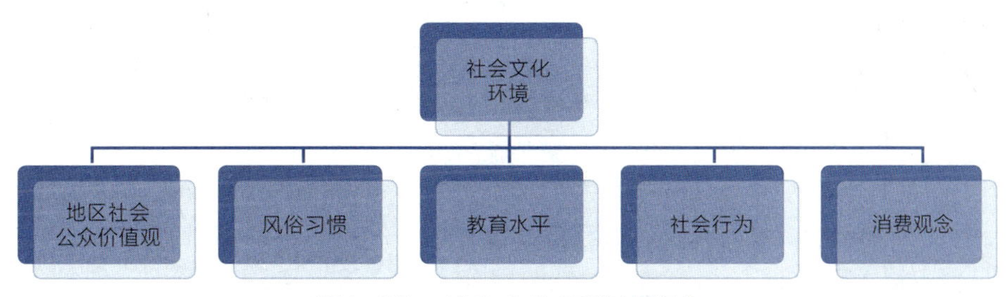

图1-25　社会文化环境的概念

（2）硬环境

硬环境是指支持旅游房地产企业正常开展生产经营活动的有形物质技术形态的环境因素的总称。通常包括基础设施（例如交通设施、通信设施、医疗设施、治安设施）、公共服务等。一个旅游项目的硬环境包括两点：

首先，地区拥有齐全、高质量的硬件设施。

这是吸引和保障旅游房地产企业生产经营活动正常开展的物质条件。

其次，具有良好硬件环境的地区经贸活动、旅游活动频繁。

这种潜在市场机会能吸引旅游房地产企业进入该市场。

因素 3. 关联行业

旅游地产业具有较强的产业关联效应，它涵盖第一产业、第二产业和第三产业，具体直接相关的行业包括建筑业、机械制造业、种养殖业、旅游业、交通运输业、金融业、公共设施服务业、娱乐服务业、餐饮业、零售业、物业管理等（图 1-26）。

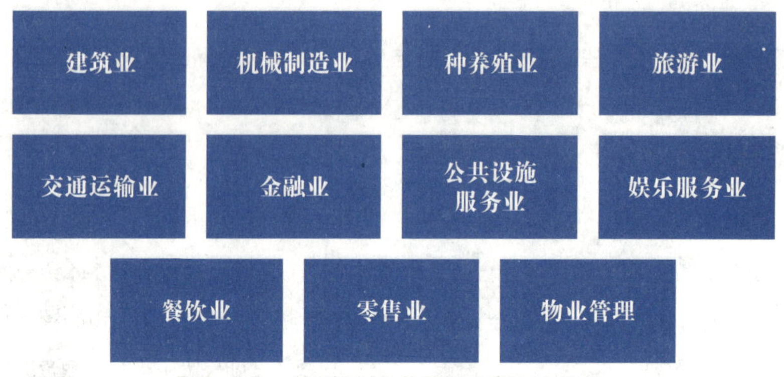

图1-26 旅游地产业直接相关的行业

每个行业都是旅游房地产产业链中的重要一环，发挥着特定的功能作用；旅游房地产项目从前期的策划设计、中期的施工管理到后期的经营运作管理，都需要众多关联行业支持与配合。

关联行业的发展水平会直接或间接地影响到旅游房地产业的发展；关联行业的高度发达会促进旅游房地产业的发展，反之亦然。旅游房地产业的发展又会辐射带动关联行业的发展，从而走上产业良性循环的发展道路。

因素 4. 良好的文化主题故事题材

旅游度假区多具备深厚的历史积淀、浓郁的文化气息，吸引人们到此观光游览，进而带来地产开发的契机。

文化和传说有利于形成旅游区的故事主题，便于创造好故事来营造引人入胜的项目文化魅力。旅游地产还可利用文化传说较高的知名度促进项目的宣传和推广。

国内开发商的倾向是一定要做出文化来，一定要强调项目的文化底蕴，试图以文化牌提升项目的品位和档次。这种出发点很好，但应该注意，对旅游地产来讲，切忌硬做文化、为做文化而做文化反而对项目构成一种伤害。

旅游地产非常需要主题性元素，但使用文化概念要做得轻松且吸引人。旅游地产毕竟不是历史文化名城保护规划或者考古复原项目，旅游地产里面文化传说可以发挥，更强调趣味性而不特别强调真实性。

因素 5. 项目的可进入性

项目所在区域的可进入性好坏由交通决定。旅游资源和旅游设施不可移动，旅游活动在某种程度上就表现为一种空间转移和地理环境变更，这种转移和变更的载体即为交通。

选择旅游目的地的交通便利与否是影响旅游者决策的重要因素。交通是影响旅游资源吸引力大小和旅游开发规模的关键因素，没有安全便捷的交通，便没有规模化和长期发展的旅游经济。交通也是旅游活动中的主要时间消耗、费用消耗，以及主要影响因素。在旅游者评估选择直至最后锁定该旅游目的地的过程中，区域旅游的可进入性就十分必要。

交通线路是旅游系统网络空间结构的“廊道”，传送着旅游信息流、物质流、资金流，交通技术与交通线路的发展，会给旅游系统空间组织形式及其空间结构带来极大正向变化。交通运输的完善，促使旅游活动得以快捷、顺利地实现。同时，旅游业的发展也为交通提供了大量的客源，反过来促进交通运输的改善和提高。

因素 6. 配套服务与设施

旅游地产开发区域应该具备较为完备的道路、水、电、通信等市政设施以及购物、休闲、娱乐、运动场所，使消费者在旅游度假时不会感觉到生活不便。旅游地产项目用地可以是从未开发过的，也可以是基础设施完备的用地。多数成功的旅游地产项目都是位于较大的风景旅游区范围内，因为相比较在基础设施较完善的区域做开发，开辟一个新区域无疑意味着更大的投资风险。

旅游地产项目功能组合极其丰富，配套齐全，因此，它的子项目往往众多，从而达到相互支撑、降低风险的目的。但一般说来，一个旅游地产项目都是由旅游项目、休闲度假项目、人居项目和配套项目 4 大部分组成（图 1–27）。

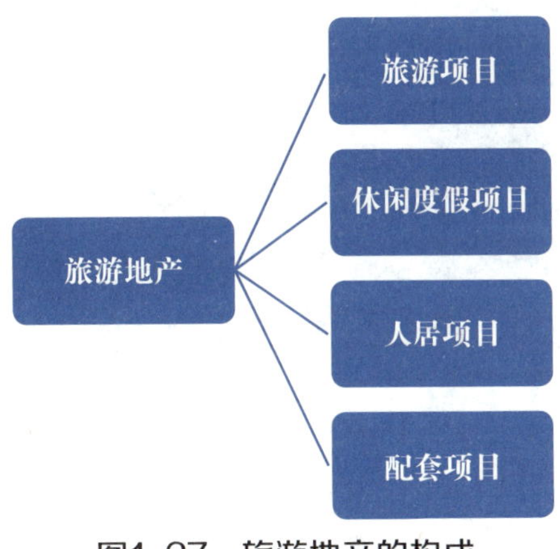

图1–27　旅游地产的构成

因素 7. 资金投入

旅游地产的特点是用地范围大，在已有自然景观基础上需要扩展新的景观，如建造高尔夫、滑雪、划船等一系列娱乐设施。这种形式开发费用非常高，需要开发者建设所有的服务设施并采用大规模营销手段来宣传产品。

新开发区土地费用一般会相对较低，旅游地产开发建成以后持续创造价值的潜能会很大，问题在于，从投资建设到获得收益的过程会相对较长。

五、旅游地产开发运营的注意事项

旅游地产开发运营需要认清 7 个开发误区，掌握成功启动项目的 5 个要素，还要努力突破发展的 3 个瓶颈。

1. 旅游地产的 7 个开发误区

旅游地产开发要注意避免如图 1-28 所示的 7 个误区：

误区 1	·以回现为资金目标
误区 2	·产品以居住功能为核心
误区 3	·产品设计重社区、轻区域
误区 4	·设计是平面的优化
误区 5	·市场固定性
误区 6	·随市场需求潮流走
误区 7	·营销卖产品就是卖房子

图1-28　旅游地产的7大开发误区

误区 1. 以回现为资金目标

旅游度假开发的资金目标并非快速回现。它要兼顾短期现金流和长期收益。其资金回现的目的是对开发项目的资金再投入，以获得长期收益及利润最大化为最终目的，表现为一种开发属性。而常规地产开发则是以回现获取短期资金收益为目的，表现为收益属性。

误区 2. 产品以居住功能为核心

旅游地产中的度假产品主要强调休闲度假的旅游功能，它是一种奢侈品，奢享是主功能。在设计上弱化部分功能空间布局，让位对资源的占有性。常规地产开发的产品主要以满足基本的居住功能为主，突出的是房间功能结构布局等。

误区 3. 产品设计重社区、轻区域

旅游度假地产开发的产品设计不局限于单个社区景观的营造，强调整个区域休闲度假氛围的展示，体现的是一种生活方式。常规地产开发注重社区环境营造，主要体现为一种居住方式。

误区 4. 设计是平面的优化

旅游度假开发的营销设计不仅仅是简单的沙盘陈列，更重要的是度假旅游氛围的体验。客户进入的不是销售中心而是体验中心，强调体验有利于加强与客户的互动，增强了客户的参与度。常规地产注重设计平面的优化而忽视客户的情感互动。

误区 5. 市场固定性

旅游度假开发具有典型的非固定性，具体表现为随着区域旅游配套设施的不断完善和旅游功能的复合化，旅游地产市场表现出成长性，区域体现出穿透性。常规地产开发的市场具有相对的固定性，具体表现为不具备良好的成长性、市场潜力有限。

误区 6. 随市场需求潮流走

旅游度假开发市场需求是需要创造的，需要通过标新立异的主题来扩大其知名度和影响力。旅游度假开发要能够积极创造出全新的生活方式，满足人们对高品质生活的渴求。常规地产开发由于开发理念和产品设计的双重作用使得其目标客户非常明确。

误区 7. 营销卖产品就是卖房子

旅游度假开发的营销更注重区域知名度与美誉度的建立，是为不断增加人气和客流形成持续性消费，最终达到旅游地产的销售目标。

常规地产开发更注重打造楼盘品质和营造社区环境，属于一次性消费，不具备持续消费的能力。

2. 成功启动旅游地产项目的 5 个要素

区域旅游地产成功启动的 5 个要素是：有经济圈客户做支撑；企业具备跨行业整合能力；项目坚持配套先行；注重旅游区度假氛围的体验与打造；以高端经营物业立势（图 1–29）。

影响成功启动快慢最为核心的要素是具备经济圈客户支撑。

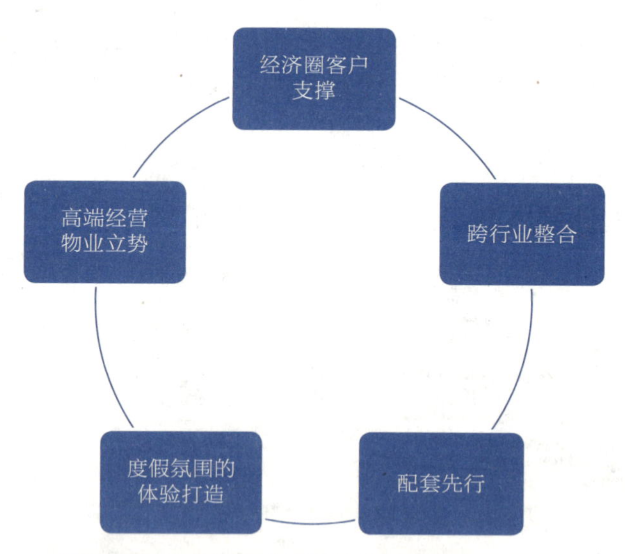

图1–29　成功启动旅游地产项目的5大因素

要素 1. 经济圈客户支撑

拥有一个强而有力的经济圈客户被认为是旅游度假区域成功启动的加速条件。度假区本身所处的区位条件要得天独厚，是否拥有良好的区位条件，直接决定了可进入门槛的游客数量。如果一个度假区缺乏城市资源的依托，可达性又差，即便拥有较为强势的旅游资源，区域内的房地产市场也很难成形。

要素 2. 跨行业整合

旅游度假开发的难度在于，客户会倾向于关注开发商的品牌影响力与行业整合能力。一个一流的旅游度假区，一定会具有大旅游的特征，即围绕旅游业形成特色的产业群。它包括旅游产业本身衍生出来的相关配套产业，包括酒店餐饮业、特色商业、观光业，以及其他众多关联产业，诸如会展业、创意产业等。这本身就要求开发商转换角度具备运营商的功能。

要素 3. 配套先行

对大旅游开发来说，规划先行、配套先行是必要的，也是进行项目展示的重要前提。早期基础设施的投入是提振客户信心的核心环节，也是提升物业价值形成后期区域成熟及人气度的重要手段。

要素 4. 度假氛围的体验打造

通过配套来营造景区度假氛围十分必要。其设置与日常生活配套有着很大不同，主要是让客户感受到浓郁的度假氛围，注重度假的体验感。

要素 5. 高端经营物业立势

高端性物业的进驻，能够有效地树立项目的高端形象，带动销售型物业升值。还能增强客户对项目的信心，起到聚拢人气，化解区域陌生感的作用。

3. 突破旅游地产发展的 3 个瓶颈

我国旅游地产的发展面临着 3 大瓶颈：一是消费人群是否有足够的休闲时间；二是出行交通是否顺畅；三是后期服务和经营能否持续进行（图 1-30）。

虽说开发商是旅游地产开发运营最主要的参与者，但旅游地产发展更需要得到当地政府的支持与配合。特别是对于前两个瓶颈，能否解决的主动权掌握在政府手中。即便如此，开发商还得通过提高自身服务加强经营能力，才能突破旅游地产开发的瓶颈。

图1-30　旅游地产发展的3大瓶颈

瓶颈 1. 消费人群是否有足够的休闲时间

旅游地产兴起是受休闲旅游发展的带动。休闲旅游应该建立在“带薪休假制度”的基础上，而不是 “假日经济”的基础上。

1995 年 5 月份，国家实行 5 天工作日，1999 年国务院批准开始实行劳动节、国庆节和春节三个黄金周，加上法定休假日，一年将近 1/3 时间即 114 天是假期。但如果旅游地产仍然主打“假日经济”概念，时空范围很小，度假时间过于集中必然导致形成休闲时间“瓶颈”，使人们休闲度假选择的自由度受限，妨碍旅游地产的进一步发展。

为突破休闲时间过于集中化的瓶颈，国家理应出台法律法规考虑“带薪休假制度”的施行，分流旅游人群，缓解集中出行对交通、景点和食宿的压力。

瓶颈 2. 出行交通是否顺畅

出行顺畅与否直接关系到城市旅游的辐射能力大小及辐射范围远近。度假地产被看好，主要在于改善交通状况，要求旅游城市应完备城市交通等基础设施功能，使城市和其他地区居民能够方便地出行和旅游，如飞机班车化、城际高速列车公交化等。交通便捷，城际距离正变短或消失，是度假地产兴起的客观外部条件。

从国外度假旅游来看，家庭拥有汽车，大部分短距离或者休闲式旅游是用汽车方式，所以，汽车在发达国家是旅游的一个必要条件。尽管近年来我国交通产业发展速度较快，但距离休闲旅游业发展所要求的出行保证仍有较大差距。

瓶颈 3. 后期服务和经营能否持续进行

旅游地产的良好运行还有赖于优质的后期服务和经营，这样才能降低旅游地产投资者的投资风险并使其收益有所保证。这种后期服务和经营配套可以认为是旅游地产发展过程中的软件建设。发展旅游地产，除了硬件建设外，更需要相关的配套软件建设，否则难以实现预期的效果。旅游地产成功的一个重要方面就是有人替你去管理，有人替你去实行出租服务，这需要一个庞大网络或软件配套支撑。旅游地产要把旅游项目经营好，又要把旅游房地产配套服务经营好，只有这两者结合起来才能使旅游地产发挥出旅游的作用（图 1-31）。

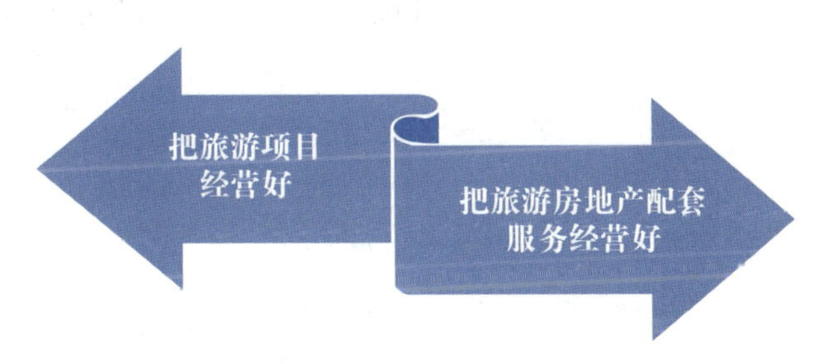

图1-31　旅游地产发挥出旅游作用的关键

新手知识总结与自我测验

总分：100 分

第一题：中国旅游地产经过了哪三个发展阶段？（15 分）

第二题：旅游地产有哪几个业态特点？（20 分）

第三题：旅游地产开发有哪几个常见误区？（25 分）

思考题：哪些关键因素影响旅游地产的开发？（40 分）

得分：　　　　　　　　　　签名：

旅游地产项目定位、规划设计及产品开发

操作程序

一、旅游地产开发前期的 3 件事

二、旅游地产项目选址及地块问题

三、旅游主题定位步骤

四、旅游地产项目规划设计

五、旅游地产产品开发

旅游资源影响旅游地产开发模式的定位，项目开发模式决定着后期项目经营的方式。

围绕着旅游资源对项目的影响，本章依次介绍旅游地产前期战略选择、旅游主题定位步骤、旅游地产项目规划设计以及旅游地产产品的开发。

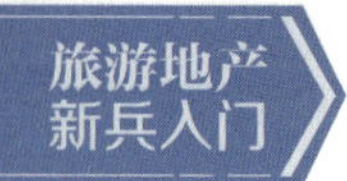

操作程序

一、旅游地产开发前期的 3 件事

受制于项目所在地的环境资源，旅游地产项目之间开发的可复制性较差。一个项目在开发之前，必须对项目所在地各方面的环境与信息有全面的了解，并根据所掌握信息作出合理规划。在启动旅游地产项目之前，必须对项目、企业自身的情况及其周边竞争力进行全面的分析，才能做开发与否的决定。

1. 旅游地产开发前期的 3 个准备

旅游地产是一种收益比较稳定的投资，其投入资金较之于住宅地产要高很多。旅游地产项目运营也比住宅地产运营复杂得多。在旅游地产投资前期，应做好 3 个准备：即资金、专业人才、政府关系。

（1）资金准备

操作一个旅游地产项目，各主要环节需要的费用如图 2-1 所示：

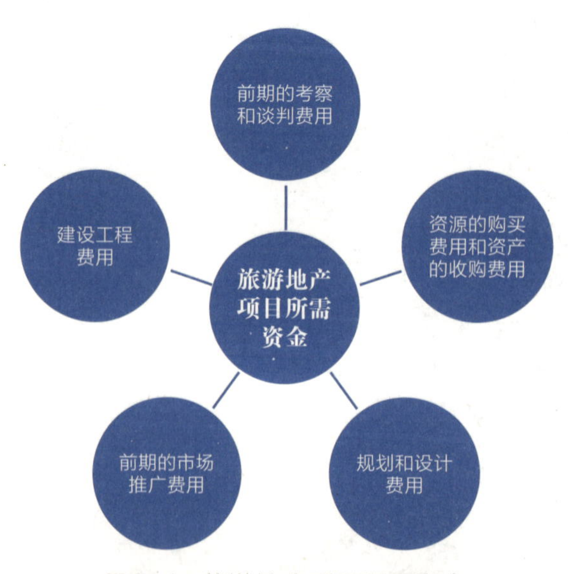

图2-1 旅游地产项目所需资金

1）前期考察和谈判费用

该费用一般包括员工工资和商务谈判费用。由于投资旅游地产需要的人才层次比较高，因此，旅游地产开发前期费用中比较大的费用是人工费用。一般说来，一个项目从接触到签约，需要时间在半年左右，整体费用约需要 200 万元人民币左右。

2）资源购买费用和资产收购费用

资源购买费用一般以年付费，这样可以减轻前期资金压力。这块费用与谈判有很大关系，也与资源品质好坏息息相关。

购买好的资源每年要用千万元，差的资源每年需要几十万元，也有可能会是零成本。如果牵涉到征地费用，则是很大的一块费用。资产收购费用主要是收购已建好的资产，包括商业、道路和酒店设施，视具体情况定，国有资产已所剩不多，作为民营资产，一般会有 30% ~ 80% 的溢价，溢价的多少看政府的支持力度。

3）规划和设计费用

规划费用包括对总体规划的详细规划以及随后的建筑设计。总体规划一般在 50 万元左右，详细规划按面积计算，一般每亩在 5000 元到 20000 元之间。建筑设计费用一般按造价的比例进行计算。

4）前期市场推广费用

旅游地产要盈利，关键是人气的提升，人气的提升要看对旅游的运作情况。因此，旅游推广是一笔前期投入，包括产品包装、销售费用等，一般要几十万元。

5）建设工程费用

建设工程费用包含两部分，一部分是景区建设费用，另一部分是地产建设费用，这块费用与规划紧密相关，一般不会低于 1000 万元。

以上 5 个部分的总费用不会低于 2000 万元。

（2）人才准备

资金是基础，人才是保证。旅游地产的技术人才由旅游人才和地产人才两部分组成，要做一个成功的项目，没有一支相对成熟的队伍便是空中楼阁。

旅游需要如图 2-2 所示的 3 类人才：

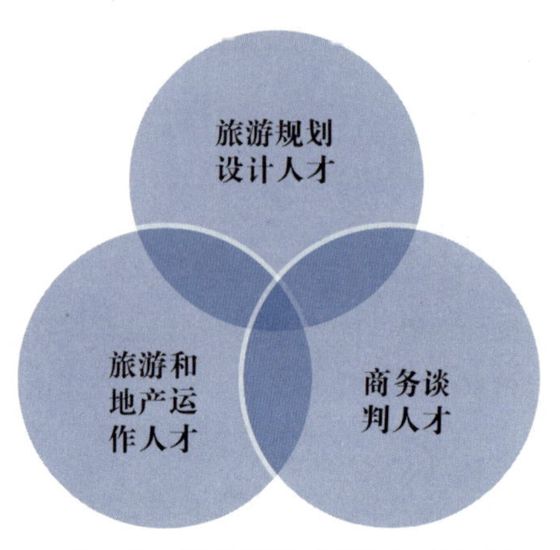

图2-2　旅游地产项目人才准备

1）旅游规划设计人才

旅游地产项目一般需要聘请外部智力机构，但如果内部没有一支这样的队伍，很难达成合作间的融合，获得最佳的效果。

2）商务谈判人才

商务谈判主要对接的是政府和中介机构。

3）旅游和地产运作人才

包括景区经营运作和地产经营运作。

（3）关系储备

旅游和土地资源与政治关系资源息息相关。企业获取这类资源的渠道很多，但如果公司在发展过程中积累了一定资源，容易被政府信任，有利于项目快速开拓。

2. 旅游地产开发前期专项分析

旅游地产项目前期战略可以用 3 个分析工具进行，分别是旅游地产开发商的竞争力、项目综合竞争力、项目 SWOT 战略选择（图 2-3）。

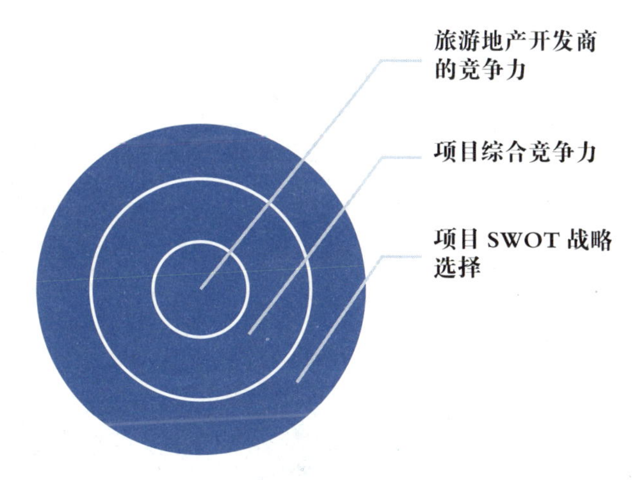

图2-3 旅游地产项目前期战略分析

（1）旅游地产开发商竞争力分析

旅游房地产开发商所面临的 5 种竞争力分别为：旅游房地产企业之间的竞争，旅游房地产市场的潜在进入者，土地转让者，旅游者、投资者以及代替旅游房地产的产品（图 2-4）。

这 5 个竞争对象的存在给旅游房地产项目带来了不利因素，要求旅游房地产项目在做前期战略策划时就要围绕项目做企业自身竞争力分析。即从项目本身出发，体现事物内外因作用，突出旅游房地产各个企业之间的竞争。

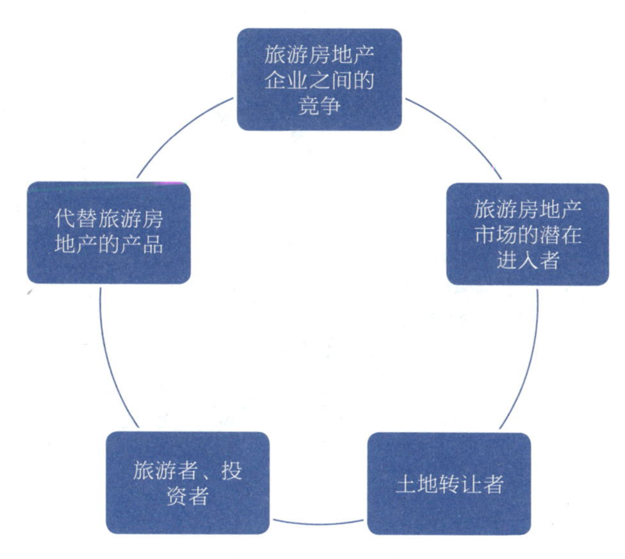

图2-4 旅游地产开发商面临的5种竞争力

（2）项目综合竞争力分析

旅游项目综合竞争力分析的内容包括项目规模、地理位置、自然条件、人文条件、建筑形态、产品设计、环境规划、配套设施、道路交通、品牌资源等（图 2-5）。

在旅游项目综合竞争力分析中，政府的扶持和企业自身项目的管理体制是企业唯一的外在因素，这要求各旅游地产开发商不断深入自己的项目战略策划，尤其是前期战略策划。

另外，我国房地产市场的管理政策不断变化，提醒开发商要时刻关注旅游地产市场的政策变化，应该对变化作出应对办法。

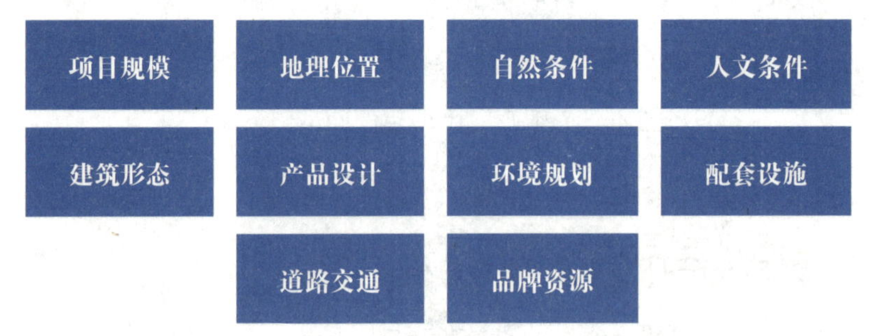

图2-5　旅游项目综合竞争力分析的内容

（3）项目 SWOT 战略选择

旅游地产企业所处位置不同，采取的战略也不同，这个不同要根据项目 SWOT 战略选择分析决定。

项目的 SWOT 战略选择包括很多方面，例如环境，地理位置，交通情况，产业政策，市场需要，项目资源配备等（图 2-6）。

从这个角度分析，旅游地产企业要根据自己所在位置的不同，着重解决自己的重要问题。

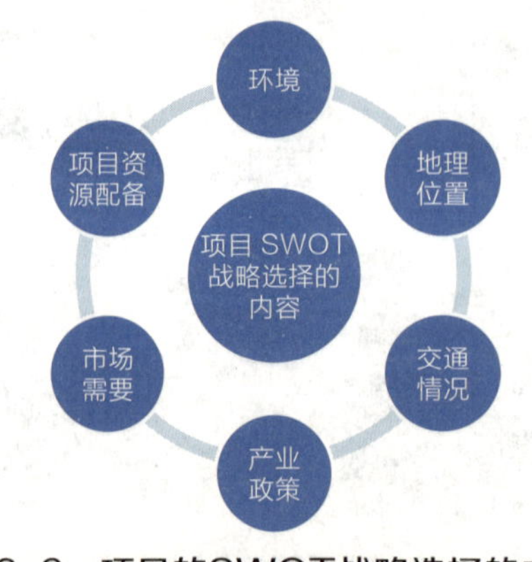

图2-6　项目的SWOT战略选择的内容

3. 旅游地产项目前期策划注意事项

旅游地产项目前期策划中要合理布局，均衡布点，为当前做考虑，也要考虑长远效应，实现经济效益、环境效益和社会效益的统一。因此，旅游地产项目前期策划中要注意以下5个问题。

问题1. 找好项目的定位

旅游地产项目定位得考虑自然、人文、环境、土地、民俗文化等（图2-7），要将这些元素融合到开发项目中。早期规划内容应包括总论，总体规划方案，基础设施和建筑方案，建筑物的设计和构造，资金筹备等。

另外，整体规划力求创新，要注意文化渗透，将文化运用到商品开发和实际操作中。

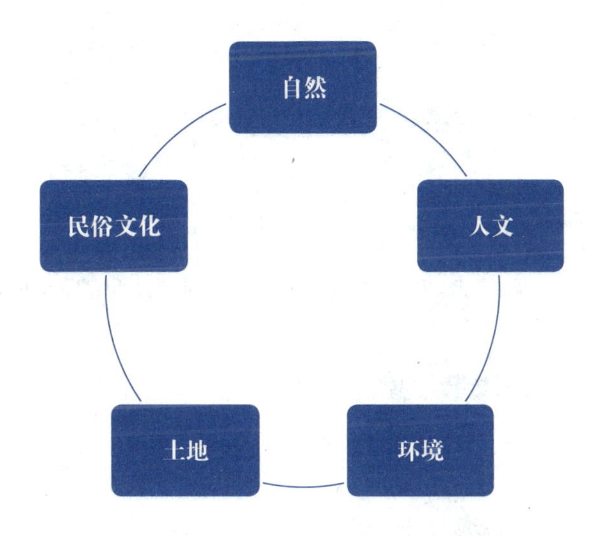

图2-7　旅游地产项目定位的考虑因素

问题2. 前期战略策划基本思路

项目规划要具有整体性，尽量做到一步到位，然后分步实施；一定要将“旅游”这个主题放在首位。在前期战略策划中就要提前制定出具体的旅游项目，再将其融入房地产中去；旅游地产项目的产品形态非常复杂，更要求它的前期战略策划必须有详细的子项目规划方案，既便于管理，还要注意开发中保护环境和可持续发展理念的运用和体现。

问题3. 制定科学的旅游资源开发计划

旅游项目要以开发地区周围环境科学调查为基础，制定科学系统的旅游资源开发计划。

这个开发计划有 4 个问题要注意：一是合理利用土地，保护生态环境；二是对开发区合理分配，创造出更大的经济效益；三是注意项目创新，创新直接关系着项目能否获得更好的收益，是项目的灵魂；四是注重文化注入，因为没有文化底蕴的旅游房地产项目，很难生存下去（图 2-8）。

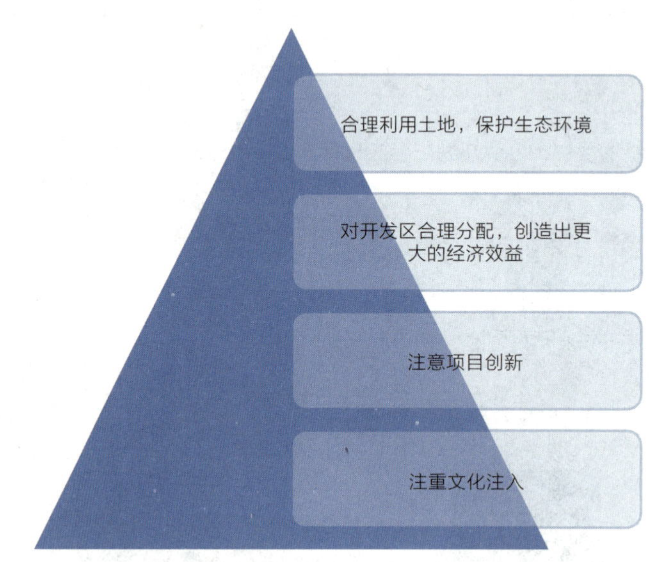

图2-8　科学系统的旅游资源开发计划要注意的4个问题

问题 4. 注重旅游地产的整体规划

旅游产业在未来很长时间内都将会是热门行业，对开发商来说，运作这类项目重在做好全盘规划，具体来说有以下四件事：

一要充分认识到自己企业的市场价值，在策划中充分利用好企业的市场价值。

二要做好旅游房地产项目的市场定位，就要针对市场，做好产品营销策略和定价策略，推出有自身特色的产品。

三要注重服务。旅游房地产不仅仅应该在地理景观、规划设计、产品方面追求质量的完美，在提供优质的服务、提高消费者心理和生理满足方面标准也很高。

四在产品定价方面，开发者应该从实际情况出发，关注市场需求整体消费水平。从中国目前国情分析，旅游地产还是一种高消费，大部分人以投资或度假为目的，价钱可以适当提高，在未来几年中，旅游房地产产品会由高端走向低端，企业要对此作出应对。

问题 5. 注重旅游地产的专业建设

旅游地产开发具有特殊性，它与普通房地产有着明显的区别，管理者需要掌握好以下 4

个“专业”：一是有关旅游房地产方面的专业知识；二是认识到旅游房地产的特殊专业性；三是使用专业人才；四是对旅游房地产项目做专业分析，制定专业的战略策划（图 2-9）。

图2-9 旅游地产开发的4个“专业”

二、旅游地产项目选址及地块问题

旅游地产开发受土地限制较大。旅游地产项目的定位与开发方向由地段、交通、旅游资源等因素决定。

旅游地产正确的开发顺序，一是先选址，二是进行地块分析，三是进行主题定位，四是开发建设。

一个项目开始之前就要清楚地掌握、了解影响旅游地产选址的因素以及旅游地产选址的基本执行原则。

1. 旅游地产项目选址的影响因素

旅游地产项目选址有如图 2-10 所示的 4 个影响因素：

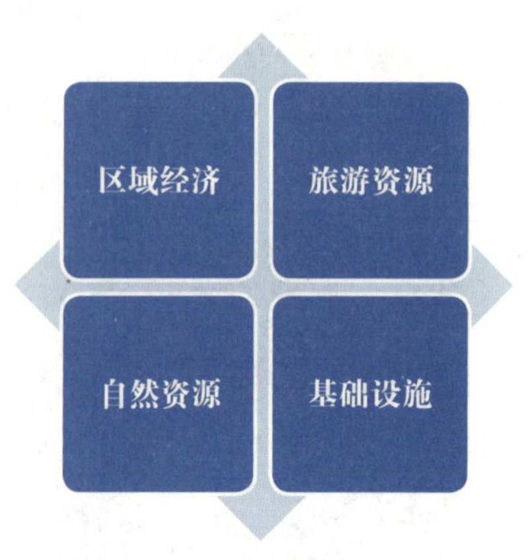

图2-10　旅游地产项目选址的4个影响因素

因素 1. 区域经济

区域经济发展对旅游地产发展至关重要。这类房产以稀缺性旅游资源为依托，直接满足人们的旅游、休闲、度假等方面的消费需求。也只有区域经济发展到一定程度，人民生活水平提高后才可能发展旅游地产。从旅游地产的特性可以看到，购买旅游地产房产者多属于二次置业或者三次置业等个人资金富足类人群。

从我国旅游地产发展脉络可以看出，在 20 世纪 80、90 年代，我国经济水平整体不高，当时并就没有旅游地产概念，这个概念是最近几年随着中国经济快速发展才产生出来。

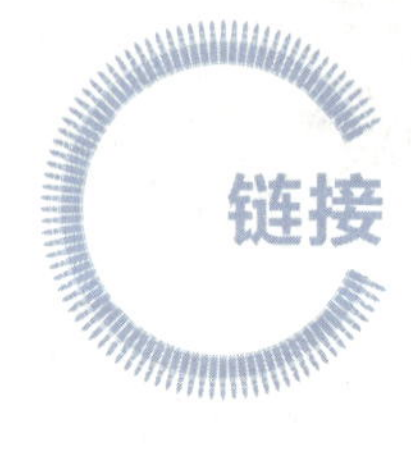

对位于著名旅游目的地的旅游地产项目，就具体项目所在的小地区来说，并不一定要经济很发达。这是由于旅游地产消费者主要是区外消费者，起主要作用的是国家，甚至是全球区域发展水平。比如中坤投资集团投资新疆阿克苏的旅游地产项目，当地经济水平并不高。

对于区域经济发展很好，但区域并非位于名山大川的旅游项目也可以获得很好的发展。例如深圳华侨城开发的世界之窗、欢乐谷。由于它不具备全国甚至全世界的名声，很难吸引区外消费者，但项目选址建在大城市市区中则不会产生消费难的问题，因为这类旅游地产的消费者大多来自附近的居民。这类项目的特点有3个，一是大部分旅游景观都是人造景观；二是能在各个城市间复制；三是当地区域经济发展水平较高。

因素 2. 当地旅游资源

旅游地产的选址自然地块内或者周边具有良好的旅游资源。周边风景名胜地的旅游资源的数量、质量及所坐落的地理位置、可进入程度决定了房地产开发规模和资源可利用程度。

但细分位于风景名胜区的项目位置影响因素，也会面临很多限制性条件，如政策限制、规划制约、环保要求等。所以，一个旅游地产项目在规划建设时，就应考虑与当地生态环境的融合，选址应巧借山、水、景等自然资源，在规划中注意保护自然生态，注重对旅游景观资源的使用与融合，项目理念不但要求观景，更要求能融入风景、享受风景。

因素 3. 自然资源

自然资源包括水文、地形、气候、地貌、植被、土壤等因素。在自然资源上也有 4 个考虑因素（图 2-11）：

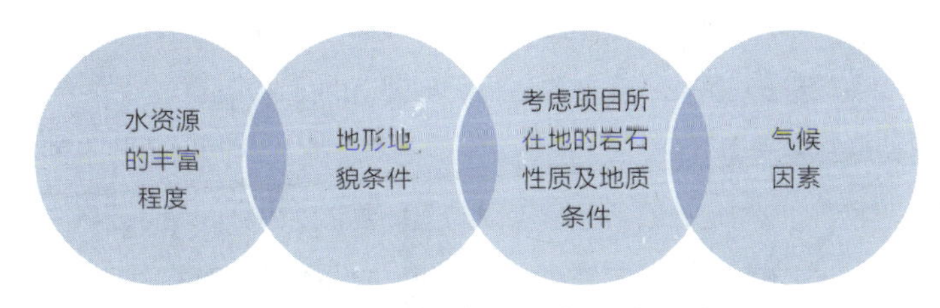

图2-11　自然资源4个考虑因素

一是水资源的丰富程度。不仅可以满足游客们的生活需要，因为有水，景区也会充满灵气，如山中的溪、山间的河等。

二是地形地貌条件。这个因素则决定了土地所能承受的项目开发能力。

三要考虑项目所在地的岩石性质及地质条件。该地是否为多地震带、泥石流出现区等，这些都对旅游地产项目开发有影响。

四是气候因素。这也是必须考虑的条件之一，旅游地的气候条件影响旅游者的可进入性。

值得注意的是，旅游地产选址确定以后，最好不要破坏原有资源的固有格局，特别要保护周边生态环境、水系和水质。许多开发商通常先用推土机把一块地铲平了，然后重新造景，增加改变原地块的水系。这种做法不可取，一来破坏了原有水系、地形，项目失去了自然原味，减少了人们回归自然的愿望；二来会导致项目与其他项目没有明显分别，不符合人们喜欢追求差异化的心态。

因素 4. 基础设施

旅游地产项目整体面积较大，大部分位于远离城市的郊区或风景名胜区，基础配套设施不够健全。对任何一个项目来说，交通系统都是项目基础设施中最主要的部分，旅游地产消费者多是高收入者，时间对他们来说最宝贵，所以，这类项目附近最好有高速公路或者在机场周边建设。因为基础设施建设也是一个费用开支很大的环节，有条件的旅游地产项目可以借力，比如说，如果这个项目土地面积大，项目开发涉及人口多，又关系到当地经济的发展，可获得当地政府的积极支持，项目开发者即可借此分担出去一部分市政建设工作。

如果旅游地产项目强调带给消费者度假、休闲、娱乐的体验，却因为基础设施不齐全产生体验和游玩的不便，必然导致项目失败。

2. 旅游地产选址的区位选择策略

旅游区位用来表示旅游景点与其客源地相互作用中的相关位置、可达性及相对意义。

区位是发展地区旅游业的一个重要因素。区位也可以看成是一个旅游点对其周围客源地的吸引和影响，或一个客源地对其周围旅游点的选择性与相对偏好。在旅游地产项目投资开发时，企业选择的是宏观区位，而被改造或者被创造的是微观区位。

不同企业投资开发旅游地产，因企业规模、资本、理念不同，会有不同的区位选择标准与倾向，不同类型的旅游地产项目也有不同的选址要求。另外，受限于经济环境、政策法规等，都会导致企业在不同时期，不同旅游地产项目的选址时采取不同的区位选择策略。

根据“因项目选区位，因区位定项目”的原则，旅游地产区位选址可以归纳为顺适区位、改造区位、创造区位 3 种策略（图 2-12）。

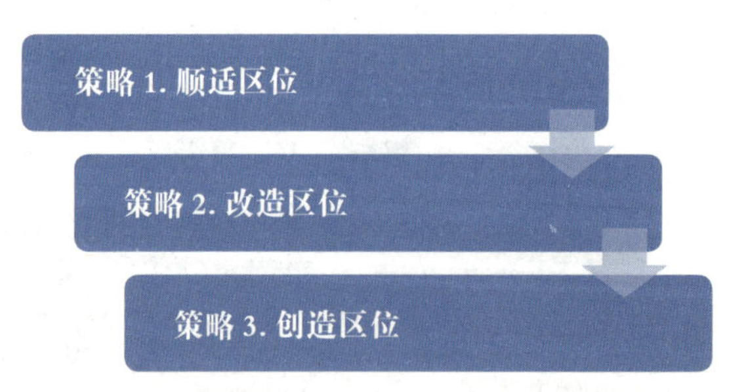

图2-12　旅游地产选址的3个区位选择策略

策略 1. 顺适区位

顺适区位是指选址于具有区位优势的旅游资源周边，顺适原有区位优势，以获取正外部性。充分利用区位内旅游资源的稀缺性、唯一性，发挥先天优势开发旅游地产，注重对景观的占据与融合。

这类旅游地产的投资开发优势有以下 4 点：一、选择风景名胜或具有较高知名度的景区进行投资开发，游客认知程度高；二、客流量稳定，无须进行大量宣传和消费者培育；三、投入资金相对较少，投资风险小；四、投资回收期短，获得可预见收益的能力较强。

这类旅游地产的投资开发劣势也有 4 点：一、受制于旅游地功能结构和资源禀赋，只能根据旅游条件体现特定旅游地产主题。二、产品专属性较强，对后续扩展形成潜在制约。三、政府对于这类旅游资源及景区通常有诸多限制条件。限制房地产开发规模或杜绝破坏景区的房地产开发等。四、许多景区基础条件达不到房地产开发条件。比如说，一些山区旅游景点根本无地容纳大体量的建筑物，江、湖、海等水资源周边按照防洪要求也限制建造建筑物。

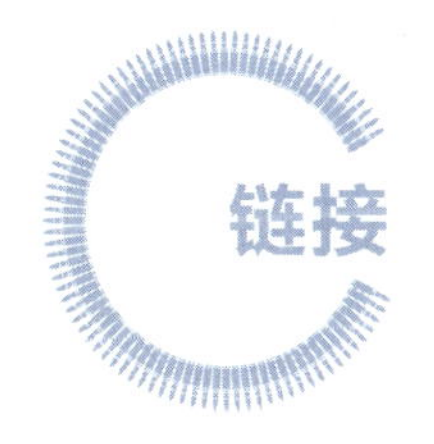

我国许多著名旅游景点，如三亚亚龙湾、大理洱海、杭州西湖等景点周边大量分布着各类旅游地产项目。例如，旅游地产业内知名企业“中坤集团”在黄山宏村的旅游地产投资开发，就是运用顺适区位策略的典型项目。

黄山宏村原是南宋时期完好保存至今的原始村落，经过“中坤集团”的建设和包装后被誉为“中国明清博物馆”，已被列入“世界文化遗产名录”，“中坤集团”依托的是绝对稀缺的人文旅游资源，在此基础上又开发了宏村奇墅湖国际旅游度假村项目，这些都成为中国旅游地产的经典之作。

策略 2. 改造区位

改造区位是指在充分利用原有区位优势的基础上，对其进行改造，在旅游区位内设计合理空间结构，调整不合理区位利用，优化空间布局（图 2-13）。

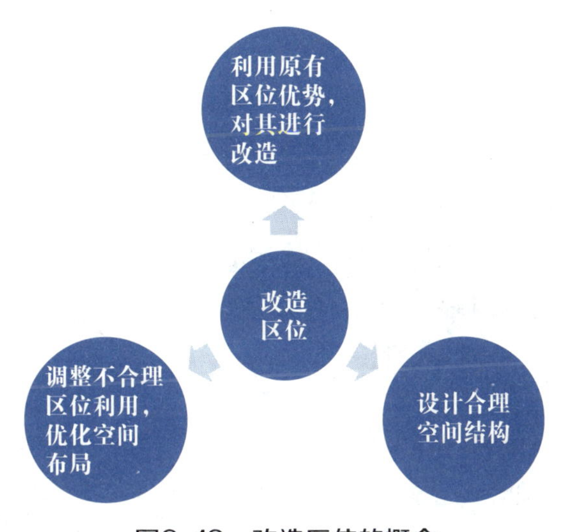

图2-13　改造区位的概念

区位改造注重对区位内旅游资源的创新开发与补充开发，进一步发挥旅游资源价值，配合以旅游地产投资开发，以期获得更大的经济、社会、生态效益。

这类旅游地产的投资开发也各有优劣势。其中优势在于：一、旅游资源已有一定的知名度或地区周边拥有较高的旅游客流量；二、在该区位内投资开发无需投入巨额资金；三、只需巧借山水，辅以创意支持，借用已有资源进行区位改造，就能达到进一步提升其区位价值的目的。

劣势在于：一、仍然需进行广告宣传与市场培育，扩大其知名度；二、只有使其旅游资源获得游客认可的基础上才能进行地产开发；三、这种区位改造风险性较高。

利用改造区位获得成功的旅游地产项目不胜枚举，经典的有两个：

比如海南“博鳌国家旅游休闲度假区”的成功开发就是充分利用玉带滩、万泉河入海口这一自然景观，借助“会议经济”——“博鳌亚洲论坛”这一载体打造国际性旅游地产产品。

“雅居乐”投资200亿元、占地万亩建设的海南清水湾旅游地产项目，借助三亚得天独厚的漫长海岸线，利用海景资源，打造集休闲、度假、观光、商务、运动、居住为一体的复合型滨海旅游度假国际化居住区。

策略3. 创造区位

创造项目区位是指原有区位内不具备区位优势，其旅游资源、自然景观、基础设施条件不佳。劣势显而易见，旅游地产项目选址在这样的区位需要从零做起，要在先发展旅游的基础上做地产，其投入资金大、投资风险高、项目回收期长。

此处所讲的创造区位是指在选择宏观区位的基础上创造微观区位。

1）创造区位项目的两个特点

第一、高风险也意味着高收益。

投资者做这类投资需要具有超前意识。项目的优势在于地价便宜，易于拿到大面积地块。因为这类项目的开发盈利模式通常会伴随着巨额投资和高强度开发，所提供就业岗位自然很多，对当地区域经济发展的带动效果不言自明，更因为其在土地置换与拆迁、人口安置、部门协调等方面诉求易获得到当地政府支持，地方政府可承担一部分市政配套设施的建设，降低了企业的开发成本。

第二、做旅游地产项目投资开发可以不用依托于垄断强、等级高的旅游资源，也可以不受先前旅游资源条件和文化主题约束。

这类项目大多以市场需求为主导，注重对市场的适应，在旅游景区主题和地产开发模式的选择上相对灵活，不同风格的旅游项目可以兼容并存，多元化开发。项目大部分是人造景观，成功模式可以在腹地外复制。

2）创造微观区位的项目要判断市场潜力区位

企业在进行旅游地产的投资开发时，首先会考虑宏观经济以及当地区域经济的发展状况。中国旅游地产的标杆企业“华侨城”就是选择宏观区位，创造微观区位的典型。

“华侨城”在深圳和北京、上海、成都等地的欢乐谷、华侨城等项目特点是：首先选址在经济发达的大都市区域；其次，再选择城市郊区土地，投资市场潜力区位，成片拿地，分期开发。属于先造环境再造房的开发模式。遵循的是“旅游——配套——地产”三段式循序渐进的开发过程。是非常典型的以主题公园模式，创造微观区位，逐步提高区位价值的运营管理思路。

3）不断完善生态环境和配套设施，建立二次收益服务体系

不断完善生态环境和配套设施，形成布局合理的商业服务系统、文化休闲系统、道路交通系统（图 2-14），打造纯熟环境，提高居住氛围。

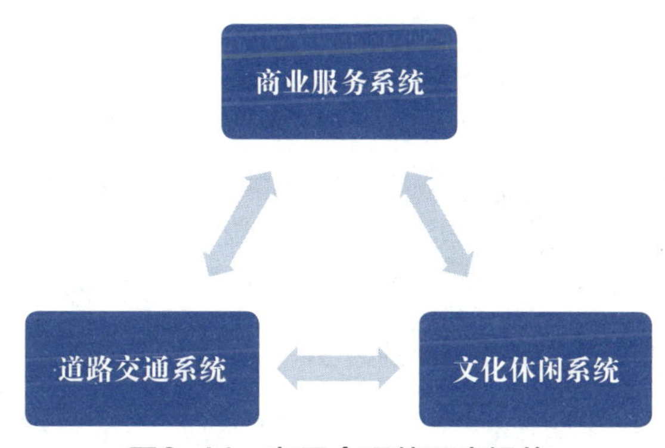

图2-14 布局合理的配套设施

“华侨城”充分挖掘旅游资源的带动效应，将房地产开发作为旅游融资的核心渠道和景区建设的主要资金来源。在收益方面，既包括旅游地产销售与经营中所产生的一次收益，还包括游客所产生的各种附加收益和关联收益。比如会展、康体、商务、演艺等服务产生的二次收益。最终达到以旅游提示地产价值，以地产回笼资金的目的，实现旅游和地产的双赢。

3. 旅游地产项目场地分析

旅游地产项目规划前期要先对场地进行透彻的分析。场地是多种要素的组合而形成的独有空间形态，每一个要素相互穿插，互为补充，形成丰富多彩的空间系统。场地各条件要素分析是否正确、深入，对前期有着至关重要的作用。

项目的地块分析内容主要有如图 2-15 所示的 4 个要点：

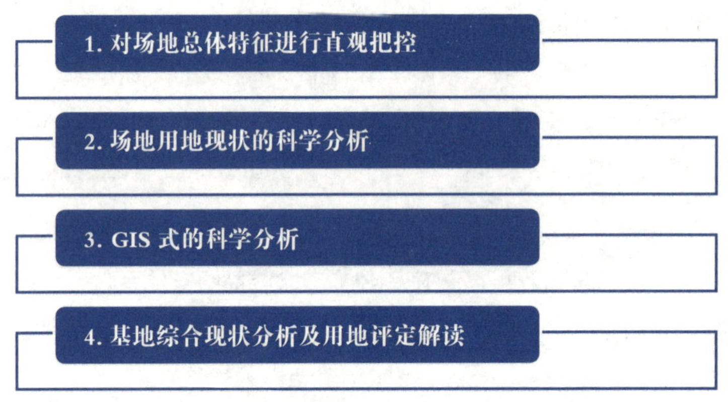

图2-15　旅游地产项目地块分析的4个要点

要点 1. 对场地的总体特征进行直观把控

通过现场勘查，了解场地的总体特征，对山地、河流、村镇、道路通达性等自然、人文资源要素做初步了解和把控。

要点 2. 场地用地现状的科学分析

周围地形、土地利用情况、内部交通网络、植被覆盖情况、项目相关背景对确定场地功能有重要影响。现场考察过后，对上位规划及场地地形图进行透彻分析，并对现状地形做分析。

要点 3.GIS 式的科学分析

在 GIS 分析的基础上对项目场地的高程、坡度、光照等几方面进行科学全面地分析，这个分析结果将直接决定场地适宜的建设用地。当然，在此基础上还要考虑诸多其他原因，如有无土地政策限定等问题，确认可建设用地指标，也为项目未来的山水园林大格局提供科学依据。

要点 4. 基地综合现状分析及用地评定的解读

基于 GIS 分析及场地用地现状等的综合因子分析，可将场地分为若干区域，再根据可建设用地条件进行评估，评估时可根据以下几个条件确立，以地块价值最大化为向导，选择最优用途作为地块功能划分的依据（表 2-1）。

土地价值的评定指标体系和评价标准 表2-1

评价指标	评价标准
环境条件	自然情况，包括景观资源、地貌、地形地势、山地、河流及绿地情况
	环境质量，包括大气、噪声、污染及绿地覆盖情况
交通便捷度	对外交通便捷度，即项目与高速公路、火车站及机场的距离
	相邻道路通达性，包括道路性质、车流量、宽度等
市政及公共设施	市政设施完善度，包括供水供电、环卫情况
	公共设施完善度，包括学校、医院及娱乐设施
产业影响	区内产业成熟度
	相关产业配套聚集状况及未来发展趋势
城市规划	地块所在区域规划方向定位及周边对本地块的影响
拆迁难度	地块内部现状带拆迁规模、难度及其对本地块的影响

三、旅游主题定位步骤

旅游地产的主题是其地产开发的理念核心，也是贯穿整个旅游地产项目中的中心思想。主题定位就是地产项目开发者和规划设计者深入分析休闲旅游地产资源，从中抽象出用于反映项目特色并符合产品需求的某种基本思路，再通过产品规划设计、建筑设计和项目形象集中表达出来。

确定旅游地产项目主题定位一般有 5 个步骤。

步骤 1. 宏观背景分析

开发旅游地产项目，首先要进行市场判断，所谓市场判断应不单指行业市场、供求市场、

竞争市场等与项目本身相关的市场判断，更重要的是基丁项目所在城市的宏观发展环境、经济背景的整体大市场的分析判断。

指标 1. 政府规划导向分析

政府对整个城市的规划总方针是旅游地产项目开发定位的基本前提。政府的规划导向在投资者拿地阶段就直接决定了项目落地的位置和定位方向。政府对于该城市的开发战略、产业体系构建、政策指导等是项目开发定位的重要条件。一个项目无论是依托原有的自然资源，还是重新再造旅游资源体系，都必须从政府规划中敏锐察觉到城市发展的方向、重心，然后再从中去寻找项目开发运营的有利契机。

就目前旅游地产开发的地块而言，大多处于远离市中心的城郊地带，有一定的自然资源条件或开发条件相对差，如能抛开项目运营本身的局限视角，立足整个城市大配套、紧跟政府规划导向，更有利于深入挖掘项目价值和主题，从而获得相关政策支持。如果能将项目开发提升至城市大配套中，并作为城市运营的一部分，无论对于政府还是开发企业而言，都将有力推动城镇化进程，更有利于树立项目形象和城市品牌。

指标 2. 城市经济总体发展分析

城市经济总体发展水平和运行速度是旅游地产项目开发的重要基础。旅游地产是一个复杂的系统，由于其受城市旅游休闲度假经济和房地产业发展水平影响较大，故与城市 GDP 水平等关联密切。也就是说，当一个城市经济水平尚未发展到一定程度时，该城市居民通常外出旅游或活动相对较少，旅游度假相对稀少，城市自身的流动性也较差；当城市经济水平发展相对成熟时，旅游休闲度假不再是奢侈品，变成人人可追求的普通消费品，则外围旅游地产空间形成，开始为居民向外流动带来直接条件。

据国际经验，地区人均 GDP 与旅游消费的关系如下：

一个地区人均 GDP 达到 1000 美元时，大众型观光旅游将出现高潮。

大约人均 GDP 在 3000~5000 美元时，较高层次的休闲度假旅游形式将规模化启动，市中心人口开始快速向郊区转移，外围旅游地产空间形成。

因此，旅游地产开发和城市经济总体发展水平息息相关。随着城市经济总体发展水平加快，旅游产业的成熟发展，旅游地产开发正逐渐成为主流地产开发模式。

指标 3. 居民收入和消费结构分析

居民收入以及消费结构的现状和变化趋势，是旅游地产得以实现的重要支撑。旅游地产作为旅游与地产的交叉点，既是构成旅游消费的一部分，也是构成房地产消费的重要部分，两者都与城镇居民收入水平和消费习惯密切相关。居民收入水平的增长和消费习惯逐步成熟，将决定消费者比以往更加注重追求精神上的愉悦放松，开始由生存型消费向享受型和发展型消费转变。需求决定市场，旅游地产机会由此出现。

因此，居民收入和消费结构分析是进行旅游地产开发定位的条件之一。

步骤 2. 相关政策分析

影响旅游地产开发的相关政策，主要包括土地政策、产业政策及其他相关政策（图2-16）。土地是所有地产的基础，旅游地产在做旅游资源分析利用时，做清楚土地政策分析非常关键。

旅游地产属于复合型地产，为确保旅游地产的顺利开发，在进行政策分析时应关注与旅游地产开发的关联产业所对应的政策。

图2-16　旅游地产相关政策分析

（1）土地政策

土地可谓是旅游地产开发中最为关键却存在较大风险的重要因素，其风险性主要表现在土地权属不清，土地获得不确定，以及土地性质会发生变更等方面（图 2-17）。

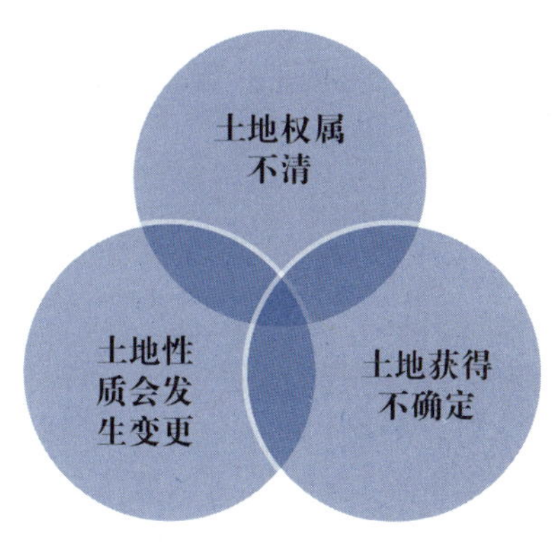

图2-17　土地风险性的主要表现

土地是一种稀缺性资源，一直受到国家政策的严格调控。旅游地产开发通常占地规模较大，开发体量较大，面对国家目前紧缩地根的宏观政策，如何合法有效获得规划用地成为关键，深入研究相关土地政策是做这类项目开发的关键环节和重要工作。如国家关于旅游用地出让的政策、关于土地划拨的政策、对土地闲置的处理以及对别墅用地的限制政策等，都涉及项目的开发定位问题；另一方面，旅游用地内对于住宅房产的功能明确和产权明确，也会涉及部分土地性质变更或项目开发定位问题，都要一并考虑。

（2）产业政策

大型旅游地产项目需要以产业为承载进行财富递增和可持续发展，研究相关产业优惠政策对项目开发定位起到重要的指导作用，如国家或地方政府对创意产业的扶持政策、对产业园的优惠政策、对影视产业的优惠政策、对生态农业的扶持政策等，都可能成为项目发展的有利契机。

大规模复合型旅游地产项目已不仅仅是单一的项目开发，它需要多种业态并存、嫁接才能支撑起项目整体的开发运营，更需要构建完整的产业链以确保其能够良性发展，实现土地价值的最大化。

（3）其他相关政策

旅游地产开发中要注意的其他相关政策包括：旅游产业发展政策、房地产开发政策等。

事实上，应对复合型旅游地产项目的开发，已经跳出了传统旅游开发或是房地产开发思维模式。在专注于开发前期的定位研究时，开发投资方已部分承担城市运营商的角色，从宏观角度研究经济、人口、产业环境等以进行有效配置和布局。可以说，对这些政策的研究分析是整个项目开发战略规划的基础，是市场定位的依据，也是经营运作整体把握的关键。

步骤 3. 市场分析

市场分析包括旅游地产市场总体发展情况分析、项目所在城市的旅游地产结构现状分析和项目所在区域的旅游地产结构现状分析。

（1）旅游地产市场总体发展分析

旅游地产市场总体发展情况是一个宏观层面的分析，主要由两大块构成，一是行业经济的特性，二是整个市场的发展情况（图 2-18）。

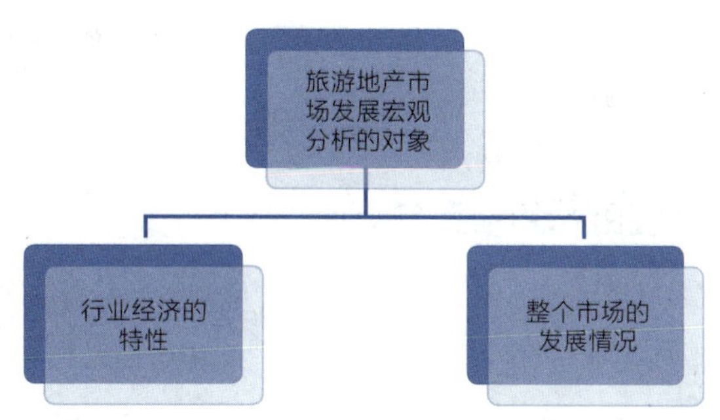

图2-18 旅游地产市场发展宏观分析的对象

从行业经济特点来看，旅游地产更多是与社会整体情况的关联，如社会经济发展情况、旅游观念的转变意识、旅游的季节性特点、国家出台的相关假日政策、旅游市场消费需求习惯以及消费群体的出游形式等（图2-19）。这些都将直接影响旅游地产市场发展的前景和市场容量；对于整个大旅游地产市场分析，则主要建立在旅游地产的现有格局、发展成熟度以及相应经营状况的基础上。

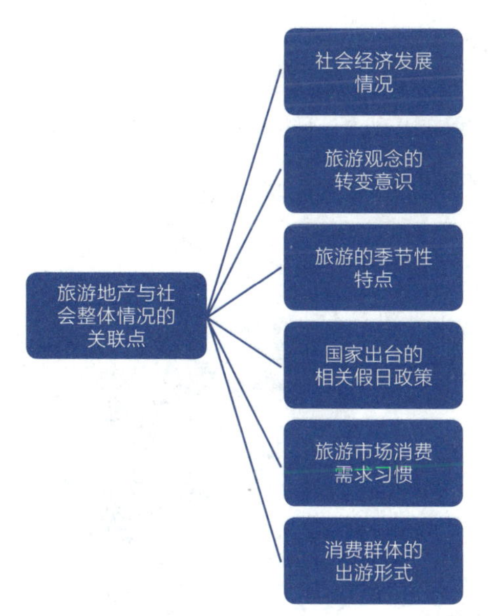

图2-19 旅游地产与社会整体情况的关联点

（2）城市旅游地产结构现状分析

从某个具体项目来看，旅游地产项目必然受所在城市旅游地产结构的深刻影响。城市现有旅游地产格局是以观光型旅游为主、还是以体验型为主，是以历史文化古迹为主、还是

以人文自然为主，是以门票形式为主、还是以多种经济结构复合型发展为主，都决定了本项目的定位方向和旅游主题诉求。

（3）区域市场旅游地产结构现状

即周边相邻区域内旅游地产结构，及相邻地块内旅游地产开发情况（旅游地产开发通常规模较大，同一地块内可能有不同投资商共同开发），通过相近或相邻项目分析比较寻求差异化和建立本项目的核心竞争力以及 USP（Unique Selling Proposition，即独特的销售主张）。

步骤 4. 项目资源分析

有无可利用的资源，资源的强弱，以及可利用资源的特点，决定了项目主题的根本定位。对于资源缺少型旅游地产，必须借助主题经营的成功来获得开发运营上的成功。

自然文脉资源是休闲旅游地产主题依托，地域区位状况是主题的实现条件，休闲地产需求是主题的现实导向。

旅游项目的主题定位必须综合考虑自然文脉、地域区位和地产需求的诉求（图 2–20），即在自然文脉资源开发利用的基础上，积极开创优势区位条件，并切实以休闲旅游地产的市场需求为导向，这样才能确保项目主题定位的准确性、现实性与可塑性。

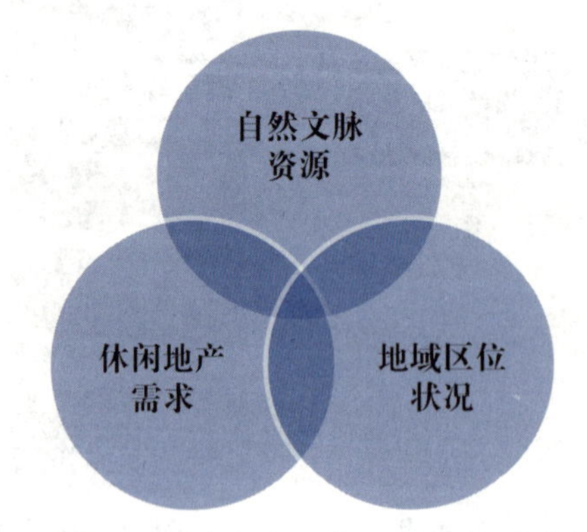

图2–20　主题定位的3个项目资源分析因素

（1）自然文脉资源

休闲旅游地产的核心在于对休闲旅游资源的开发和利用，当然一般是以自然资源或人文资源为依托。特色而稀缺的自然资源，可为地产项目增强景观价值和吸引力，丰富的人文资源尤其是历史文化资源则更能体现项目内涵和人文关怀。

（2）地域区位状况

地域区位状况在很大程度上决定着客源市场的规模和交通通达性，因此，它是制约休闲旅游地产发展的一个重要因素和条件。在进行主题定位时需要考虑区位条件的优劣程度，并根据现实条件，或择优选择，或创造利于项目发展的区位因素，如改善道路交通网、完善项目周边配套设施等。

（3）休闲地产需求

随着经济的稳健发展，人民收入水平不断提高以及“5+2”生活工作方式的普遍化，人们旅游观念逐渐从传统观光旅游向休闲度假转变，休闲度假游已成为国内主导的旅游产品之一，大量休闲旅游地产项目也随之应运而生。

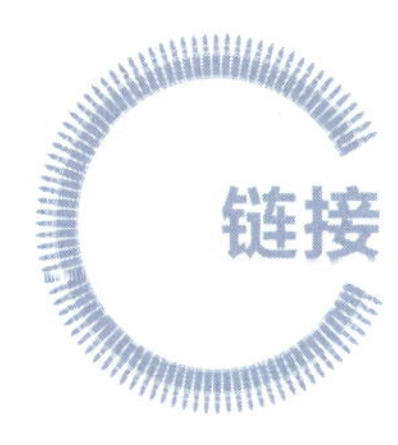

深圳华侨城·欢乐谷、中坤·黄山宏村和宋城·休博园即分别代表了三种面临不同资源情况的主题定位。

黄山宏村

原是南宋时期的原始村落，经过中坤集团的建设和包装后被誉为“中国明清博物馆”，后被列入“世界文化遗产名录”，可以看出中坤集团依托的是绝对稀缺的人文旅游资源，并在此基础上开发了宏村奇墅湖国际旅游度假村项目。

宋城·休博园

位于杭州萧山湘湖保护区内，拥有与西湖并称为“姐妹湖”的湘湖，宋城集团依托的是极致自然的山水资源，由此打造世界休闲博览园——集休闲、旅游、度假、会展、人居为一体的休闲主题城。

深圳华侨城的欢乐谷

在当时深圳没有任何文化娱乐设施的情况下开发的，除土地外基本没有其他可用的资源；从其名字“欢乐谷”也可以看出，它走的也不是观赏性为主的开发思路，而是强调以参与性为主的开发理念，随着欢乐谷所在区域价值的提升，华侨城开发了波托菲诺高档住宅区。

步骤 5. 旅游主题定位与塑造

塑造旅游主题是以分析影响主题因子的过程为基础，从这个分析的结果中提炼出可以表达地产项目开发经营的某种中心思想或理念，即地产项目主题。确定主题之后还要通过围绕项目主题，打造不同的主题开发模式。具体而言，就是针对项目内各种产品或服务建立不

同开发经营模式，以此完成总主题的塑造。

从目前已建成或在建的项目看，旅游地产并不是单纯的项目投资开发，处于项目开发核心不同的角色对项目的价值要求也不同；

对政府而言，希望通过面向区域性发展、带动地方经济；

对于企业而言，则可能关联到企业的发展规划、战略布局。

旅游地产项目业态复杂、规模偏大，投资回收期在 6 ~ 8 年，甚至更长，如果主题定位没有足够吸引力，无法确保旅游价值层层启动，不仅不能保持长久的吸引力，还达不到预期收益。因此，项目的主题定位是涉及项目生命力的东西，不但要找准落脚点，还要保证持久的活力。

项目主题定位大致可从 3 个层面来进行（图 2-21）：

图2-21　项目主题定位的3个层面

（1）从消费者心理体验进行主题定位

主要通过两种途径实现：一是怀旧，满足商业社会人们对历史文化的怀念；二是憧憬未来，满足大众对未来的遐想。

（2）结合资源特点进行主题定位

如结合湿地资源打造主题湿地公园，结合温泉资源打造主题温泉度假村，结合自然山水资源打造主题生态度假项目，结合高尔夫资源打造高尔夫高档度假项目，结合人文资源打造主题人文景点，利用滑雪打造滑雪场度假胜地等（图 2-22）。

通过资源定位主题的项目，成功的关键在于保持资源在区域内的独特性或者唯一性。

结合湿地资源打造主题湿地公园

结合温泉资源打造主题温泉度假村

结合自然山水资源打造主题生态度假项目

结合高尔夫资源打造高尔夫高档度假项目

结合人文资源打造主题人文景点

利用滑雪打造滑雪场度假胜地

图2-22　结合资源打造主题公园的类别

（3）根据功能进行主题定位

满足健康、休闲、运动、娱乐、商务会议等功能需求的旅游地产，如疗养中心、主题公园、会议中心、影视基地、康体俱乐部等。

在所有旅游地产项目中，主题色彩最浓的莫过于主题公园、影视城这类以娱乐功能为主的项目，对这些项目而言，创意是成功的基础条件之一，文化则是增加附加值的必要条件之一。有了主题的创意和文化概念的策划，项目才能有生命力，才能有出路。

四、旅游地产项目规划设计

旅游地产项目都是依托于旅游资源，项目对周边环境会产生牵一发而动全身的影响。在旅游地产项目规划设计中，始终要把环境放在第一位，谨记旅游地产项目的规划设计理念，遵循项目规划设计原则，选择正确的资源开发策略。

1. 旅游地产规划设计理念

当前旅游地产规划设计仍然沿用传统旅游的建筑规划思想和操作基本方法，在很大程度上落后于行业的整体实践水平，这一现状导致了很多弊端，极大地限制了旅游地产自身的发展。尤其是当前的旅游地产开发，只追逐“现代化”时尚，却丢掉了“个性化”的本质，得到的却是“雷同化”的躯壳。这就急切呼唤一种适应时代需要的新的规划设计理念出现。这种新的规划理念有如图 2-23 所示的 3 个核心。

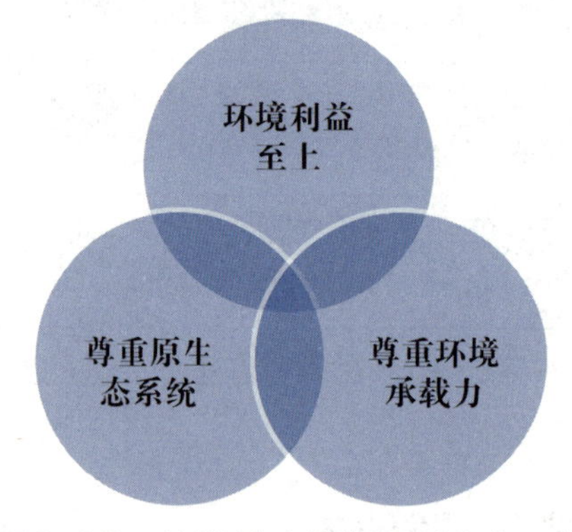

图2-23　旅游地产规划设计3个理念

理念 1. 环境利益至上

旅游地产规划设计首先要调整和完善现存敏感生态体系，达到一种良性循环，才能形成以环境利益为导向的、稳定的正金字塔型结构。如果是处于风景区内或风景区周围地产项目，要以不影响景观本身地段，开发规模适度是极为重要的理念。做旅游地产开发，景观资源只能借用，不能侵占和掠夺，这是旅游地产开发成功的基础；调整并完善现有生态系统是旅游地产增值的重要手段。限制过度开发，保持和建设良好的环境，才能优化并发挥生态风景资源优势，这是旅游地产长期增值的法宝。

急功近利或竭泽而渔，一旦开发形成以经济利益为导向的倒金字塔结构，会给环境及社会带来双重损失。

理念 2. 尊重环境承载力

环境承载力就是指在某一时期、某种环境状态、某一区域环境对人类社会及经济活动支持能力的限度。

环境承载力是由水、土地、大气、生态等环境要素决定（图 2-24）。环境承载力评价可以通过对水、大气、生态等环境要素子系统评价来实现。“木桶原理”适用于环境承载力，即环境承载力中最薄弱的环节决定总体承载力，这样就不必要对其他环境要素进行统一量度，减少其中的不确定性和不可比性。

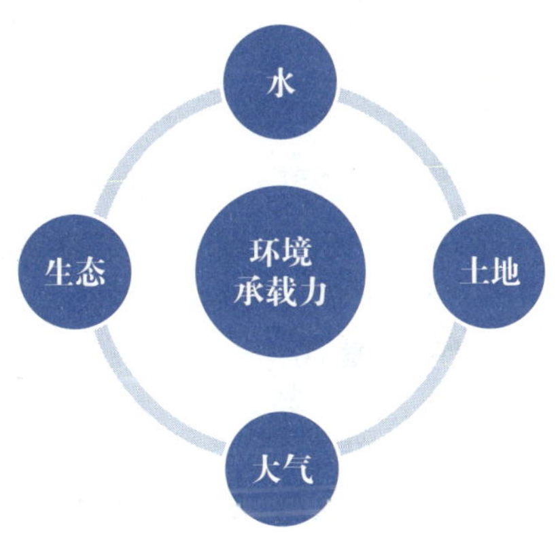

图2-24　环境承载力的决定因素

用环境承载力衡量人类社会经济与环境协调程度的标尺。确定各区域的承载能力和承载水平，要在一定环境质量要求下，在不超出生态环境系统弹性限度下，对环境可支撑人口、经济规模和容纳污染物的能力，进行定性和定量分析。

理念 3. 尊重原生态系统

生态系统是指生物群落与它的无机环境相互作用而形成的统一整体。经过长期自然演化，每个区域内的生物和环境之间、生物和生物之间，形成了一种相对稳定的结构，具有相应的功能。

一个特定区域的生态系统经过多年的自然演化，达到具有保持自身结构和功能相对稳定的能力以及受到干扰后恢复到原来平衡状态的能力。群落多样性是群落稳定性的一个重要尺度，保证生物的多样性就是保证生态系统的稳定性。自然景观最优美的区域往往就是生物群落多样性最丰富、生态系统最稳定的区域。保护原有生态系统，就是尊重当地特定区域的生物多样性，最终保持当地生态系统的稳定性。

进行景观开发时，建筑物及休憩系统不可避免地会给当地生态系统带来一定的影响。设计前，应进行区域调查和环境评价，尽可能在对原有生态系统破坏最小的区域内做建筑物及休憩系统修建。

2. 旅游地产项目规划设计原则

旅游地产项目规划设计有如图 2-25 所示 5 个原则：

原则 1	·以人为本设计游憩模式
原则 2	·打造独特卖点
原则 3	·设计产品讲求情境化、体验化、娱乐化
原则 4	·结合原有自然条件突出特色
原则 5	·营造绿色低碳的环境

图2-25　旅游地产项目规划设计的5个原则

原则 1. 以人为本设计游憩模式

旅游资源的优势并不直接等于市场优势，关键还要看产品如何打造。产品吸引力半径多大，市场辐射半径就会有多大。打造产品核心吸引力，最重要的是对游客旅游产品购买心理与游憩感受的深度理解。

现在的生活已不缺乏使用和实用的各种功能，旅游者更需要的是一种感觉，一种触动视觉、听觉、味觉、触觉、心灵与肉体娱乐的精神感召与刺激。在人本主义方法论中，游憩方式是设计的灵魂。以人为本，设计出互动体验、亲和吸引、情境感悟、个性娱乐的旅游产品，形成旅游项目的市场核心竞争力，是项目设计追求并执行的原则和目标。

原则 2. 打造独特卖点

旅游寻求的就是独特奇异。以差异化为基础的创意联想，一旦达到独特性，形成吸引核，独特性卖点就会产生，产品吸引力才得以形成。

项目设计应该拒绝平庸。没有独特奇异的创意，决不提交给客户。在旅游悟性和超前意识引导下展开的激情创意，能形成出奇制胜的市场卖点和商业感召力。

图 2-26 是 5 个挖掘项目卖点的角度：

- 从深厚历史文化底蕴找卖点
- 从未来发展空间找卖点
- 从个性化发展找卖点
- 用超前推断法找卖点
- 用亚文化设定卖点

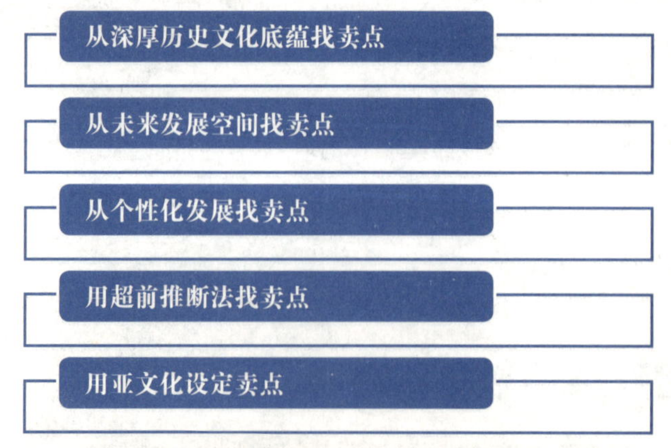

图2-26　挖掘旅游地产项目卖点的5个角度

1）从深厚历史文化底蕴找卖点

如山东省梁山县的旅游开发，最大卖点是恢复“水泊梁山”的水寨，又做了“全国招聘李奎、李鬼”的营销推广活动，自然有力地拉动了眼球经济。这是挖掘到宋朝的旅游项目。而西安兵马俑可直接挖掘到秦朝，炎帝陵可直接挖掘到人类之始。中国上下五千年的历史文化，蕴藏着无数卖点。任何地点，即在地表上的那个“点”，只要有心去找，就一定能找到既恰如其分又能崛动市场的卖点。

2）从消费群体特征里找卖点

中国加入世贸组织后，世界经济、品牌一体化，房地产户型、品位、布局世界化。所以，找卖点不能只局限在区域性、封闭性的空间里，更要看到潜在的客户流动群。这是因为，虽然房地产是不动产，但购置房产的人却是流动的。如建设在桂林地区的旅游地产项目，要考虑到主流消费群体的消费需求，这个主流消费群里主要是由外地客户构成，重点是港、深、澳客户群及部分外国人。桂林虽地势优越，但对当地人这不算是优势。旅游地产里的名山、名地、名宅、名人都主要用来影响外地人。

3）从个性化发展找卖点

任何城市发展并非千篇一律，旅游地产也因其自身的个性化而呈现千姿百态的主题形式。如三山、五岳、八达岭长城、平遥古城等及全国各大名胜景区无不具有自己的独特个性。除了在这些已有旅游品牌上进行延伸拓展外，商家着眼点还应放在潜在个性开发上。

4）用超前推断法找卖点

策划旅游地产主题要讲 3 个原则：即超前性、独创性、实用性。如开发一个旅游项目，首先在作完大量调查和历史推论之后，就要得出“它是什么”、“它应该是什么”的感觉点，然后围绕这一点放大，至少要超前 5 年或 10 年的方法去设定它。

5）用亚文化设定卖点

亚文化不是正统文化，它是每一种文化中包含着的若干个较小的分支，称为亚文化。亚文化包括民族、宗教、种族和地域等诸多因素（图 2-27）。但是，亚文化有时影响力比文化本身还要大。如选择地势、住宅等方面的风水学说，很多人，特别是东南亚一带的人，很相信“风水”会带给自己好运。有些商家也比较看好“风水”学说，往往策划家讲 10 句，不如易经大师讲 1 句，很多时候项目成败就在于易经大师的一锤定音。我们称这种现象叫“潜在精神动力”现象。往往从正面、从文化本身苦苦思索找不到卖点，通过这种“潜在精神动力”的启发，很快也能激发出来想法。

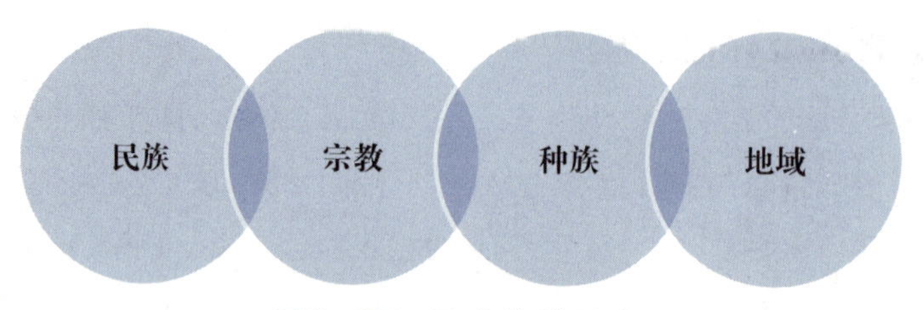

图2-27　亚文化的因素

原则 3. 设计产品讲求情境化、体验化、娱乐化

旅游项目要体现资源价值，必须使之形成可消费、可远程传播销售的产品。最受游客欢迎的游憩方式，是情境化、体验式、娱乐化的产品。

资源价值，来源于地质地貌、生态环境、历史文化、民俗文化，也来源于现实人脉关系、往来结构（图 2-28）。

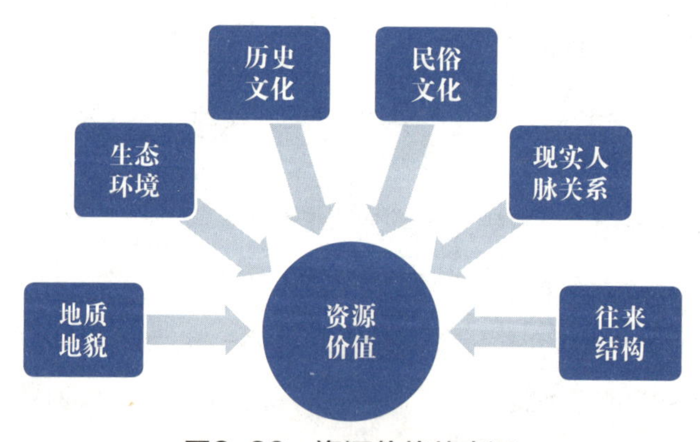

图2-28　资源价值的来源

深度挖掘一个区域的积淀，挖掘出现实中纷繁现象背后的商机，才能把资源本体价值充分显现出来。只有结合市场需求，才能把本体价值显露为商业价值。因此，用故事、情感意境展示景观、娱乐化手段包装项目，都是旅游设计最有效的技术手段。

原则 4. 结合原有自然条件突出特色

旅游地产项目对自然条件的利用模式有“借势”和“造势”两种。无论是哪种模式，其首要条件是要依托于周边旅游资源，包括自然旅游资源、人文旅游资源和人造旅游资源（图 2-29）。

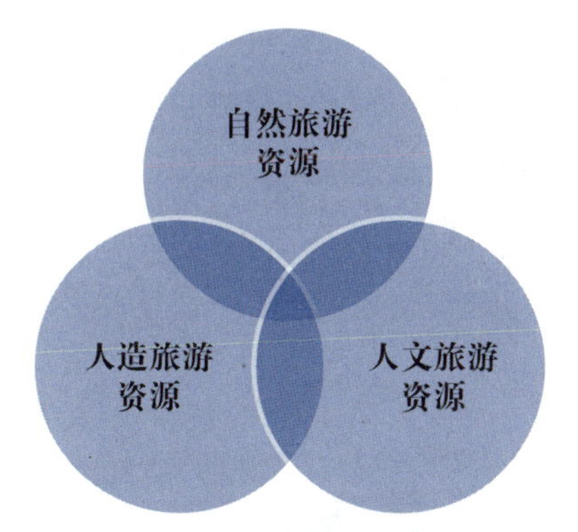

图2-29　旅游地产项目要依托的资源

旅游地产规划要充分利用原有自然条件，因势利导、突出特色。保留原有的地形地貌、绿化等自然资源，在原有自然资源基础上，建造了人造绿色景观，与原生态环境合为一体。

1）借势

依托已经成熟的旅游资源，开发各种类型的地产项目，要充分做好前期工作，保证旅游地产能做到一开始面世就影响巨大，这样也容易一炮打响立刻吸引到客户。但很多地区的成熟旅游资源周围可供开发的土地越来越少，即使有可供开发的土地，位置也多在景区的次要景观区域内，甚至有的项目仅仅是依托了成熟旅游景区的良好名声，并无更多实质这类情况下，对于住宅地产，交通方便就成了一个重要因素。如果能与成熟旅游景区进行良好合作，又能在地产项目附近开辟出便利的出入口，就更能突出地产项目的借势价值。

2）造势

造势是指借地区上一定的自然景观价值，做进一步改造、修复、完善甚至开辟，借此带动周边地产发展。旅游地产依托景观属于纯粹“造势”的作法并不多，少数依托先期大规模娱乐项目的地产倒有个例，更多的造势主要以“借势”为基础，对原有不够突出景观的势，做进一步改造、修复、完善甚至开辟。

我国不少城市存在很多带有一定景观价值的山林、湖泊和海岸等。属于浅层次的开发类型是各地兴起的农家乐项目，中层次的开发就是各类以养老为主体的建筑设施。如果再做进一步的景观改造、修复、完善，就可以把景观名声提升更高层次，可以进行更高层次的开发比如休闲旅游地产。

原则 5. 营造绿色低碳的环境

旅游地产项目要营造绿色低碳的环境，不单是趋向潮流建立时尚的概念；更是一项利在长远的行为举措，以低碳为核心规划要求之一的项目，要遵从很多切实的执行法则。

首先，旅游地产规划设计里要强调 4 个方面建设健康生态城市：一、以人为本；二、以建设生态型环境为规划目标；三、以全新配套为特征；四、以景观环境为渗透。

其次，旅游地产环境开发策略的实质是：一、旅游地产与自然、文化和人类生存环境成为一个整体；二、开发要与自然景观相协调；三、倡导能量消耗和转化过程中“消耗最小”（图 2-30）。

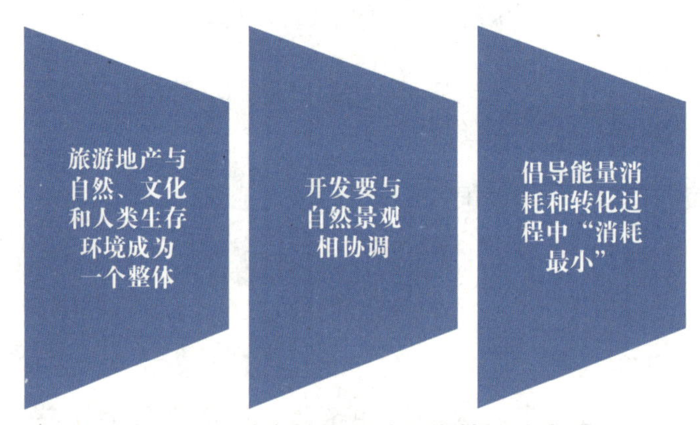

图2-30　旅游地产环境开发策略的实质

最后，旅游地产开发应该倡导绿色的概念，将绿色低碳的理念导入旅游地产规划设计。有 9 种方式可以参考：绿色低碳单体建筑、绿色低碳室外环境、绿色低碳生活方式、建设生态城，规划设计密切结合自然、强调乡土风格、资源和能源利用尽可能利于环保、使用低能耗无污染的交通工具、运用新的生态环保技术和材料（图 2-31）。

图2-31　旅游地产开发的绿色低碳理念形式

1）把人类对环境的负面影响控制在最小程度

自然界有自我调节系统，生态平衡维持路径。其中水分循环、植被、土壤、小气候、地形等在这个系统中起决定性作用。做旅游地产项目规划设计就是要把人类对环境的负面影响控制在最小程度。

规划设计应该因地制宜，尽可能利用原有地形及植被，避免大规模土方改造工程，尽量减少施工对原有环境的负面影响。在这点上的注意事项有 8 个：

一、总体规划设计要把建筑用地控制在最小比例；二、注意用地面积和交通用地；三、注意停车场和配套用地的配比关系；四、考虑屋顶绿化，使其发挥绿地功效；五、露天停车场及大面积硬地要种植高大冠密落叶乔木以降低地面温度；六、交通用地地面材料，要根据具体情况做选择；七、地下水源可能产生污染的地段，如附属维修用地及主要车行道采用硬质材料，通过地面排水管道系统向地下排送雨水，并且在排水管出口设置过滤装置，防止地面的油污污染地下水源；八、硬质地面面积占交通用地总面积的 20% 左右，其余 60% 为半硬质地面，15% 为软质地面。

2）节约原材料，减少能源消耗

施工中尽量采取简单而高效的措施，多选用本地建筑材料，要对施工过程中报废的材料分类筛选，化腐朽为神奇，既节省原材料，又能产生令人惊奇的艺术效果。

提供生态系统的服务，包括空气和水的净化，减缓洪灾和旱灾的危害；降解废弃物和脱毒土壤及土壤肥力的创造和再生；促成农作物和自然植物之间的授粉；控制潜在农业虫害；增加种子的扩散，养分的输送；维持生物多样性。保护人类不受紫外线的伤害，局部调节气候，缓和极端气温、风及海浪，维护文化多样性，提供美感和智慧启迪提升人文精神。

3）充分利用当地绿色资源

稀有物种的逐渐消失已成为当代环境最主要的问题。任何一个旅游项目规划设计应做到植根于所在地方的传统文化和乡土知识。当地材料、植物和建材的合理使用，也是设计生态化的一个重要方面。

乡土物种不但最适宜于当地生长，管理和维护成本也最少，当地人依赖这些生活环境而获得日常生活的一切需要，包括水、食物、庇护、能源、药物以及精神寄托。他们关于环境的知识和理解是场所经验的有机衍生和积淀。所以，一个适宜于场所的生态项目，必须首先是考虑过当地人的习惯，被当地传统文化给予了设计启示，充分挖掘项目当地原生态元素，充分提炼项目本身的内涵。

3. 旅游地产景观资源开发策略

景观资源开发是旅游地产规划设计中重要的环节，景观资源开发是否成功，直接影响到项目的整体运营。一般来说，旅游地产景观资源的开发有如图 2-32 所示的 4 个策略：

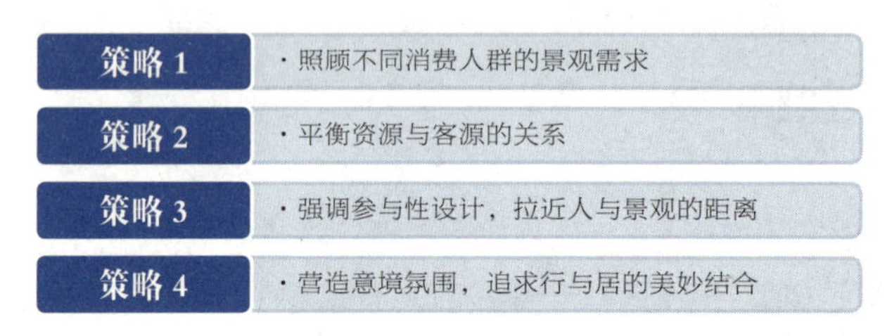

图2-32　旅游地产景观资源开发的4个策略

策略 1. 照顾不同消费人群的景观需求

个人文化背景不同、生活方式的差异，对待景观喜好需要、景观利用需要等方面也有所不同。景观设计应与使用者行为相适应。因此，就要做到以下几点：一、了解消费者是否有空间进行活动；二、地块大小，人的间隔有无拥挤感；三、有无相应的设施和管理；四、各种环境因子能否强化基地的气氛和结构；五、隐藏及显露的功能如何等。

策略 2. 平衡资源与客源的关系

旅游地产成功很大程度上取决于客源充裕程度。资源条件与区位条件优势对客源市场有巨大的吸引力，资源优势不明显的区域其客源市场必然较差。在规划中要考虑大众的思想，合理平衡资源及客源关系，促进项目持续发展。

策略 3. 强调参与性设计，拉近人与景观的距离

行为角度强调参与性设计，其实就是让消费者获得一种与日常生活方式异质的感观体验，把消费过程中涉及的各个环节，包括吃、住、行、游、购、娱等都应该纳入到开发行为策略中来。

1）室内外景观多重性设计

旅游地产项目因具有度假、休闲等功能，游客停留时间长，人们期待的不只是在室外享受自然和人文，更期望动态的景观以及有参与或娱乐之功能。旅游地产项目景观环境除有参观功能之外，最好同时具有参与体验等功能，在景观设计时要做到室内外景观的多重性设计。景观环境设计中要加入娱乐、参与体验成分，集可观性与可参与性于一体，动静结合。

可以通过以下途径实现：

第一，室外景观室内化，主要在室内设计一些生态景观；

第二，室外景观延伸，通过观景玻璃或天台等设计把室外景观引进来，使人们在室内也能享受到室外的景观。

2）把静园变成动园的设计

动是生命存在的体现，是游客在体验过程中感受到自我存在和生命之征的重要因子。因此，在活动设计中，设计者要置身景内，充分发掘生命活力因子，并将其展现出来。在项目规划中能使景点、景观活化的方法有：自然因子，如流水、降雨、风雪；生物因子，如动物活动、人类活动（图 2-33）。

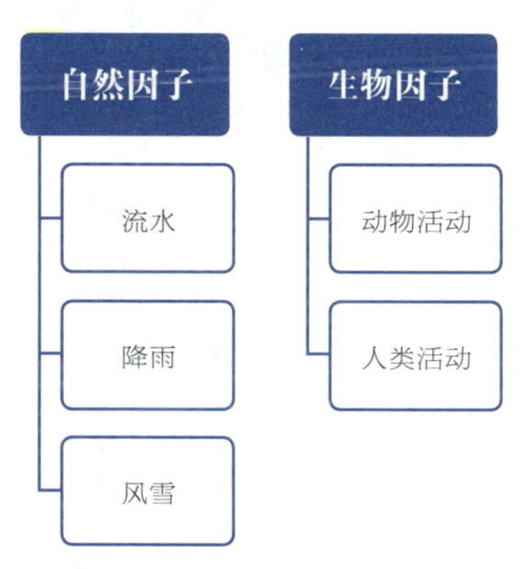

图2-33 项目规划中活化景点、景观的方法

旅游地产项目规划设计行为策略中的活动设计是一项以动为中心，把静园变成动园的设计，从设计的角度看，要设计表演性活动和参与性活动。只有让人自己去参与，去体验，才会使项目具有活力。

策略 4. 营造意境氛围，追求行与居的美妙结合

旅游地产强调的是休闲，即追求人的行游和休息的结合，好的规划应该更好地满足人们劳逸结合的需要。旅游项目不单是关注视觉上风景的客体营造，而更应该重视置身其中的以人为主体的实际需求。

景观设计的目的，除了追求景观生态和谐外，更重要的是为了让观赏者、使用者享受审美愉悦，让使用者能置身景观之中，视觉与心灵融合。要达到这种人的行游和休息的美妙结合，可通过以下手段来实现：

1）文化景观与自然景观相结合

文化景观有时是有形的载体，有时是一种无形的精神、气氛等。在做消费者体验设计中，做文化景观设计时，设计主要方向是特化、强化、异质化（图 2-34），能让人在不同文化环境与氛围中享受另外一种文化的熏陶。

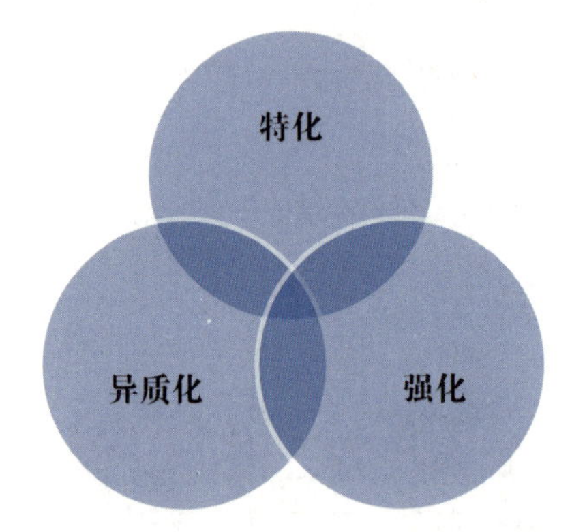

图2-34　体验设计中文化景观设计的特点

自然环境景观是旅游审美体验的主题，包括地貌景观，生物景观，气象景观，天文景观等。作为设计者，主要任务是发现、挖掘、提炼、提高、命名、解释、展示。

设计者在规划设计工作中，必须熟知游客心理、民族文化，做到雅俗共赏。有必要把环境（物质的）与文化道德伦理（精神的）结合起来，使游客在享受审美体验的同时，也能享受教育体验与娱乐体验。

2）情与景相结合

在提倡以人为本的设计理念时，要强调“情景”，情是主题，景是客体，在两者的关系里，第一是情因景生，即触景生情；第二是景因情入，最终是要达到情景交融的境界。在这个基础上研究旅游的情景规划，不能只研究客体，还必须把主客体放在一起来研究，因为最终目的是达到情景交融。

旅游景观的“可享受”，是指它达到了一个比较高的境界，而说其“可回味”则是达到了旅游项目追求最高境界。能让客人回去还怀念这个地方的好，并由衷地向他人推荐这里是做景观设计的最高目标。

在旅游景观的整体规划中，要使游客保持一个美好的感觉，有些景观区域需要贯通，有些景观区域需要遮蔽，但景观总体是要保证形断而神不断。体现在设计就是精心组织旅游线路，让游客在游览、体验过程中拥有一个完整的体验过程。

4. 旅游景区规划设计步骤

旅游景区规划设计是从吸引力打造到景观、建筑、设施设备，再到商业模式、营销模式、运营管理等一系列设计过程。包括如图 2-35 所示的 6 个步骤：

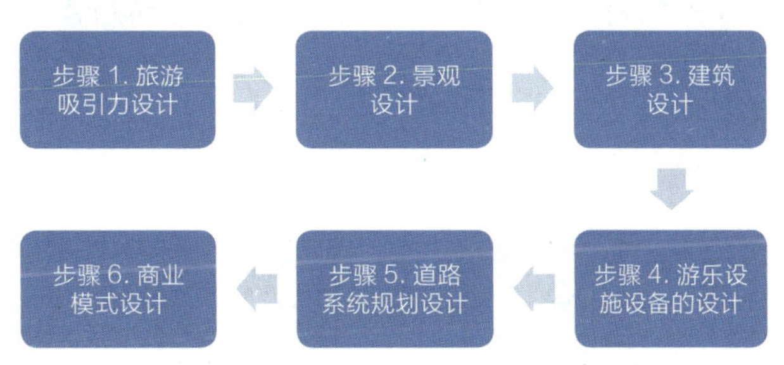

图2-35　旅游景区规划设计的6个步骤

步骤 1. 旅游吸引力设计

旅游吸引物是旅游产品的载体，吸引力能主导整个游憩过程打造吸引物的关键在于其精准的定位，这要求对资源、市场、文化等方面要有深度的认知。

从主题景区到游线、休憩节点、再到游乐设计、娱乐化设计的结合，构成了完整的景区设计架构（图 2-36）。

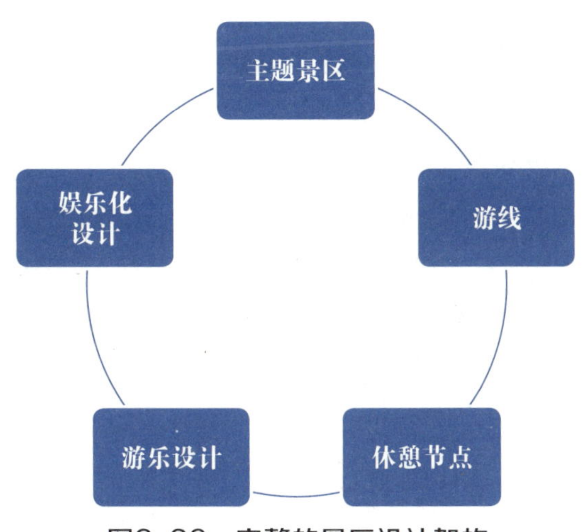

图2-36　完整的景区设计架构

完整景区架构设计依赖开发商团队的策划技术水准，能让设计后的景观通过创新和创意对游客产生视觉吸引并使之产生想象力，借助很高水准的创意创造形成经典，最终让游客念念不忘，由此形成口碑传播从而吸引更多游客（图 2-37）。

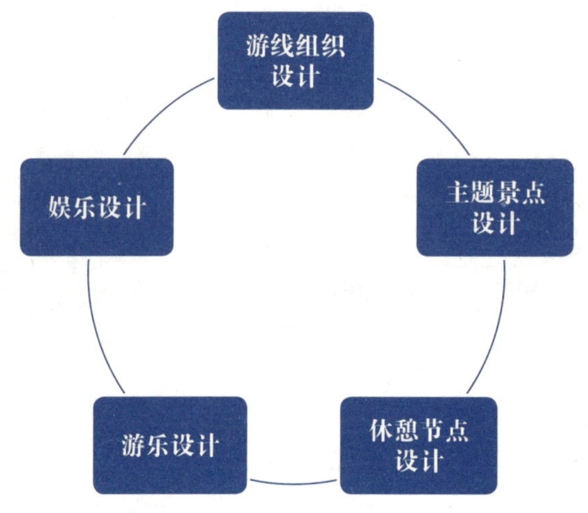

图2-37 景区旅游吸引力设计架构

1）主题景点的设计

主题景点设计关键是让游客能更有效地观赏游览并参与体验主题景观。比如说，在溪谷旁边修一条栈道，穿越溪谷看到的溪流和远观溪流的感受是完全不一样的，设计中要将人和溪水的关系做好，既要形成人与自然的互动呼应，让游客能参与体验，又不破坏自然环境，还要凸显自然价值，在最好的位置感受溪水的生命力，让这种自然美景带来身心愉悦。

2）游线组织设计

旅游就像剧本，旅游设计实际上是编辑剧本，剧本对于观众的最大魅力是设计出跌宕起伏的情节，从而产生非常强的吸引力。

旅游产品的游线是组织游览的路线过程，也是让整个游览能达到预期效果的过程。在游线设计中要考虑一个非常重要的技巧，我们称之为旅游心电图，即有起伏跌宕。比如登山，整个游览过程短则一个小时长则一天，原则上说一般游览过程每十五分钟应该让游客有兴奋点，半个小时要有较大的兴奋点，一小时一定要有休息区并配有相应的消费品，由此让整个游览过程丰富有趣。

3）休憩节点设计

休憩节点设计是指在最美丽的地方停留，通过观光台、休闲小广场、休闲商街等方式的设计让游客停下来休息，并在休闲区设有经营商铺。

4）游乐设计

无论是自然观光的景点，还是文化遗存类景点，或者是全新创造的景点，游乐性都是非常重要的核心。旅游者越来越注重参与和互动，纯观光的景区很难吸引游客停留。

现在应用在旅游地产项目中的游乐设施设备已经发展得非常好，从机动、光电到现在的数码游乐不断地升级。无论鬼屋探险，还是天空漫游，或者其他方式，都可以把各种各样想象的方式做成深度参与的游乐，通过创造出现实中没有的情景和体验过程，给人身心刺激性感受，创造出巨大的震撼感。这些游乐化体验无论是在传统景区、文化景区或创造式景区都非常重要。

5）娱乐设计

娱乐和游乐之间的差异较小，游乐更多体现的是在互动性的动态结构。旅游地产项目中娱乐更多体现在文化层面和演艺类的方式结构。如实景演出、互动性演出、餐饮中巡场演出、篝火晚会式的互动参与、角色扮演的体验性活动等（图 2-38）。

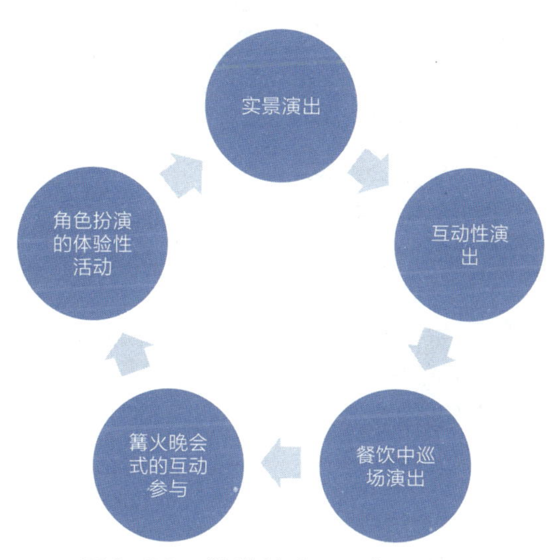

图2-38　旅游地产项目娱乐设计

步骤 2. 景观设计

景观设计以打造旅游吸引力为需求，通过非常丰富的元素构造景观特色，有效地运用景观特色体现其价值，充分显示其独特性，不仅包括自然景观设计还包括文化景观设计。

文化景观设计由开始的文化观光景观设计向文化体验设计发展，文化体验景观设计通过运用多种手段及媒介营造一种氛围与情景，让人沉浸其中，享受一系列难忘的经历，它具有参与性、互动性、消费性等特点。

文化体验景观设计主要通过情景化、动感艺术化、互动艺术化及游乐化方法打造。

旅游地产的景观设计一般有如图 2-39 所示的 6 个原则：

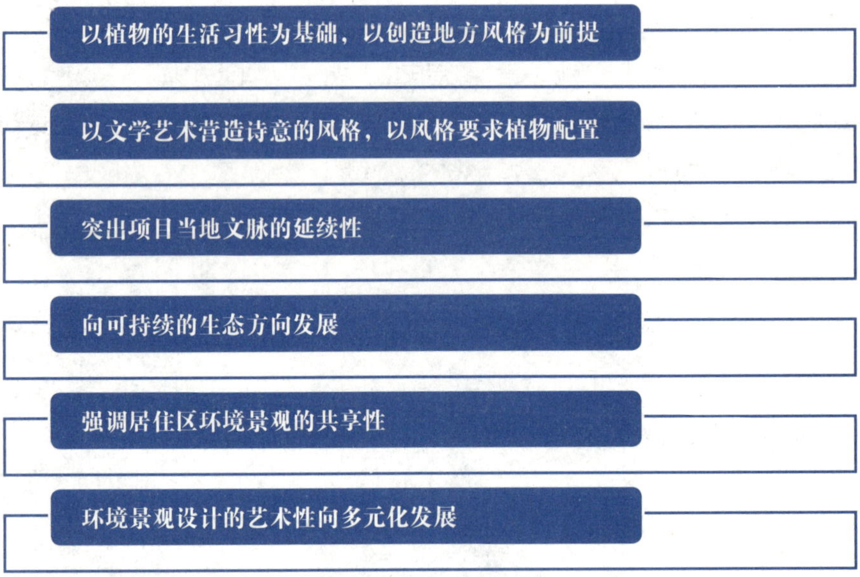

以植物的生活习性为基础，以创造地方风格为前提

以文学艺术营造诗意的风格，以风格要求植物配置

突出项目当地文脉的延续性

向可持续的生态方向发展

强调居住区环境景观的共享性

环境景观设计的艺术性向多元化发展

图2-39 旅游地产的景观设计的6个原则

1）以植物生活习性为基础，以创造地方风格为前提

植物景观配置的要求受两个因素影响，一是受地区自然气候、土壤及其环境生态条件的制约；二是受地区群众喜闻乐见的风俗影响。

植物既有乔木、灌木、草本、藤本等大类的植物特征，更有耐水湿与耐干旱、喜阴与喜阳、耐碱与怕碱以及其他抗性和酸碱度的差异等生态特性。如果项目景观设计不符合植物生态特性，植物则无法生长，就谈不上产生好的景观效果。如垂柳好水湿，适应性强，有柔软的枝条、嫩绿的叶色、修长的叶形，栽植于水边，就可形成“杨柳依依，柔条拂水，弄绿搓黄，小鸟依人”的风韵。

不同的植物有不同的生态习性，其景观形成的风格也不同。对一个地区或一个城市的整体来说，要考虑不同城市植物景观的地方风格。有时，不同地区惯用的植物种类的差异，就是植物景观的风格。

植物生长有明显的自然地理差异。由于气候不同，南方树种与北方树种的形态不同，叶、花、果也不同。即使是同一树种，在南方可以长成大树，在北方则只能以“温室栽培”的形式出现。即使是在同一地区的同一树种，由于海拔高度的不同，植物生长的形态与景观也有明显的差异。

除了自然因素以外，地区群众习俗与喜闻乐见偏好，在创造地方风格时，也不可忽略。

2）以文学艺术营造诗意的风格，以风格要求植物配置

以文学艺术为蓝本，创造诗情画意等风格，根据风格特征配置植物，是中国园林的一个特色，也是中国园林的一种优秀传统；它既是中国现代园林继承和发扬的一个重要方面，

也是中国园林植物景观风格形成中的一个主要因素。

植物形态上的外在姿色、生态上的科学生理性质以及其神态上所表现的内在意蕴（图2-40），都能作出最充分、最优美的描绘与诠释。游客从中能获得更高、更深的园林享受；反过来，植物景观的创造如能以诗情画意为蓝本，就能使植物本身在其形态、生态及神态的特征上，得到更充分的发挥，同时也能使游园者感受到更高、更深的精神美。

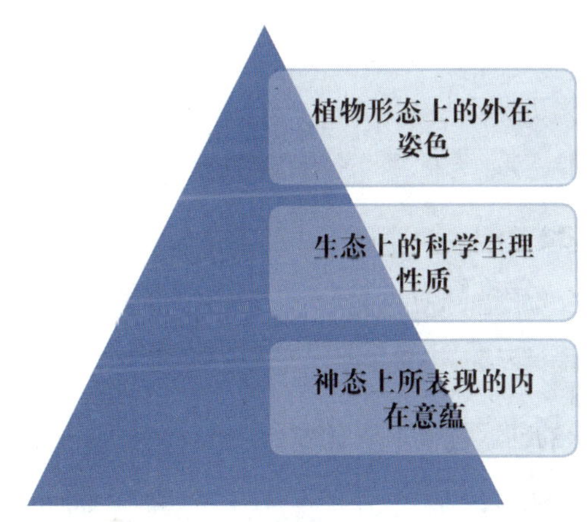

图2-40　景观风格的受影响因素

一种植物的形态，表现其干、叶、花、果的风姿与色彩，以及在何时何地开花、长叶、结果的物候时态。春夏秋冬四季皆有季相，能让人观赏触景而生情，产生无限的遐思与激情，能引发出对人生哲理联想的景观就是最好的景观风格。

3）突出项目当地文脉的延续性

做旅游地产项目如何延续项目当地的文脉呢？有 4 个要求：一是尊重当地历史文化，延续文脉，传承文化；二是项目建设要减少对当地文化的冲击；三是能将无形的文化概念落实到具体项目设计中；四是能运用当地固有植物特性和色彩，突出和表现当地文化（图 2-41）。

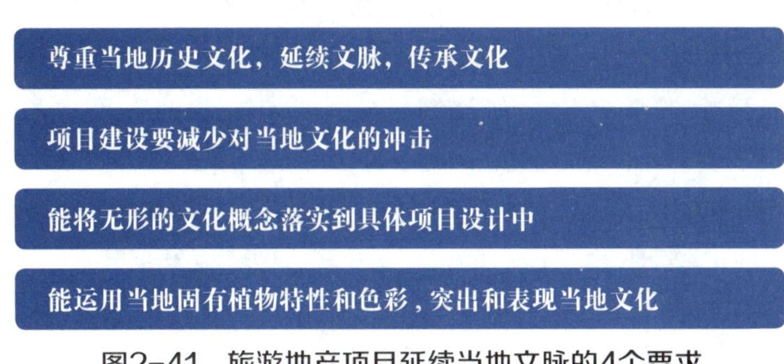

图2-41　旅游地产项目延续当地文脉的4个要求

植物色彩表现在这个配置中至关重要，一年四季色彩的变化，会给游客带来不同的感受并体验到不同的文化内涵，如西安青龙寺赏樱花，以白色为主，表现日本僧侣文化与唐朝文化交融时期；政府机关以常绿色为主，突出威严、庄重。需要延续的文化内涵不同，所采用的植物表现手段也不同。

4）向可持续的生态方向发展

在规划设计中处理好环境保护与开发之间的关系，以实现可持续发展。这种设计主要体现在湿地类项目中。为了更好地保护湿地，一方面要尊重现状，种植一些本地所固有的植物，不要去滥用植物树种，另一方面采用原始的植物形态也能够起到物极必反的效果。

5）强调居住区环境景观的共享性

居住环境景观共享主要是在规划设计时，应尽可能地利用现有自然环境创造人工景观，让人们都能够享受这些优美环境，从而能共享居住区环境资源。

6）环境景观设计的艺术性向多元化发展

旅游地产景观设计更应该关注人们不断提升的生活需求，能呈现出多元化发展趋势。园林景观风格取决于设计者的学识和文化艺术修养。不同设计者会对旅居物业有不同理解角度和深度，设计的风格也会不同，从而采用的植物树种也会不同。

步骤 3. 建筑设计

独特的外观建筑是一道风景线，标志性建筑是一种非常具有吸引力的景观。在这类建筑设计时，通常要在文化中挖掘到创新点，再将其转化为建筑语言，使建筑本身具有鲜活的生命力。

步骤 4. 游乐设施设备的设计

很多设施设备通过包装设计，把现成的技术转化为适用的产品功能，通过旅游方式形成游憩、游线等设计，最后整合成为景区设计的一整套模式。

例如春秋淹城的“大摇臂”，通过对设备本身和基座进行文化包装，利用孙武点将台的典故打造景观，把基座部分打造成点将台的中心，点将台本身采用六边形的土建基础造型，由上而下慢慢突出一点，显示出点将台的气势和雄伟。正面有两个兽头立于城楼之上使得主体建筑更加突出、更显威严。这种空中看淹城的大型观览设施，主要功能是观光游乐，游客踏上平台，被举至 50 米的高空，能俯瞰整个景区及古淹城遗址，是一种非常新奇的体验。

步骤 5. 道路系统规划设计

道路系统规划是旅游地产规划设计的核心内容之一。

道路系统规划要综合考虑资源分布状况、自然地理状况、游客心理因素、生态环境保护和旅居管理需要等诸多要素（图 2–42）。

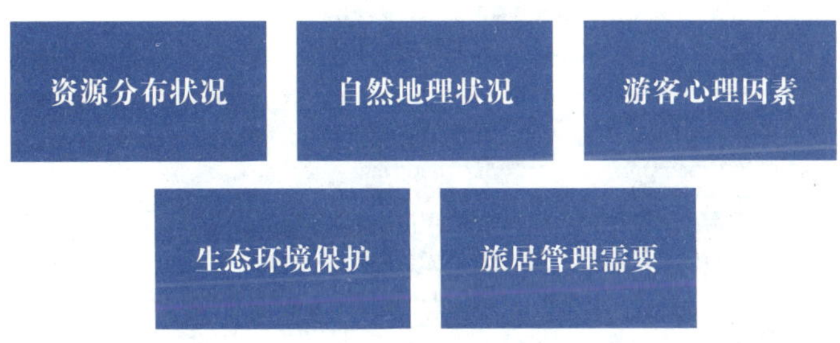

图2–42　道路系统规划要综合考虑的因素

道路规划系统中的线路布局、区位选址和人工设施建筑风格（图 2–43）等既要满足游人游览，又要达到保护生态环境要求，充分体现人工创造与自然美的和谐统一。

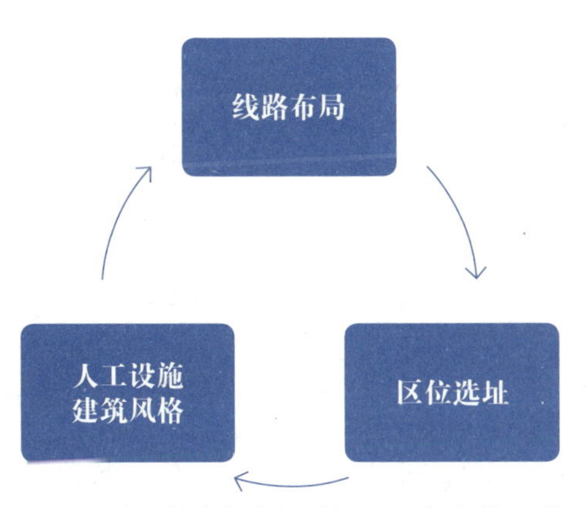

图2–43　道路规划系统需要注意的环节

常见的内部交通瓶颈，主要体现在 4 个方面：一是停车场接待高峰时容量严重不足；二是与当地居民共用车行道及游览道路、车行道与人行道不能分开，易出现人车抢道；三是由于特殊的游览环境及同时要兼顾景观的协调性，部分游览步道及各游船码头过于狭窄，容易出现拥堵；四是内部交通构建也不具备休闲特色及景观效果。

所以，为了避免以上问题，旅游地产道路系统规划设计就要遵循如图 2–44 所示的 6 个原则：

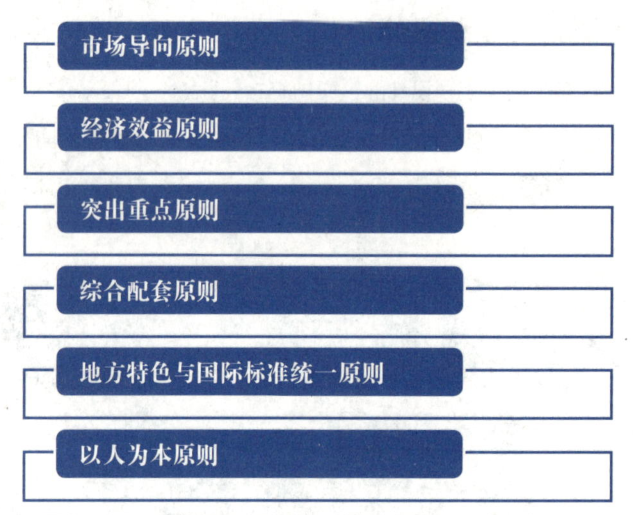

图2-44 旅游地产道路系统规划设计的6个原则

1）市场导向原则

根据市场需求，确定区域交通的运营能力、设施与线路布局、营运方式等，以确保供给与需求在数量和种类上的平衡。

2）经济效益原则

内部交通是一个资源、技术密集型产业，基础设施投资大，回收周期长，因此，必须注重投入产出的科学性，促进内部交通经济上的可持续发展和良性循环。

3）突出重点原则

内部交通是一个庞大的易受环境影响的系统工程，在规划时，必须要抓住主要矛盾和关键环节，保证重点就是保证全局。

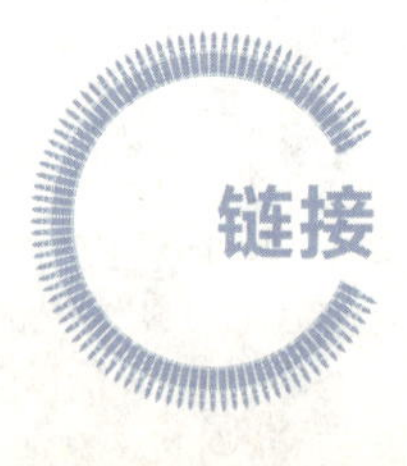

水、陆、空三大交通环境的休闲交通项目设置参考：

水——漂流项目

传统的精品漂流通过水落差为游客带来刺激感；除此之外还可设置特色的迷宫漂流，增加漂流的趣味感；或在平缓水面阶段设计休闲漂流，游客在舒适的环境中在船上用餐、品茶，慢慢欣赏两岸风景。其中可提供的漂流交通工具有：橡皮艇、竹筏等。

陆——自行车（赛车）项目

构建自行车（赛车）道，其中以自行车（赛车）比赛、自行车（赛车）表演、自行车（赛车）娱乐为特色内容。

空——航空项目

包括动力伞、热气球、滑翔机等交通工具。满足旅游观光客、业余发烧友的飞行爱好，实现空中浪漫之旅。

4）综合配套原则

保持水、陆、空三大交通方式之间的协调；横向上，保持食、住、行游购娱等各要素之间的协调。

5）地方特色与国际标准统一原则

根据地理和文化特征，设计具有地方特色的旅游交通系统；同时，在服务水平上和管理方面应与国际标准保持一致，如双语路牌、国际通用路标等。

6）以人为本原则

道路的主要服务对象是人，因此，设计时要充分体现人性化的理念，要有环保意识，加强对旅游区内自然风光和人文景观的保护；同时在道路规划和设计中要充分考虑旅游者和驾驶员的心理感受，通过景观道路的设计增加旅途乐趣缓解旅途疲劳。另外，旅游道路规划中还必须遵循安全性的原则。

步骤 6. 商业模式设计

做景区不能只是做景观，一个景区项目最主要要落实到商业模式设计，没有商业模式这个景区很难进行投资回报。

商业模式设计中，首先是收入模式设计，其次是收益项目设计。正如景区交通的收益项目，它们既是交通工具又是游览工具，所有的交通工具都涉及收费模式。三是消费模式设计（图 2-45）。景区购物点的设计主要通过业态进行设计，包括休闲性购物、娱乐项目消费、游乐项目消费等，通过收入模式设计形成收入结构，通过收入结构才能算出盈利结构。

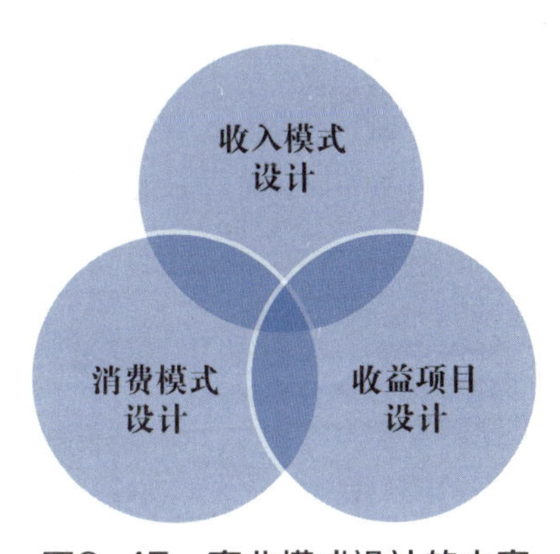

图2-45　商业模式设计的内容

五、旅游地产产品开发

旅游地产的产品开发由多种业态组合而成。不同产品的组合也应体现出旅游地产应有的特征。为了充分发挥每种产品的业态功能，使项目整体能协调运营，开发过程中应该注意一些基本原则。

1. 旅游地产产品开发原则

旅游市场已经进入了体验经济时代，这是打造大型旅游产品的最好时机。如何塑造一个极富吸引力的品牌旅游产品主题，是困扰众多开发企业的主要问题。一般来说，旅游地产的产品开发应遵循如图 2-46 所示的 3 个原则：

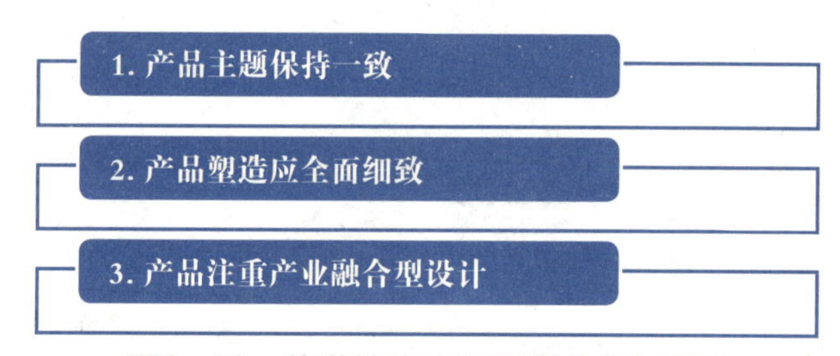

图2-46　旅游地产产品开发的3个原则

（1）产品主题保持一致

旅游地产项目业态复杂，产品层次丰富，为了适应灵敏度较高的市场需求，旅游地产项目应强调 “全盘策划”与“动态规划”（图 2-47）。

全盘策划目的在于保持项目整体主题一致，“主题一致”是统领整个项目多类型、多层次产品的有效途径，也是项目进行传播的有效手段。保障项目在市场上能完全树立市场地

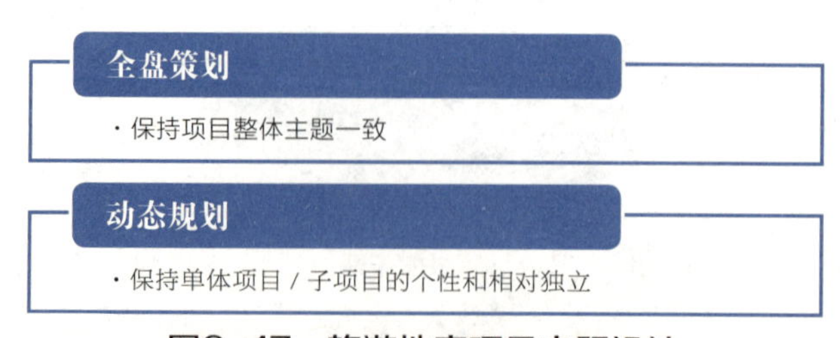

图2-47　旅游地产项目主题设计

位和品牌形象。

动态规划则能保持单体项目 / 子项目的个性和相对独立。实施起来也能结合资源和现实背景更加科学、客观。

两者要有效协调政府公共决策与地产商业开发之间的矛盾，解决策划与规划衔接不足、传统规划市场敏感性不强，容易忽略市场环境变化等问题。

（2）产品塑造应全面细致

从国际旅游市场发展趋势看，塑造一个细致的主题正成为旅游地产项目竞争的重点，也是游客旅行体验富有收获的主要保证。

主题塑造的过程应该包括四个环节：一、结合每个市场的情况进行统一规划；二、全面整合包括主题娱乐项目、酒店、商业、教育、文化活动、服务、专业机构等在内的资源；三、设置精细周到的服务管理；四、涵盖项目所需要的内容策划、规划建筑、内装、活动展示、宣传推广等多个方面。

（3）产品注重产业融合型设计

旅游地产产品与其说是一种产品，不如说是一种服务。因为，整个旅游地产项目的设计就是产品本身，它包括休闲、交通、度假、全程服务甚至旅游事前计划和事后回味。因此，其发展不是孤立的，而是与各种产业密切相关，是一个产业群。

产业群就涉及多个产业形态的组合、配置，因此，所对应的产品设计复杂且关键，它将直接决定项目整体的赢利模式和滚动开发策略布局。

2. 旅游地产产品组合特征

旅游地产产品开发是多种业态组合在一起的结果，为了保证项目正常运营，产品组合必须具有竞争力。总体来说，各产品业态进行组合开发时要达到如图 2-48 所示的 3 个标准：

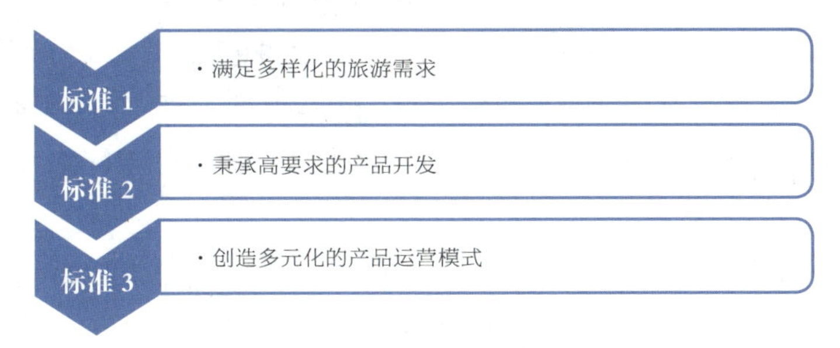

图2-48　旅游地产产品组合的3个标准

标准 1. 满足多样化的旅游需求

旅游地产产品组合必须满足人们度假旅游的各种需求。它与一般普通地产项目完全不同，其各种功能及配套设施不是为人们日常生活工作起居而建，而是为满足人们旅游度假需求，是人们旅游度假时的临时之家。作为第二住宅，旅游地产既要有住宅的基本功能，又要具备各种休闲、娱乐、康疗、健身等各类旅游度假的特殊功能。

标准 2. 秉承高要求的产品开发

旅游地产开发投资已不再是单纯的地产投资活动，它对社会文化的促进、生态环境的保护、土地资源的利用（图 2-49）等各种层面的影响，均受到社会舆论的关注。

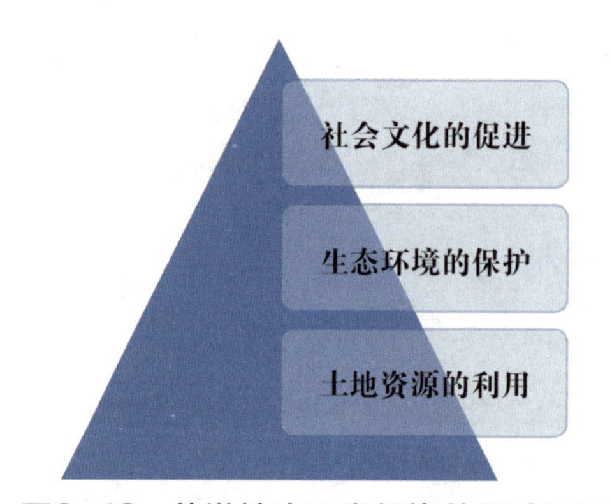

图2-49　旅游地产开发投资的影响层面

由于旅游地产客户群，并非是简单的为解决有无住房的客户群体，而是一批讲究生活质量、着眼投资效益的苛刻人士，这些消费者要求更高，投资行为更理智。产品设计要在居住和投资价值上非常具有打动力。

标准 3. 创造多元化的产品运营模式

旅游地产开发商正面临一个专业化的时代，投资开发的行为向专业化、集约化和国际化方向发展，旅游地产不同于普通的地产开发，更依赖环境条件和投资的实力。无论是旅游街区的商铺、产权式的酒店、度假别墅、酒店式公寓、时权酒店等，各种产品类型都有其各自的经营模式，无论是租赁、出售、还是租赁和出售相结合，都要求开发者具备更高的管理水平和经营能力。

无论是针对旅游地产开发商还是针对投资客，创造出多元化的产品运营模式达到多方共赢的目的，是旅游地产产品组合设计过程中的关键所在。

3. 旅游地产产品的开发类型

旅游地产的产品类型和产品形式多种多样，根据旅游房地产价值链的重心不同，旅游地产开发的组合类型可以归结为如图 2-50 所示的 3 类：

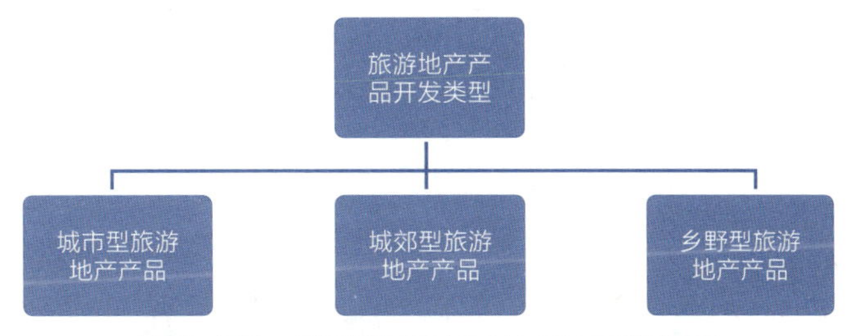

图2-50 旅游地产产品的3种开发类型

类型 1. 城市型旅游地产产品

城市型旅游房地产相对比较容易操作，模式也相对成熟。开发商以旅游资源为核心，圈定旅游资源周边土地，挖掘出资源潜力和特色，突出人文内涵，改善生态环境，建好休闲娱乐配套设施，完善休闲旅游功能，开发城市 CRD（中央游憩区）或 RBD（游憩商业区）（表 2-2）。

城市型旅游地产产品特征　　表2-2

区位	位于城市市区
依托基础	依托于城市内的公园、文化区、商业区等自然和人文旅游资源
房产类型	第一居所，商业房产
价值链	通过旅游开发做旺人气扩大知名度，通过改善配套服务功能和休闲生活环境提高旅、商、居条件，区域土地价值迅速提升，区域房产价格迅速攀升
价值链重心	房产出租收入、房产销售收入

类型 2. 城郊型旅游地产产品

依托城郊成熟的旅游资源是最容易进行的操作模式（表 2-3）。城郊旅游产品分两种：第一种，如果缺乏旅游资源，许多开发商会选择自己建设景点的模式。

这类自建景点的房地产开发模式不依附现有旅游资源、旅游景区，其开发节奏是：一、先投入巨资，专注于搞大型旅游项目开发；二、打造项目旅游景观景区的影响力、冲击力；三、

城郊型旅游地产产品特征 表2-3

区位	位于城市近郊区，主要限于车程2小时之内
依托	依托于城市郊区优良的交通条件、大面积的土地、良好的生态环境
房产类型	第一居所、第二居所、度假房产
价值链	旅游开发将生地变成熟地，旅游经营将熟地变成旺地，配套完善功能和良好环境保障旅游持续经营，借势开发房地产
价值链重心	旅游经营收入、房产销售收入

改善区域基础设施条件和环境质量；四、靠旅游业的关联产业带动引来人流物流，将生地变成旅游熟地和旺地，引起景区附近地产升值；五、地块价值抬起来之后，搞房地产项目开发。

第二种，还存在景观地产概念。

此类房地产开发与旅游景观开发高度融合，房地产开发即旅游景观开发，房产本身即是旅游景观载体或表现形式。景即是房，房即是景，景中有房，房中有景。景观房产本身就是景观构成的有机组成部分，无论别墅、公寓均按它所在的环境氛围要求建造，在造型、选材、用料、装饰上都极富个性，这类地产项目将旅游房地产开发提升到一个新境界。

类型 3. 乡野型旅游地产产品

乡野型旅游地产是目前种类最多，应用最广泛的旅游房地产形式（表 2-4）。

乡野型旅游地产产品特征 表2-4

区位	城市远郊区的乡野农村
依托	乡野型旅游房地产主要依托于远郊区丰富的旅游资源和成熟的旅游景区，根据依托旅游资源的不同，呈现民俗风情、山野情趣、田园牧歌、水景泛舟等不同种类的乡野型旅游房地产
房产类型	旅游配套房产、度假房产、第二居所、第一居所
价值链	乡野旅游房地产与旅游区是相互促进的伴生连结体。开发房地产为旅游区提供重要的配套，丰富和完善旅游区旅游功能，增加旅游区的吸引力和盈利能力；旅游区为房地产项目提供持续的人流，保证房地产的租售率
价值链重点	旅游经营收入、房产出租收入、房产销售收入

乡野型旅游地产特别强调与旅游区的互动和促进。乡野型旅游房地产必须促进旅游区的配套设施完善，同时应将娱乐、观光、接待、景观等多种元素融合在一起，旅游区通过引

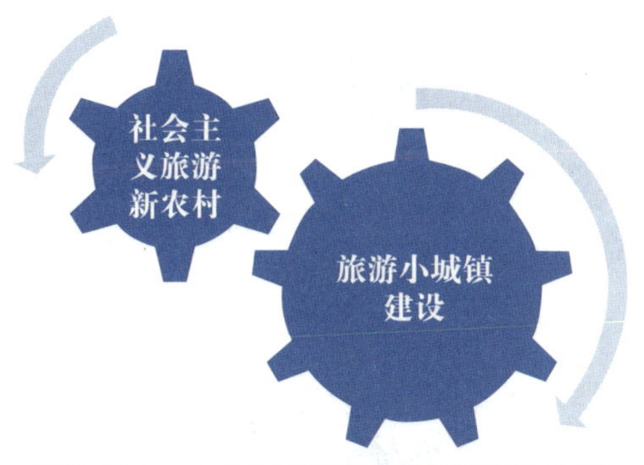

图2-51 乡野型旅游地产的代表类别

入旅游房地产构建了更加稳固的旅游产业链。旅游小城镇建设、社会主义旅游新农村建设在全国各地兴起（图 2-51），反映了乡野型旅游房地产的良好前景。

4. 旅游地产的产品业态

旅游地产的产品业态包括如图 2-52 所示的 5 种：

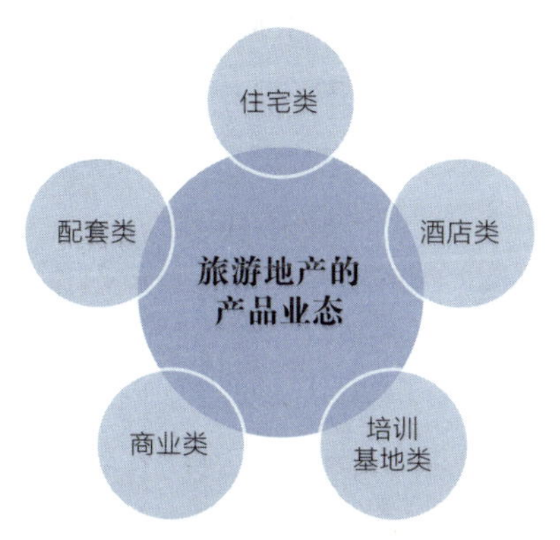

图2-52 旅游地产的5种产品业态

（1）住宅类

旅游地产的住宅类产品主要指利用旅游开发区、旅游景区、休闲度假区的优越自然条件、地理位置开发的具有投资回报和多种功能的住宅项目，包括别墅、花园洋房、酒店式公寓、老年公寓等。

（2）酒店类

旅游地产中的酒店类产品包括时权酒店、产权酒店、养老型酒店、时值度假型酒店、会议酒店 5 种类型（图 2-53）。

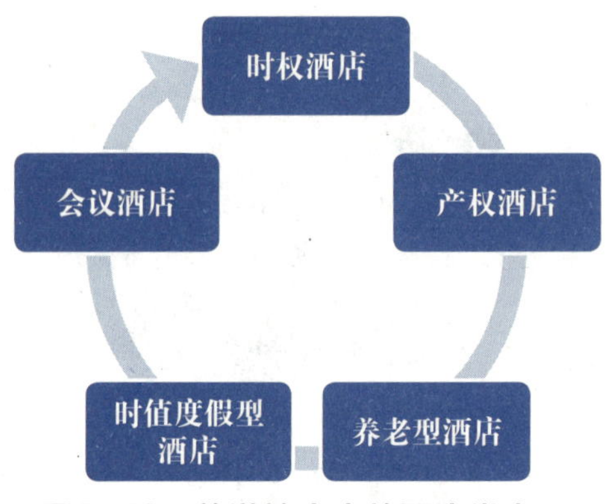

图2-53　旅游地产中的酒店类产品

1）时权酒店

将酒店的每个单位分为一定的时间份（如：一年 51 周），出售每一个时间份的一定年限的使用权。消费者拥有一定年限内在该酒店每年一定时间（或一周）的居住权。

2）产权酒店

将酒店的每一个单位分别出售给投资人，同时投资人委托酒店管理公司或分时度假网络管理，获取一定的投资回报。一般情况下，投资人均拥有该酒店每年一定时间段的免费居住权。

3）养老型酒店

投资人（往往是最终消费者），在退休前购买退休养老度假村的某一个单位。委托管理公司经营管理直至退休后自用。一般情况下该度假村在产权人去世后由管理公司回购再出售，收益归其家人所有。

4）时值度假型酒店

消费者购买一定数量的“点数”，作为选购产品的货币。他们可以使用这些“点数”在不同时间、地点、档次的度假村灵活选择其分数所能负担的住宿设施。消费者不拥有使用权或产权。只是为休闲消费提供便利、优惠和更多选择。“点数”消费可以获取更大的折扣和免费居住时间。

5）会议酒店

会议型酒店是接待会议最主要的场地，会议型酒店主要是指那些能够独立举办会议的酒店，某些业界人士甚至认为接待会议的直接收入至少应该占到会议型酒店主营收入一半以上的份额。

（3）培训基地类

培训基地类产品指旅游（休闲）培训基地、拓展基地、青少年活动基地等。

（4）商业类

商业类产品指定位于餐饮、购物、娱乐等的商铺、购物中心、商业办公用房等。

（5）配套类

配套类指定位于会所、俱乐部、银行、诊所等的配套用房、管理用房等。

5. 旅游地产产品设计

旅游地产产品设计可分为体验型、休闲型、生活型、原真型、娱乐型 5 种（图 2-54）。

图2-54　旅游地产的5种产品设计

（1）体验型

经济社会逐渐由产品经济、服务经济向体验经济演进，旅游产品也逐步从传统的以景观为中心、以观光为主线的主导模式开始向外转变。旅游消费者的成熟使消费心理、消费行为发生变化，人们已不再满足于被动地接受程式化的产品，而更加希望主动地参与产品的设计和生产的全过程，注重参与过程中的感受和体验。因此，在游憩方式设计上，更为强调利用现有的资源为旅游消费者制造独特的体验和经历，通过调动人们的视觉、味觉、嗅觉、听觉、触觉，获得身心愉悦的感觉和感受。如生态农业、环保科技等都属于体验型旅游方式。

（2）休闲型

虽然很多人认为观光是相对低级、落后的旅游模式，却无可否认在相当长时期内，中国的观光旅游产品依然会处于难以替代的主导地位。这主要由消费客群特征和所处的阶段决定的。

大众旅游时代，观光旅游仍是人们选择的主要方式之一。事实上，观光旅游与度假旅游本身也没有高低优劣之别，只在于满足不同消费层次的需求。但无论观光抑或度假，赋予更多休闲的内涵、达到换个环境放松身心的目的是人们真正需要的。换个角度看，优秀观光旅游产品同时也可作为景观贯穿不同旅游产品的整个过程，从而与休闲度假的结合更加紧密。而休闲型旅游产品注重休闲设施、注重休闲活动、注重休闲空间的布局配置、强调体验参与、讲究环境的营造和氛围的设计，其中尤以养生休闲、健康休闲以及运动休闲为重（图2-55）。较为典型的休闲型旅游方式有温泉疗养、Spa休闲等。

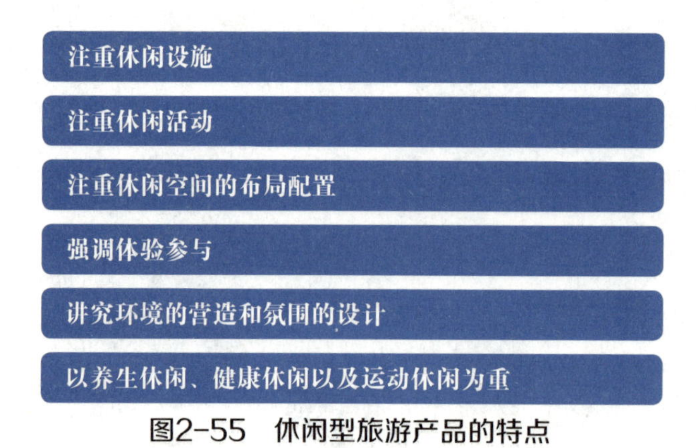

图2-55　休闲型旅游产品的特点

（3）生活型

旅游将成为人们生活方式的重要组成部分。即旅行中的生活，是换个环境生活的继续。现代旅游者更青睐融入生活元素、生活气息、生活情趣的产品。人们期望不仅观景、观光，而且能观察生活，甚至能带来丰富的异地生活经验。在观光中观察生活，在度假中体验生活，在休闲中品位生活。因此，现代旅游产品在设计中要注重社会生活资源的挖掘。集市、家庭、婚俗、村落、农事等，皆可作为旅游资源深度利用整合组成产品。浓郁的生活元素已成为现代旅游产品不可或缺的部件。较为典型的生活型旅游目的地有葡萄酒庄园、花卉蔬菜种植基地等。

（4）原真型

越是本土的越有生命力，越是真实的越是有吸引力。

缺少生活渊源和文脉根基，缺少原真性的旅游产品，已经开始被人们所厌倦；而一些仅仿其型的舶来品，则更容易遭遇市场淘汰。现代旅游者更倾心于真山真水，真史真迹，活的文化，真实的生活；更珍惜以自己的视角获得真实的体验、真实的经历。

外来旅游者更为看重本土的、原汁原味的旅游产品，他们希望获得自己不曾接触、不曾拥有的旅游生活。因此，原真型旅游产品可以分为两部分，一类是没有太多人工痕迹、不刻意的产品，另一类是代表地方特色、具有本土独特性的产品（图 2-56）。这一类的典型代表性项目有自然山水、工业基地遗产。

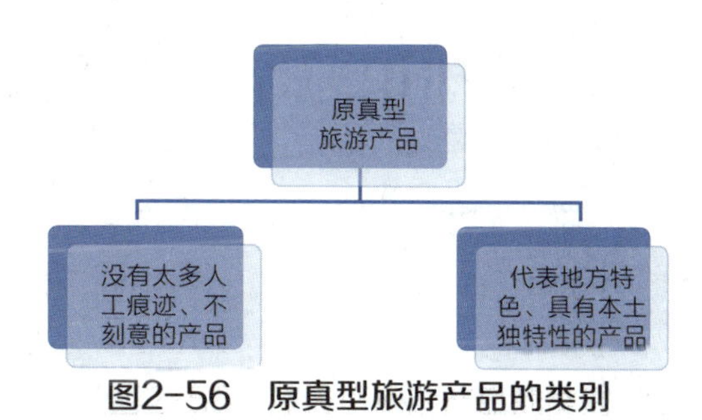

图2-56　原真型旅游产品的类别

（5）娱乐型

旅游产品的主要功能是为放松身心，享受生活，追求快乐，愉悦自我。因此，旅游产品设计中要引入经济学的快乐指数概念。旅游产品以所能提供的愉悦程度，使消费者物有所值而以本取利。

旅游产品可赋予一定的文化内涵和教益功能，但这并不是全部，尤其在大众旅游时代，主流旅游产品并不宜完全精英化，承担过多的教化责任。旅游能给人们带来欢乐，制造欢乐本身也就是一种文化。在轻松、欢快的氛围中完成文化传播，效果甚至可能胜于严肃的教育。如主题游乐、表演等。

新手知识总结与自我测验

总分：100 分

第一题：旅游主题如何定位？（共 25 分）

第二题：旅游地产项目规划设计有哪几个原则？（15 分）

第三题：怎样设计旅游地产产品？（20 分）

思考题：旅游地产选址有哪些注意事项？（40 分）

得分：　　　　签名：

旅游地产收入设计及运营管控

操作程序

一、旅游地产的核心收入设计

二、旅游地产的投资运营

三、旅游地产创新管理模式

业态复合的旅游地产，其运营与管理模式也不单一。旅游业态是旅游地产中的一个特色业态，也是旅游地产重要的收入来源之一。旅游地产明显的金融属性，使其获得的投资效益也更高。而旅游地产项目必须让其运营管理模式合理并不断有创新，才能使投资效益达到最大。

一、旅游地产的核心收入设计

旅游地产是旅游项目与房地产的结合，这类项目有两个重要的收入来源：一是与传统住宅项目一样有房产销售收入；二是旅游产业的收入。

根据旅游地产项目开发模式不同，旅游产业为项目带来的收入方式也各不相同。构成其收入结构的基本有 8 个要素。

1. 旅游收入的 8 要素

行、游、住、食、购、娱、体、疗是旅游产业收入构成的 8 要素（图 3-1），也是旅游收入的主要来源。对旅游收入结构而言，这 8 个要素相互交织关联，形成了复杂要素结构组合。

图3-1　旅游收入的8要素

要素 1. 行

旅游地产的“行”要素主要表现为交通。旅游目的地的交通设计，才是旅游地产的收入来源之一。

游客在旅游期间的交通消费主要有两种形式：一、旅游目的地与客源地之间的交通消费（表 3-1），当然，旅游目的地与客源地之间的交通消费属于公共交通范畴，不纳入旅游地产的收入来源范畴。二、旅游者在旅游目的地游览的交通消费。

旅游目的地与客源地的交通方式 表3-1

火车	一般客车、观光火车、观光小火车、古董火车
游船	大型游轮、观光游船、画舫
飞机	大型客机、直升机、水上飞机、小型飞机
汽车	大巴、越野车、自驾车

旅游观赏中的收费，与交通工具关系很大。比如：使用索道、直升机、水上飞机、观光环保汽车、观光小火车、越野车、三轮车、自行车、人力车、观光游轮、观光船、快艇、橡皮艇、竹筏、马、骆驼、马车、牛车、雪橇、滑道、滑竿等（表3-2），每一种交通工具都是一个收入点。

旅游者在旅游目的地内的游览交通设计 表3-2

游览交通	交通设计形式
索道	厢式、椅式、吊缆式、轨道式、拖牵式等
动物	骑马、骑驴、骑骆驼、骑象、马车、牛车、驴车、狗拉雪橇等
机动车	电瓶车、小火车、越野车、观光大巴、摩托车等
游船	小型休闲船、地方特色船、快艇、橡皮艇、木筏、竹筏、独木舟、赛艇、摩托艇等
人力	滑竿、自行车、人力车、独轮车、三轮车、轿子等
滑道	不锈钢、陶瓷、塑料等
桥	观光大桥、斜拉桥、石桥、木桥、风雨桥（廊桥）、索桥、独木桥、钢丝索等
垂直交通	观光电梯、升降平台、自动扶梯、人工吊篮、攀岩绳梯、云梯等
跨越飞行	滑翔伞、索道、热气球、飞艇、直升机、水上飞机等

要素2. 游

旅游地产收入的“游”要素体现在旅游者游览过程中的消费，旅游者在旅游环节的消费主要有门票消费和讲解伴游消费两种（图3-2）。

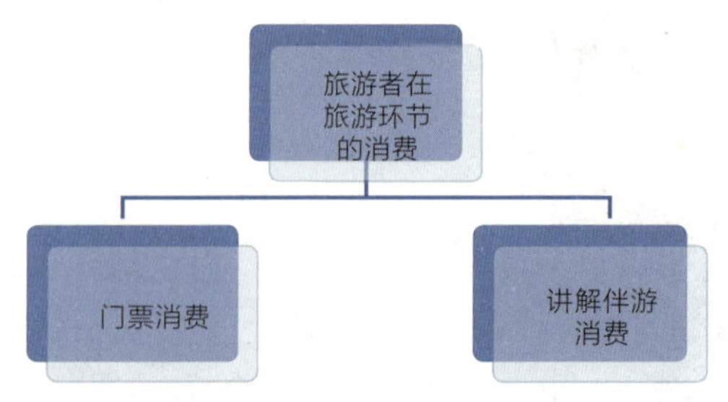

图3-2 旅游者在旅游环节的消费

门票收入是旅游业最古老、最成熟、最大类的收入方式。门票，已经发展出大门票、小门票、电子门票、明信片门票、赠送礼品门票、通票、联票、月票、年票等多种类型，并形成了高定价、低定价、折扣价、免票、赠票、买断价、捆绑票等多种经营手法（表3-3、3-4、3-5）。

门票收入方式设计 **表3-3**

门票设计制度	差价制、一票制、联票制、多票制（园内园）、高价制、低价制等
门票附加赠送制	送全部或主要娱乐项目、送一餐、送一杯茶饮、送讲解、送保险费、送停车费等
有效结构	园内有效、当日有效、多日有效、按小时收费
特殊门票	光盘、明信片、画册、照片、瓷片、木片、竹片、铜片等

差价制的区分形式 **表3-4**

差价制	区分形式
季节差价	淡季、旺季
群体差价	学生、教师、军人、老年
团队差价	旅行社、企业

高价制与低价制门票的区别 **表3-5**

对比	高价制	低价制
产品形式	观光产品	度假休闲产品
收益形式	以门票收入为主，景区虽然也有餐饮和购物，但主要来源是门票。高门票也给旅行社提供更多折扣收入	给游客直接让利，通过住宿，餐饮，娱乐，购物等方面的收益增加收入，在尽短时间内进入市场，增加市场占有份额；赢得营销宣传的实际效果

讲解伴游收费方式如表 3-6 所示。

讲解伴游收费方式 表3-6

收费讲解	级差讲解员制、普通耳机讲解、情境耳机讲解
伴游收费	向导收费（包括结合交通工具的马帮、船夫等）、陪伴收费、保护收费等

要素 3. 住

旅游地产收入的“住”要素表现为旅游者在旅游目的地期间的住宿消费，常见的有标准酒店、主题酒店、家庭旅馆、户外野营、农家住宿 5 种住宿形式（表 3-7）。

旅游者住宿收费方式 表3-7

住宿	收费方式
标准酒店	分星级收费、季节调整、团队折扣等
主题酒店	以文化、游乐、康体、疗养等为主题的酒店，结合购物、表演、游乐、康体、疗养等形成综合消费
家庭旅馆	民族、民俗、农家、牧家、渔家、小镇人家等
户外野营	帐篷、吊床、树屋、船屋、小木屋等
农家住宿	农家、渔家、牧家住宿等

要素 4. 食

旅游地产收入的“食”要素是指旅游者在旅游目的地旅行期间的餐饮消费（表 3-8）。

旅游者的餐饮消费形式 表3-8

餐饮类型	美食一条街、农家乐（城郊餐饮农家乐、度假型农家乐）、大棚餐厅（北方）、户外烧烤（BBQ）、特色餐馆、主题餐馆、风情餐馆、宴会餐厅等
餐饮方式	餐饮赠送其他内容，如歌舞表演（歌舞宴）、康体活动（垂钓、桑拿、洗浴）、娱乐（棋牌、电子游戏、卡拉OK等）、门票（郊区苗圃、园林、陈列等）、停车费等

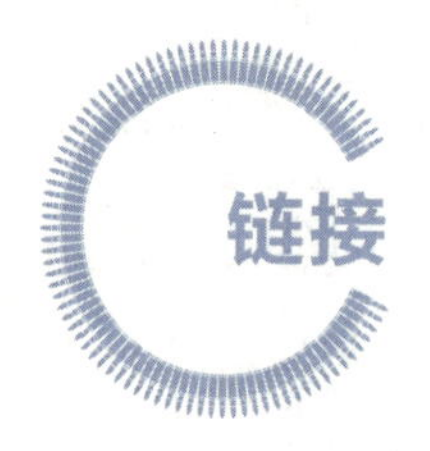

特色餐饮将成为旅游中的主要餐饮方式。特色餐饮是以民俗、民族、土特产、郊野化、农家化为特点的餐饮，有较深的地方烙印；特色餐饮是城郊休闲的主要利润来源之一，形成了农家乐等大规模发展；歌舞宴把餐饮与夜间娱乐结合，成为游客津津乐道的节目；郊野餐饮有着巨大的市场，包括篝火晚餐、滨海大排档、BBQ（野外烧烤）、民族家庭餐等，是游客最难忘的项目。特色餐饮一般成本较低，但附加值高，并可与购物等联动。

要素 5. 购

旅游地产收入“购”的要素是指旅游者在旅游目的地购买旅游商品的消费，包括日用购物和游乐性购物两种常见的形式。

1）日用购物

日用购物主要指景区内部的购物点设置，以满足游客对水、面巾、零食、电池、胶卷、雨披等日常用品及旅游必需品的需求。

2）游乐性购物

游乐性购物指以游乐及纪念为目的的专门购物。

游乐性购物已经发展成为较大的营运内容，包括游程中零散型特色购物点、购物街、专业商店 3 种类型（图 3-3）。

图3-3　游乐性购物的3种类型

零散型特色购物点

这类购物点是游程中的休息点和兴奋点；一般选址在游人的休息节点上，比如，登山节点、码头、出门前、索道站、景区核心区观赏点等地方；能否形成较好收入，在于是否有特色，需要特色纪念品来支撑。

购物街

这类购物点一般选址在游憩中心、大型转车车站、完成游览后出门至停车场的通道、大型停车场区内等地方；购物街的商业地产具有极大升值潜力，开发商能在这类项目中获取商业地产收益或房租收益。

商店

这是专业的旅游购物场所，由导游引导进入，是一种独特的商业模式；但由于我国经营者欺诈行为普遍，这类商店已经遭受到游客的巨大排斥。

元素 6. 娱

旅游地产收入中“娱”的要素是指旅游者在旅游目的地游览中的娱乐消费。主要有文化娱乐消费、游艺体育运动消费、表演型娱乐消费、参与型娱乐消费等 4 种形式（表 3-9）。

旅游者在旅游目的地游览中的娱乐消费 表3-9

娱乐项目	消费形式
文化娱乐	影视、音乐、戏剧、多维数码全空间电影、动感电影、水幕电影、魔幻戏剧、音乐喷泉、灯会、光雕、激光表演及游戏、电子游戏、棋牌、郊野剧、情景剧、化装舞会、联欢舞会、Party等
游艺体育运动	各种游乐设施、庙会、滑雪、高尔夫、游船、各种比赛等
表演型娱乐	民俗风情歌舞演出、历史文化节目表演、体育竞技表演、动物表演等
参与型娱乐	民族民俗生活参与、农家渔家牧家参与、复古生活参与、历险参与等

参与型娱乐是旅游中的第二大卖点，夜间娱乐是娱乐消费的特殊组合形式，同时也是旅游收入中一个附加值较高的方面，下面重点介绍参与型娱乐与夜间娱乐。

1）参与型娱乐

参与型娱乐的收入方式很多，大体可分为设施型娱乐、歌舞表演型娱乐、竞赛型娱乐、制作型娱乐、采摘型娱乐、寻宝型娱乐、角色转换型娱乐等（表 3-10）。

参与性娱乐的收入方式 表3-10

娱乐形式	收入方式
设施型娱乐	按时间、按场次数收费
歌舞表演型娱乐	按门票收费、单独收门票、进入景区的大门票、与餐饮结合形成风情餐、歌舞宴、按茶位收费、吸引购物消费、集团包场收费、打赏式收费、合影收费、服装留影收费、联合表演收费
竞赛型娱乐	租用设施费、缴纳场租费、缴纳组织费
制作型娱乐	肖像制作、木刻制作、泥人制作、特殊摄影影像、个人T恤衫
采摘型娱乐	按果蔬重量计价
寻宝型娱乐	有时为促销活动不收费，有时按人头收取组织费
角色转换型娱乐	服装道具租赁、租场费用、原材料购买、产品购买

2）夜间娱乐

夜间娱乐一般可安排特色歌舞宴、特色歌舞表演及联欢、接待中心的游憩中心城市化娱乐、酒店的康体娱乐 4 类形式（图 3-4）。

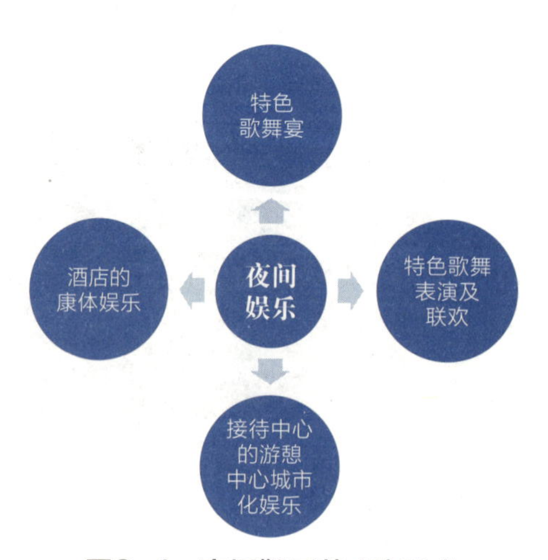

图3-4 夜间娱乐的4种形式

特色歌舞宴娱乐的收入方式

这类收入是旅游地产晚餐消费的一种高附加值产品。一般对民族民俗旅游项目比较适用。可以安排从下午 5 ： 30 至 8 ： 30 较长的时间。

特色歌舞表演及联欢为一般性晚餐后安排的专门旅游项目，可以是民族民俗表演，也可以是任何有特色的表演，包括马戏、地方戏、杂技、斗兽、海外风情、音乐会、电影、篝火晚会、焰火晚会、灯会、游园会等。

游憩中心娱乐的收入方式

游憩中心是旅游地的游客集散机构，与接待中心相辅相成；对于大中型城市而言，称游憩中心为“中央游憩区”；对旅游地接待中心而言，为接待游憩中心。

游憩中心一般以旅游购物、特色餐饮、专业表演场、城市化娱乐（酒吧、夜总会、洗浴、康体等）为主，形成游客自由娱乐的环境；一般旅游目的地都依托于小镇或小城建立接待基地，在接待区内，应建立游憩中心，既可白天游览，又可夜间娱乐。

酒店康体娱乐的收入方式

这类娱乐方式在一般城市酒店都有。景区酒店会有所不同。这类娱乐主要是与地方特色结合，服务于游客放松身体需要更多。

要素 7. 体

旅游地产收入中“体”的要素是指休闲性运动项目的康体消费，包括高尔夫球、网球、羽毛球、保龄球、游泳、滑雪、滑草、山地自行车、射箭、野战、划船、骑马、拓展等各类型项目。

康体项目一般为郊区休闲或度假区等主要收入来源，其收入方式比较明确（图 3-5）。

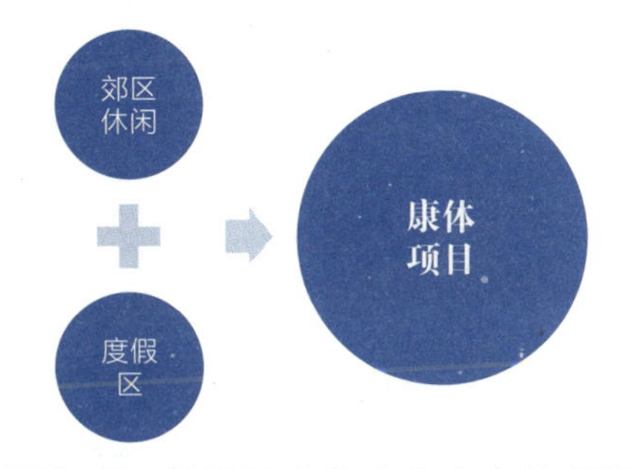

图3-5　旅游地产收入中心康体项目

要素 8. 疗

旅游地产收入中“疗”的要素是指以身心修复及病痛疗养为目标的项目。是郊区休闲和度假中最具吸引力的内容。包括依托自然资源疗养，人工设施服务与天然资源结合的疗养，药膳、食补等与餐饮结合的疗养 3 类（图 3-6）。

依托自然资源疗养	人工设施服务与天然资源结合的疗养	药膳、食补等与餐饮结合的疗养
·生态氧吧 ·生态浴 ·雾浴 ·露天风吕 ·森林浴	·温泉 ·泥浴 ·盐浴 ·沙浴 ·皮肤治疗 ·人工洗浴 ·药浴 ·蒸汽浴 ·桑拿 ·按摩 ·SPA ·美容 ·美发 ·美体 ·减肥	·中草药 ·特殊养植的动植物 ·特殊矿物 ·藏药 ·蒙药 ·古方 ·民间偏方 ·长寿村 ·道家养生

图3-6　旅游地产收入中“疗”的要素内容

1）依托自然资源疗养

生态氧吧——生态浴——雾浴——露天风吕——森林浴等，形成了生态疗养的大类别；这类产品的收入方式较难设计，往往在门票中体现，但可以通过产品的提升，运用人工服务，形成特色，获取收益。

2）人工设施服务与天然资源结合的疗养

温泉——泥浴——盐浴——沙浴——皮肤治疗——人工洗浴——药浴——蒸汽浴——桑拿——按摩——SPA——美容——美发——美体——减肥，构成了一个全面的修复疗养产品链条，形成了天然疗养与人工疗养的结合。其收入方式极多，包含了自然资源运用及服务收入的极大差异。

3）药膳、食补等与餐饮结合的疗养

这类项目对游客有很大吸引力，重要赢利点是：中草药、特殊养植的动植物、特殊矿物、藏药、蒙药、古方、民间偏方、长寿村、道家养生等，是综合性疗养卖点。

2. 旅游地产 6 种收入模式

旅游收入 8 要素是旅游地产收入的主要来源，但在不同类型的旅游地产中，旅游收入的形式各不相同。

旅游地产收入模式有传统观赏旅游、体验式观赏旅游、休闲旅游、度假旅游、旅游房地产、区域开发 6 种不同的收入模式（图 3-7），每种模式都是旅游收入 8 要素不同形式的组合。

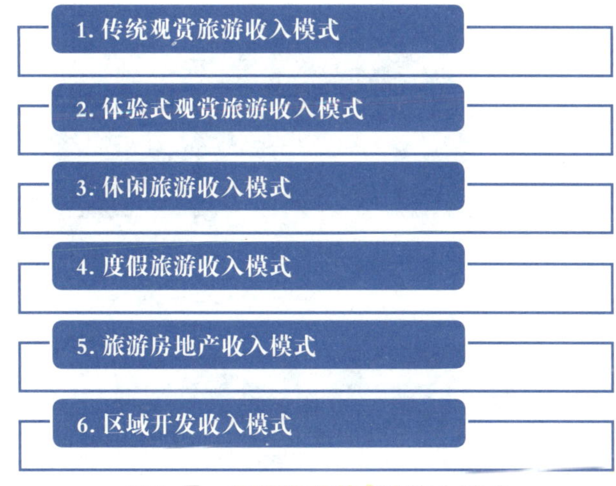

图3-7 旅游地产的6种收入模式

模式 1. 传统观赏旅游

传统观赏性旅游，一般为以门票为中心的收入结构，进一步发展形成了“一票、二道、三餐、四购”的 4 个收入模型。

票指景区门票收入；道指景区内交通收入；餐指游客在景区内餐饮消费对景区形成的收入；购指景区内商品销售形成的收入（图 3-8）。这类项目一般缺少深度服务，可以称之为初级收入模式。

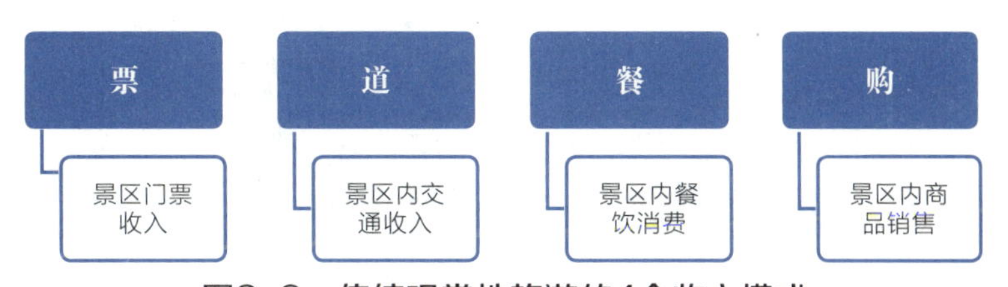

图3-8 传统观赏性旅游的4个收入模式

模式 2. 体验式观赏旅游

体验式观赏，是对游客游赏过程进行深度娱乐设计，布置情境结构，形成情境氛围，引导游客进入情境，让客人参与其中，与自然、当地居民、文物环境、文化戏剧化节目互动等（图 3-9），设计了游客个体与个体之间、群体与群体之间的互动。

体验式观赏要求不仅需要场景布置上进行投资，还需要与深度的服务相配合。

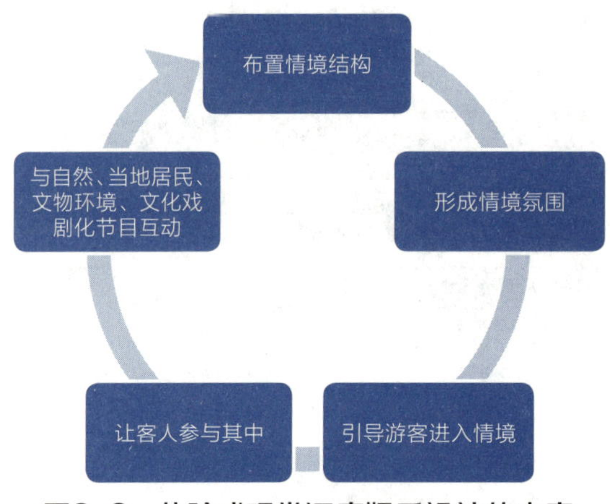

图3-9　体验式观赏深度娱乐设计的内容

模式 3. 休闲旅游

休闲旅游不同于观赏旅游，前者要求自然景观优美、文化氛围优雅，但不要求唯一性或独一无二，因此设计休闲旅游的收入，要把门票降到较低的位置，甚至可以免收门票。

休闲旅游的主要收入

有多种模式，包含以农家乐为代表的餐饮收入主导模式，以一般度假村为主导的综合收入模式以及以运动项目为主导的收入模式等（表 3-11）。

休闲旅游项目5种类型的收入模式　　**表3-11**

休闲旅游项目类型	收入模式
一般休闲项目	由吃、住、玩3方面收入构成
以住宿、会议为主导的休闲	进行综合游乐配套，比如保龄球、垂钓、划船、游泳等
以温泉为主题的度假村	结合休闲与度假，形成了较大的泡汤、按摩、美体美容、疗养的收入
以滑雪为主题的项目	集中了滑雪、玩雪、滑草、滑道等项目收入
以高尔夫为主题的项目	收入模式较复杂，包括会费、会所、别墅、高球、学校等多种收入，高球运动的收入往往不能成为主收入

模式 4. 度假旅游

度假旅游也不同于休闲旅游，主要体现在二者游客市场之间的差异。度假游客来自世界、全国或全省，区域较大，且在度假地滞留时间较长（3天以上）。休闲游客则一般为本地人，滞留时间较短，过夜或不过夜。

度假旅游，不是以观赏为主，而是以多样化的综合消费为主。度假地的旅游收入，门票处于较低的地位，而是借助住宿、餐饮、娱乐、运动项目、游乐项目、购物等形式（图3-10），构成综合性服务收益结构。

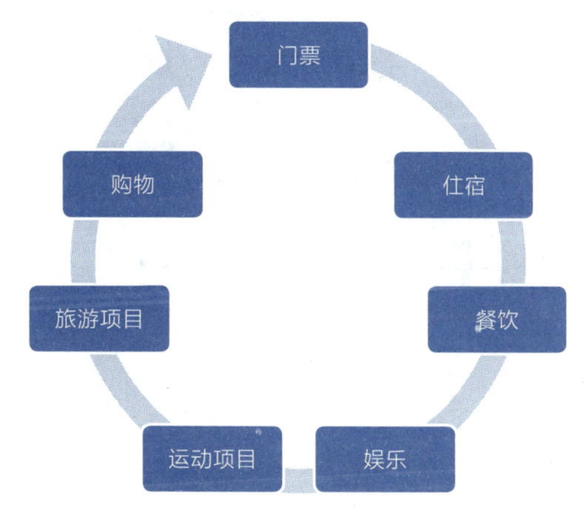

图3-10 度假旅游以多样化的综合消费为主

模式 5. 旅游房地产

旅游房地产收入模式与旅游景区、住宅房地产、商业房地产都不一样（表3-12）。

旅游房地产项目的收入模式 表3-12

物业类型	收入模式
别墅销售	最直观的收入
产权酒店	产权销售与酒店经营双重收入
分时度假	通过时权销售酒店业务
旅游商业街区	可以销售商铺，也可出租
中央游憩区开发	可以销售商铺，出租商铺，经营娱乐项目

模式 6. 区域开发

区域开发类旅游地产，是指对旅游项目所在的区域进行开发，其收益体现为核心项目收入与带动性收入的结构安排。核心项目收入是前期最重要的收入，但不一定是区域最大的收入。除景区收入外，区域开发商将享受土地升值收入、项目合作收入以及房地产开发收入等（图 3-11）。

图3-11　区域开发类旅游地产的收益

二、旅游地产的投资运营

房地产的发展离不开密集资金的支持。旅游地产的金融属性比传统住宅类地产开发更强，传统住宅开发主要融资渠道包括自有资金、银行开发贷、工程垫资、物业预售。与传统住宅相比，股权战略合作、一级开发收益、旅游运营收益、大宗资产如酒店交易、IPO 上市、可售型物业产权交易、时权销售等，都是旅游地产资金融通与回现的管道。

1. 旅游地产投融资渠道选择

旅游地产投融资一般有如图 3-12 所示的 7 种渠道可供选择：

渠道 1	·国内商业银行贷款
渠道 2	·国外商业银行贷款融资
渠道 3	·股份制公司上市发行股票
渠道 4	·发行企业债券
渠道 5	·资产证券化
渠道 6	·金融租赁融资
渠道 7	·典当融资

图3-12　旅游地产投融资的7种渠道

渠道 1. 国内商业银行贷款

旅游地产银行贷款是指旅游房地产的开发、经营以及消费等活动有关的贷款，主要包括土地储备贷款、房地产开发贷款、个人住房贷款、商业用房贷款等（图 3-13）。

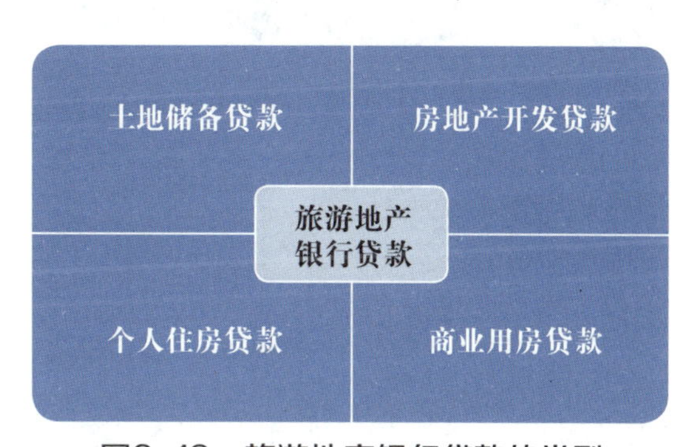

图3-13　旅游地产银行贷款的类型

土地储备贷款是指向借款人发放用于土地收购前期开发、整理的贷款。土地储备贷款的借款人仅限于负责土地以及开发的相关机构。

银行贷款属于间接融资，它是旅游地产投融资最主要的方式，在旅游地产投融资中所占比重较大。

旅游地产贷款在银行中长期贷款的比例份额逐步增加，致使银行流动性风险加剧，从而使银行积累了较高的风险。一旦银行贷款门槛抬高，银行信贷政策加剧，缩小贷款规模，旅游地产业的发展必将受到影响。因此，如果旅游地产投融资对于银行的依存度过高，将不利于旅游地产的发展。

渠道 2. 国外商业银行贷款融资

国内宏观调控收紧银行对房地产商的贷款，使得合资或外资房地产商转向外资银行贷款，而外资银行也迅速乘虚而入，以低利率抢占市场。这类融资渠道大概分为外国政府贷款、国际金融组织贷款、国际商业贷款。最常用的是国际商业贷款方式。在我国现行的管理中，国际商业贷款包括国外商业银行和其他金融机构贷款、出口银行、发行境外债券、国际金融租赁等（图 3–14）。

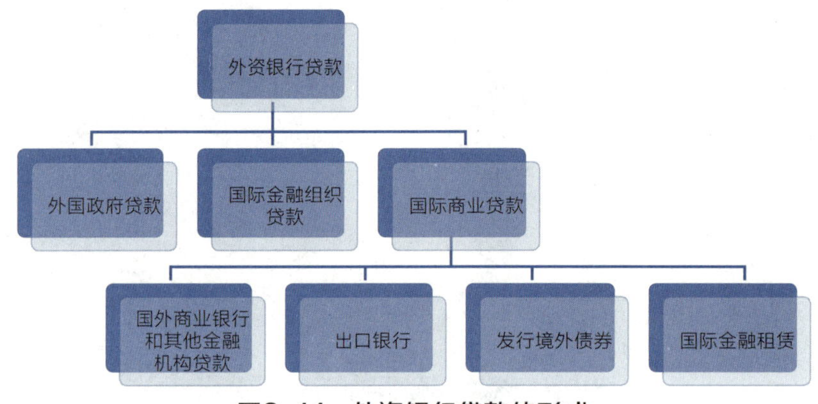

图3–14　外资银行贷款的形式

商业贷款通常是以借贷实现筹措资金的方式。贷款分为短期（一年以下）和中长期（一年以上）贷款两种。国际商业贷款的利率一般以伦敦货币市场上，银行间一年期以下的短期资金拆借利率为计算基础。如果贷款期限超过一年，则依期限的长短分别再加上一个附加利率。

但是，国外商业银行贷款程序和方法与国内差别较大，有以下 3 个特征：

1）超强的风险控制程序

国内房地产企业要想从外资银行获得贷款，必须忍受很多特别程序。比如花旗银行，就有非常周密的风险评测系统，会不断地对信贷进行测试和调整。花旗银行如果贷款给甲乙两个不同企业，会设计有不同的比例和贷款时限，他们会在某一阶段测试其收益和回报，而在另一个时间节点或时间范围内，根据市场环境、政策变化及企业经营状况，看风险和收益是否发生变化。花旗银行会反复测试，最后作相应调整。

2）特别看重企业现金流

如果一个企业的财务报表显示是赢利的，但应收账款却占了非常大的比例，现金流非常少，则这个企业获得国外贷款的可能性将会打折扣。

3）特别看重企业是否稳健成长

中国企业往往成长得特别快，但对银行来说，快而稳健才最重要，如果企业发展快，但不够稳健，外资银行也不敢支持这个企业的贷款。

渠道 3. 股份制公司上市发行股票

股份有限公司上市发行股票是一种吸引认购者投资以筹措公司自有资本的手段，是股份有限公司筹措资本的一种方式。我国上市发行股票的公司必须达到相应的标准及要求，比如，我国《公司法》明确规定只有股份有限公司才能发行股票，而有限责任公司是不能发行股票的。

除通过发行股票增加企业筹资成本之外，公司治理水平与管理层质量、公司的竞争力、财务状况、赢利性、安全性、流动性等都直接影响和决定股票的发行与质量。对于一些旅游房地产企业来说，这些条件过于苛刻，因此，大多数旅游房地产企业都会慎重考虑上市。

渠道 4. 发行企业债券

企业债券是企业依照法定程序发行，约定在一定期限内还本付息的债券。企业债券的发行主体是股份公司，也可以是非股份公司的企业发行债券。

企业债券发行必须符合相应法律法规，必须达到相应标准；企业发行的债券能否有效筹措到相应的资金，取决于企业偿还能力、历年的盈利能力以及企业的名誉（图 3-15），而且其发行成本很高。对于很多旅游房地产企业来说，发行企业债券并不是一种有效的筹资方式。

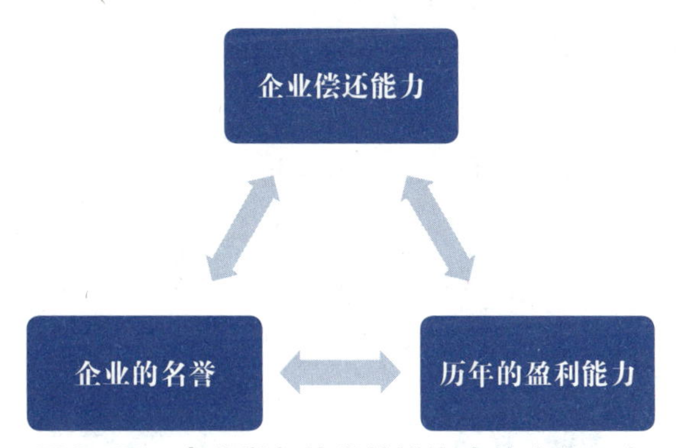

图3-15 企业发行债券筹措资金的决定因素

渠道 5. 资产证券化

资产证券化根据其产生现金流资产类型的不同，划分为 MBS、CMBS、REITs、ABS、海外房地产投资基金（图 3-16）等。其中，MBS 抵押支持债券或者抵押贷款证券化（Mortgage-Backed Security）是以住房抵押贷款为基础，以借款人对贷款进行偿付所产生的现金流为支撑，一般不列入旅游地产资产证券化的融资渠道中。

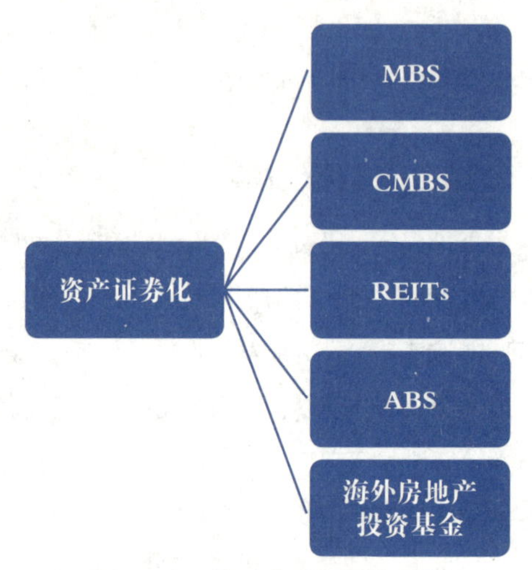

图3-16　资产证券化的类型

类别 1. CMBS

CMBS 商业抵押担保证券（Commercial Mortgage Backed Security，简称 CMBS）是指将传统商业抵押贷款汇聚到一个组合抵押贷款池中，通过证券化过程，以债券形式向投资者发行的融资方式。

CMBS 与 MBS 的主要区别在于，MBS 以住宅地产作为担保，而 CMBS 以商业地产作为贷款抵押品。

CMBS 适用对象

适用于更新速度较快的固定资产，包括以公司形式存在的旅行社、旅游饭店和旅游交通公司、酒店、商业地产等（图 3-17）。

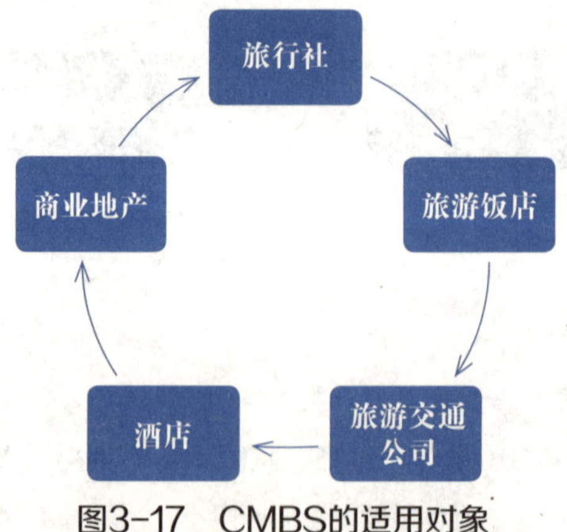

图3-17　CMBS的适用对象

具体来说，CMBS 是从商业银行等金融机构角度出发，金融机构将如饭店等资产抵押贷款进行组合，以贷款的收益权为基础发行资产支持证券。

类别 2. REITs

REITs（房地产投资信托基金）是一种以发行收益凭证的方式汇集特定多数投资者的资金，由专门投资机构进行房地产投资经营管理，并将投资综合收益按比例分配给投资者的一种信托基金。

REITs 一般从上市或非上市公司收购房地产资产包，且严格限制资产出售，较大部分收益来源于房地产租金收入、房地产抵押利息或来自出售房地产的收益，能够在证券交易所上市流通。REITs 既是房地产企业融资渠道，又能为购买者提供投资某项不动产的渠道。一般来说，分为股权类、债权类和混合型 3 种。

REITs 适用对象

适用于房产项目、多用于商业地产（因为商业地产现金流要比住宅地产现金流稳定得多），也适用于大型房地产开发商（图 3–18）。

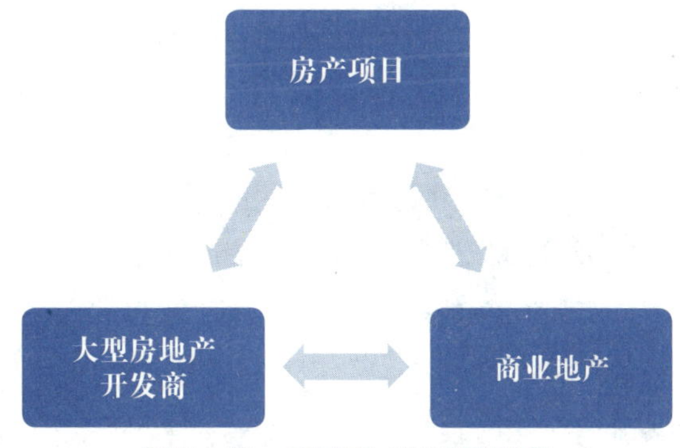

图3–18　REITs的适用对象

REITs 运作的方式

一是特殊目的载体公司（SPV）向投资者发行收益凭证，将所募集资金集中投资于写字楼、商场等商业地产，并将这些经营性物业所产生的现金流向投资者还本归息。

二是原物业开发商将旗下部分或全部经营性物业资产打包设立专业的 REITs，以其收益如每年的租金、按揭利息等作为标的，均等地分割成若干份出售给投资者，然后定期派发红利，实际上给投资者提供的是一种类似债券的投资方式。

类别 3. ABS

ABS 是以项目所属的资产为支撑的证券化融资方式，即以项目所拥有的资产为基础，

以项目资产可以带来的预期收益为保证，通过在资本市场发行债券来募集资金的一种项目融资方式；主要针对除不动产外的、能够产生稳定的、可预期现金流的资产加以证券化。目前，ABS 资产证券化是国际资本市场上流行的一种项目融资方式，已在许多国家的大型项目中采用。

ABS 适用对象

ABS 适用于景点资源及其相应基础设施、附属服务业和零售业等资产（图 3-19）。因为这类资产的基础设施投资规模大、建设期限长，不具有变现能力或者变现能力很差。更重要的是，名胜古迹类景点由于受国家物权法的保护，不可进行抵押或质押行为，因此资产证券化可采用 ABS 模式，即景点未来营业收入的收益权证券化。

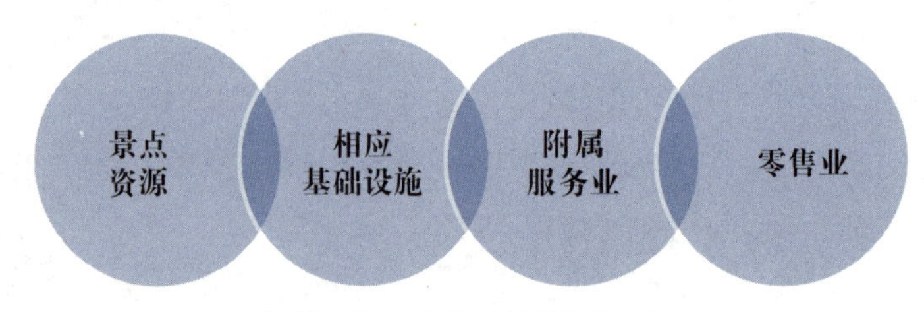

图3-19　ABS的适用对象

ABS 运作方式

这种方式的核心是旅游景点管理处将一定时期内的景点营业收入进行组合，包括门票收入、租金、特许经营费等，之后以相应的收益权为基础发行资产支持证券。

景点资产的原始权益人政府出售的只是未来一定时期内的现金流，投资者只对 SPV（信托等特殊目的机构）的经营活动产生限制，因而不会改变景点资产的所有权，对诸如长城、故宫、兵马俑等名胜古迹的保护工作没有影响。

类别 4. 海外投资基金

我国旅游房地产近年来浪潮掀起，很多海外投资基金十分看好我国旅游市场以及对人民币升值的预期，纷纷进入中国，对我国旅游房地产业跃跃欲试。摩根士丹利房地产基金、凯德置地“中国住宅发展基金”等争先登录中国，它们或者利用股份投资我国旅游房地产，或者独立开发旅游房地产。海外投资基金的利用不仅为我国旅游房地产市场输入大量资金，更为我国旅游房地产带来新的投融资理念。但是利用海外资金，由于国情差别，政策的不稳定性突出，资金存在退出风险等因素，致使其无法成为我国旅游房地产投融资的主要方式之一。

海外投资基金适用对象

海外投资基金适用于能够产生比较现金流收入稳定的高级公寓、办公楼、仓库、厂房、商业用房、市政基础设施等（图 3-20）。

图3-20 海外投资基金的适用对象

投资基金组织（不论是公司型基金还是契约型基金），自己并不运作基金资金，而是通过信托关系，将这些资金委托给基金管理人（投资公司、基金管理公司或类似机构）运作，并由基金托管人（一般为商业银行）管理和监督基金管理人对基金资金的使用。

基金目标客户选择如表 3-13 所示。

基金目标客户选择要求　表3-13

要求	要求分析
公司规模不宜太大	公司资产规模在3亿～10亿元之间
项目规模	开发面积在20万～30万平方米之间，年竣工可销售面积在10万～20万平方米之间，年销售额在3亿～10亿元人民币之间
成长型企业	在管理、经验、人才、组织、资金、市场和品牌等方面已有了相当积累，正处在快速发展期和爬坡阶段
城市选择	主要选择二、三线城市，如内陆重要省会城市西安、济南、重庆和武汉等和非省会重要城市如宁波、大连等
客户选择	在二、三线城市主要选择在当地排名前几位并对当地市场有主导影响力的开发商，而在一线城市主要选择优秀的项目，关键在于性价比、地段和配套
选择企业机制	民企主要选择已经进入规范化和职业化管理且知名度较高的企业。国企主要选择已经改制或正要改制的企业。这种类型的企业市场化程度较高，有利于与基金管理公司对接，遵守游戏规则

房地产境外投资基金运作模式

在房地产基金组织体系中，基金组织是信托关系中的委托人（在公司型基金中，基金公司是委托人；在契约型基金中，投资者一旦购买了基金证券，也就具有了委托人的身份），基金管理人是信托关系中的受托人，基金托管人是信托关系中的基金资产监护人。现阶段我国房地产投资基金以封闭式的契约型基金为主。

房地产基金的一般运作过程可分为筹资过程、投资过程和退出过程（图 3-21），投资过程包括交易发起和筛选、评估、交易设计、投资后管理 4 个阶段。

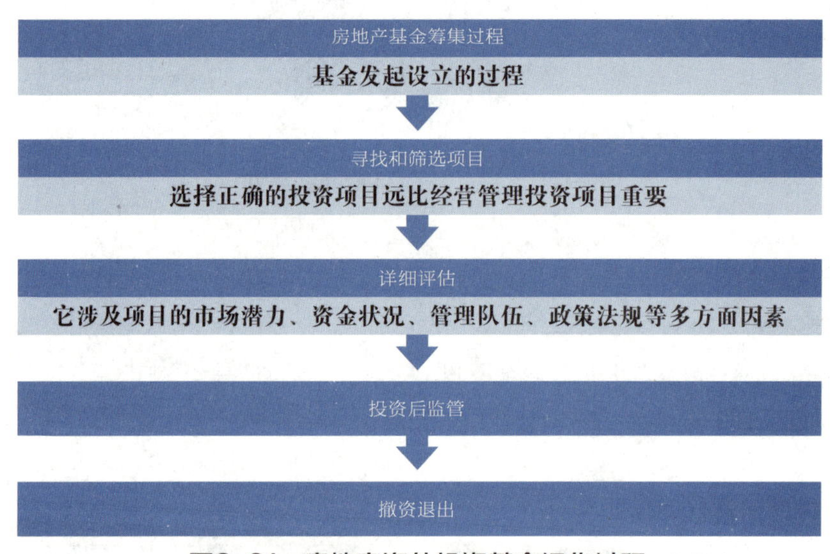

图3-21　房地产海外投资基金运作过程

房地产境外投资基金在中国市场的路径与策略如表 3-14 所示。

房地产境外投资基金在中国市场的路径与策略　　表3-14

路径	运作特色
自行开发建设	本身具有长期的开发经验，同时也善于利用金融工具募集基金。但由于缺乏对本地市场的了解和渠道，此种情况并不多。新加坡凯德职业和美国汉斯是主要代表
与国内房地产公司结成联盟，共同投资开发项目	投资基金定期监控项目公司运营情况。往往是本地开发企业凭借多年积累的市场经验和渠道关系获得较好的土地。随着土地招投标制度的推广，这种土地开发企业将成为吸引投资者更重要的因素。事实上目前基金公司总是希望跟国内较具规模的、最好是上市的房地产公司接触，主要考虑对具体项目投资回报前景的判断上

续表

路径	运作特色
与国内房地产开发企业共同发起专项投资基金	海外基金一般选择国内实力雄厚的房地产开发企业从事合作，一起运作针对房地产开发的专项基金
变相融资	由于目前外资银行开展人民币业务还有限制，因此一些房地产投资银行以变换的合作方式与国内房地产公司合作
保守收租	这类房地产投资基金相对保守，又叫收租型基金。他们通过购买有稳定租户的成熟物业（通常为写字楼、大型商业中心、酒店等），长期持有物业，收租盈利，不介入前期开发
项目过桥贷款	这种过桥贷款只针对商业房地产开发项目或收购项目发放，贷款比例一度可以高达项目投资总额的85%，平均超过50%的水平，贷款期限可以长达5~7年

基金投资模式

债权方式：在企业不具备银行融资的条件下，支持企业交付土地出让金等相关费用，不保证资金的安全性和预期收益，可能需要财产抵押和担保。

股权和收购方式：在企业或项目最需要资金或经营不善时期以股权和收购项目的方式注入资金。

渠道 6. 金融租赁融资

金融租赁也叫融资租赁，是由出租人根据承租人请求，按双方事先合同约定，向承租人指定出卖人购买承租人指定的固定资产，在出租人拥有该固定资产所有权的前提下，以承租人支付所有租金为条件，将一个时期的该固定资产的占有、使用和收益权让渡给承租人（表 3-15）。

只要双方协商一致，在租赁期满后，该租赁物即可以归承租人所有。

三大金融租赁类型　　表3-15

品种	含义	特色	带给客户的利益
直接融资租赁	直接融资租赁是由承租人选设备，出租人（租赁公司）出资购买，并出租给承租人，租赁期内租赁物所有权归出租人，使用权归承租人，租赁期满承租人可选择留购设备；租赁期内承租人按期支付租金，折旧由承租人计提	通过直接融资租赁的方式解决承租人的固定资产投资问题，并可以和其他金融工具综合运作，发挥不可替代的作用	在客户没有足够资金或不占用资金的情况下完成必要的固定资产投资

续表

品种	含义	特色	带给客户的利益
经营租赁	经营租赁是由出租人或承租人选择设备，出租人购买设备出租给承租人使用。设备所有权归出租人所有，使用权归承租人所有。设备反映在出租人固定资产账上，由出租人计提折旧	适用于财务结构需要调整的大企业和市场良好、规模迅速膨胀的优秀企业。经营租赁可以和其他金融工具综合运作，发挥不可替代的作用	1.使客户在不改变资产负债率的情况下所需要的设备；2.可进行一定程度的税收调节
出售回租	出售回租是指承租人将自有物件卖给出租人，同时与出租人签订租赁合同，再将该物件从出租人处租回的租赁形式	回租业务可以做成融资租赁的回租和经营租赁的回租，分别具有融资租赁和经营租赁的不同功能和特点。适用于有大量优质固定资产，但急需现金的客户	客户通过该项业务将固定资产变为现金，用以补充流动资金或购买新的设备

渠道 7. 典当融资

典当是指当户将其动产、财产权利作为当物质押或者将其房地产作为当物抵押给典当行，交付一定比例费用，取得当金，并在约定期限内支付当金利息、偿还当金、赎回当物的行为。

典当融资适用于中小开发商，比较适合 3 个月之内的短期融资，如果企业对资金风险没有把握，不适合使用这种方式。房地产典当与房地产抵押的区别见表 3-16。

典当业和拍卖业一样，一直被市场视为准金融行业。央行房贷新规中规定对未取得土地使用证书、建设用地规划许可证、建设工程规划许可证和施工许可证 4 证的项目，金融机构不得发放任何形式的贷款。而典当却可在开发商 4 项证书未办齐但已取得土地使用权

房地产典当与房地产抵押的区别 **表3-16**

类别	典当	抵押
担保范围	只能为借款合同而担保	担保的债权范围则不限于借款合同，还可以为借款合同以外的其他合同担保
出典人	只能是借款人本人，借款人以外的第三人不能替借款人担保而成为出典人	抵押人既可以是债务人本人，也可以是债务人以外的第三人
占有权	转移房地产的占有权	不转移抵押标的房地产的占有权

证的情况下，凭土地使用权证到典当行进行抵押。典当期限一般最长 6 个月，典当资金视地块不同作价，一般都在土地价值的 50%以下，典当资金的月息为 2.5%~3%。

2. 旅游地产投融资模式分析

旅游地产是一种资本密集型产业，资金充足与否直接影响旅游房地产发展。因此，旅游房地产投融资对旅游房地产成功与否起着至关重要的作用。

按照投资主体的不同进行分析，借鉴相应房地产投融资模式的经验，将旅游地产投融资模式分为自筹模式、合作模式和 BOT 模式 3 种（图 3-22）。

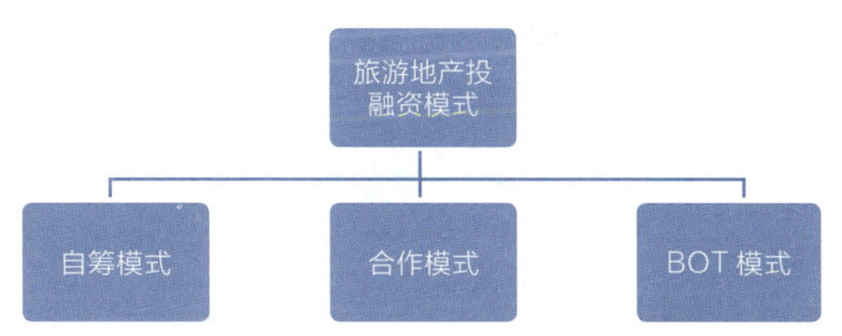

图3-22　旅游地产的3种投融资模式

（1）自筹模式

自筹模式是指一些资金较为雄厚、有经济实力或募集资金能力强大的大型企业，通过自身现有资金或通过各种方式扩大自有资金进行融资，从而投资房地产开发建设的一种模式。

这些企业自身融资的方式有多种，主要的方式有两种：内部融资以及外部融资（图 3-23）。

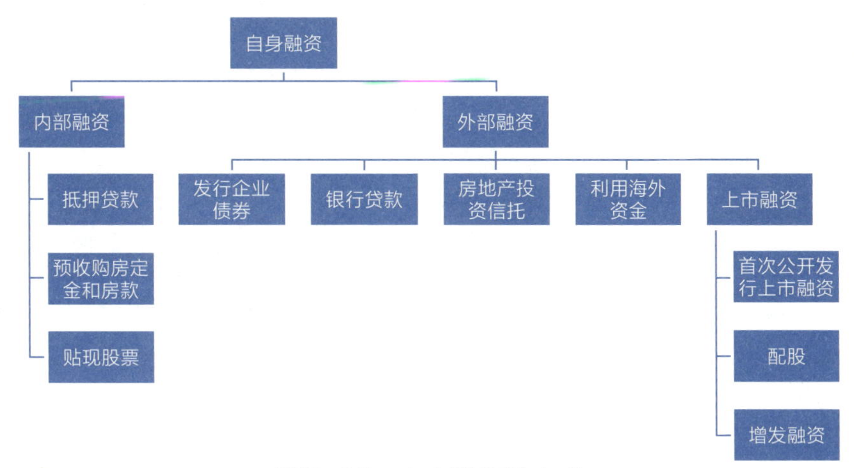

图3-23　自身融资的方式

内部融资

主要包括抵押贷款等各种银行贷款，预收购房定金和房款等。其中上市公司还可以进行贴现股票等多种方式。

外部融资

主要包括发行企业债券，银行贷款，房地产投资信托，利用海外资金，向其他金融及增发融资等方式。

机构贷款，上市公司还可以进行上市融资，包括首次公开发行上市融资，配股以及增发融资等方式。

选择自筹模式进行投融资的企业类型有两种：

一是一些资金实力雄厚的企业或公司。

由于可以较轻松拿到地理位置优越、自然环境良好的土地，或者自身拥有土地，对于资金的需求不像其他的旅游房地产那么大，或者管理、开发建设技术过硬。自筹模式较适合旅游居住型房地产的投融资。

二是独立进行旅游房地产投融资的企业。

随着这种投融资风险较大，但可以独享收益。对于一些大型企业或者资金雄厚的企业而言是一种不错的投融资模式。采取自筹模式的企业也要注意充分利用各种金融工具，有针对性地广开融资渠道，保证资金链的畅通，尽可能减少风险，从而更好地获得旅游房地产高额投融资收益。

（2）合作模式

合作模式主要是指两家或两家以上企业通过合作的方式，共同开发旅游房地产的一种投融资模式。

这些企业可以是上市公司，也可以是非上市公司。它们通过合资、入股、共同设立股份公司，或者项目合作等方式合作，双方共同提供资金、技术、管理、土地等多种方式进行合作，共同开发旅游房产，风险共担，收益共享。

合作模式可以满足 3 类企业的资金需求（图 3-24）：

一是有土地却没有资金进行周转的企业；二是有资金却没有理想土地的企业；三是发展重点有限，没有专业的开发管理技术却面临着要做资金需求量巨大的旅游房地产开发的企业。

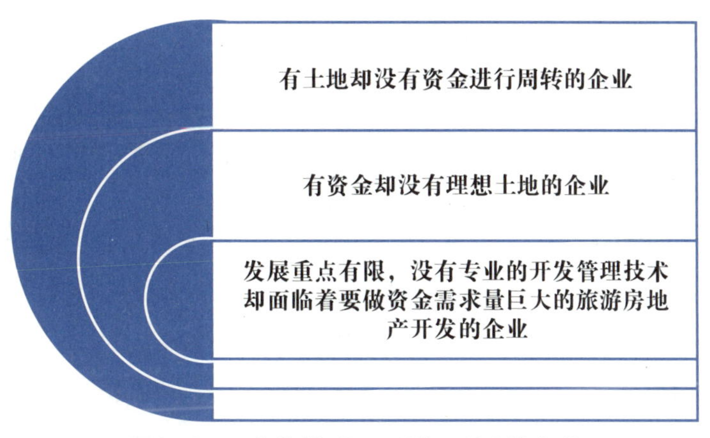

图3-24　合作模式可以满足的3类企业

这种合作模式存在的缺陷与不足是：一、合作模式导致双方企业难以寻找到合适的合作对象；二、为寻找合适的企业付出较大的交易成本，在合作过程中企业可能存在追逐私利而作出有损于对方的行为决定，并且合作模式中双方企业共享利润导致利润下降。

合作模式的方式有如图 3-25 所示的 3 种：

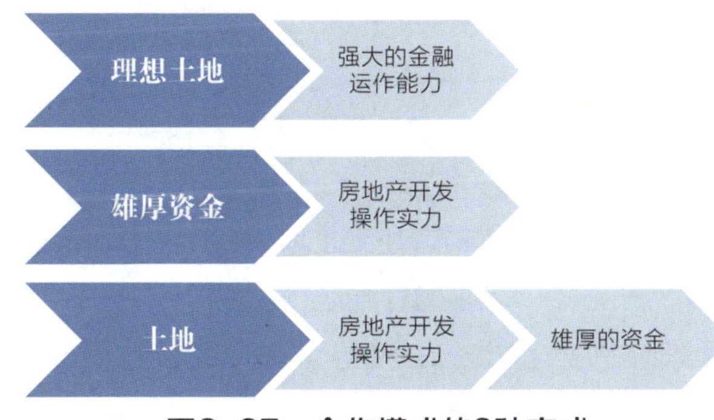

图3-25　合作模式的3种方式

种类 1. 理想土地 + 强大的金融运作能力

一方提供理想的土地，另一方提供强大的金融运作能力或者雄厚的自有资金实力。

一方面，由于随着土地实现完全市场化的公开供给，土地供应量开始逐渐减少，而旅游房地产需要大量的土地进行开发，导致一些企业取得土地的成本逐渐增加，或难以拿到较为理想的土地。

另一方面，一些企业虽然有着理想的土地却没有充足的资金进一步运转开放，而那些具备强大金融运作能力以及雄厚自由资金实力的企业却难以拿到理想土地。

手中有理想土地却没有进一步开发能力的企业与有资金却难以拿到理想土地的企业进

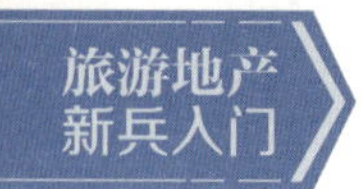

行合作，成为一种独特的合作投融资模式。

种类 2. 雄厚资金 + 房地产开发操作实力

一方提供雄厚资金，另一方主要提供开发、技术、管理、房地产开发的操作实力以及深厚的社会关系等。

这一模式主要存在于一些有着雄厚资金实力或者募集资金能力的大型企业，由于其发展重点有限，没有专业的开发管理技术，或没有足够的人力资源进行旅游房地产投融资。而另一些企业虽有着专业的开发，管理技术以及优质的人力资源，却没有充足的资金。于是两种企业合作共同开发旅游房地产，分担风险，共享利益，成为一种旅游房地产投融资模式。

种类 3. “土地 + 房地产开发操作实力 + 雄厚的资金”三方联合的方式

一方提供土地，一方提供开发、管理、技术以及房地产开发操作实力，第三方有一家或多家企业共同提供雄厚的资金。

这种方式是由三者或者三者以上的主体共同合作，进行旅游房地产投融资，这种模式集合了多方的优势，集理想的土地，雄厚的资金，专业的技术于一体，成为一种不错的旅游房地产投融资模式。合作模式较适合旅游观赏型房地产和旅游商务型房地产投融资。

（3）BOT 模式

BOT 模式是对 Build-Own-Transfer（建设 – 拥有 – 转让）形式的简称，现在通常指 Build-Operate-Transfer（建设 – 经营 – 转让）。

BOT 模式主要是指政府对旅游地产项目进行立项，并进行 BOT 模式招标，将其融资，建设特许权和经营权转让给企业。与企业签订合同，双方签订协议在一个固定的期限内，企业对其筹资建设的旅游地产行使经营权，一边收回对该项目的投资、偿还该项目的债务并赚取利润，协议期满后，企业将旅游地产项目无偿转让给政府（图 3-26）。

BOT 模式，如果能采用几种不同的变种形式，是一种可以充分利用社会资金，解决开发前期资金需求大、周期长、风险高以及政府投资渠道不畅等的一个重要渠道。

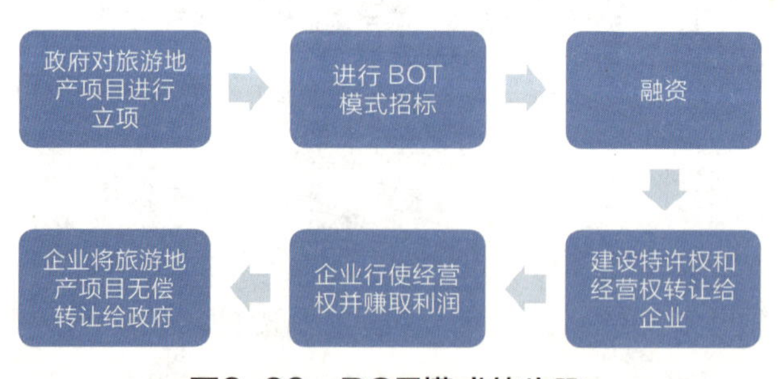

图3-26　BOT模式的步骤

BOT 模式带给企业的好处是：一、企业可以获得较为诱人的项目用地，大大减少了获取征地及其开发费用等；二、企业只需在旅游房地产建设过程中进行融资，获取资金进行开发，大大降低其对于购买获得土地而准备大量资金的需求，使企业处于优势竞争地位。

但旅游房地产 BOT 模式在我国较少有成功的案例，原因在于：

一、这个模式是一些企业借鉴国外先进的 BOT 模式后运用于旅游房地产行业。但是，BOT 模式目前更符合资本发展趋势，在未来开发大型旅游房地产项目才可能比较适合。

二、中国拥有很多优秀的旅游资源，但交通、水电等基础设施欠缺，还没有开发出来成熟的配套体系。

企业采用该模式具有一定的风险，一旦在预定时间内无法实现盈利，企业将面临巨大的风险。

3. 旅游地产分物业运营模式

旅游地产是复合型地产，在一个旅游地产项目中，有居住物业、酒店物业、休闲商业物业、文化地产物业（图 3-27）等不同类型的物业形态，其运营的模式各不相同。

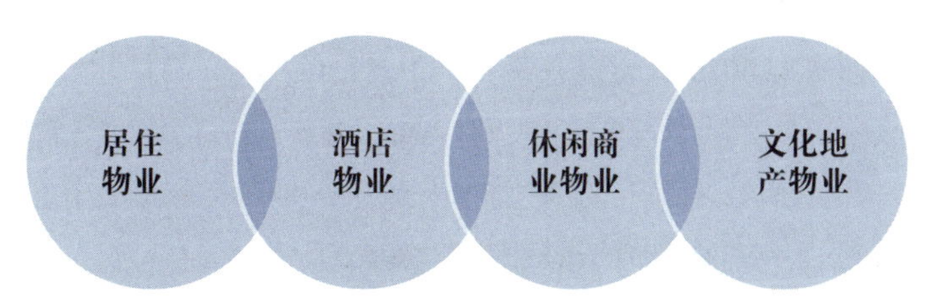

图3-27　旅游地产的几种物业形态

（1）居住物业

居住物业的运营模式有两种，一种是将产权出售一次性获利方式，另一种是将使用权出售，开发商保留物业的产权，并负责日常的管理与经营。

1）产权出售

传统房地产运营方式，建完就卖，一次一清，后续事宜和开发商无关。这种运营方式的主要特征体现在利益的一次性，无法实现长效利益的创造。

2）使用权出售

使用权出售是指根据休闲度假人群的需求出售一定时间（如 5 年、10 年、20 年）的物业使用权，这种模式客户选择的灵活性高，购买价钱又远低于一次性产权买断，同时购买物业由开发商负责物业管理，省心省钱。物业产权仍归开发商所有，开发商负责日常管理和经营，长效利益明显。

（2）酒店物业

旅游地产的酒店物业有委托管理、特许经营、租赁经营、自主经营 4 种运营模式（图 3-28）。

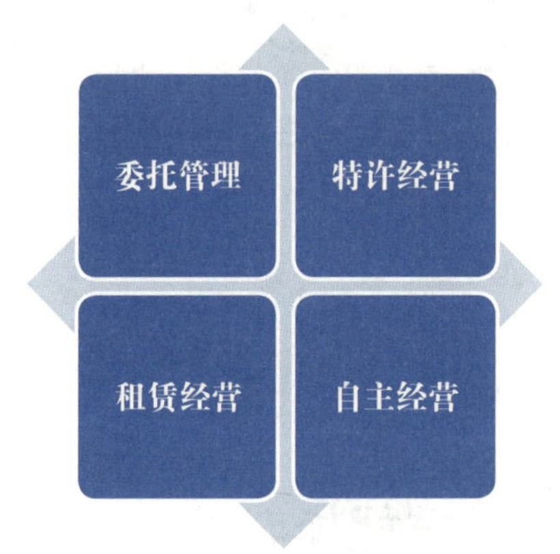

图3-28 酒店物业的4种经营模式

1）委托管理模式

由投资商投资酒店，委托专业的酒店管理公司进行全面管理的合作形式称为委托管理。酒店委托管理就是指酒店管理公司与开发投资商（或业主方）签订酒店委托管理合同，派出以总经理为首的酒店经营管理班子，发挥酒店委托管理专业特长和酒店集团管理优势，对托管饭店进行全权酒店委托管理，即对酒店的经营结果负责，按照酒店经营业绩定期提取酒店委托管理费。

2）特许经营模式

特许经营是指特许经营权拥有者，即酒店管理公司，以合同约定的形式允许被特许经营者有偿使用其名称、标志、专有技术、产品及运作管理经验等从事酒店经营活动的商业经营模式。

特许经营的合作方式下，酒店管理公司只为酒店业主提供必要的支持体系以及运营管理服务。

在美国，酒店特许经营模式已经发展得非常成熟，大部分业主更希望采用特许经营的模式。而中国业主由于缺乏管理经验，更加希望酒店由酒店集团来管理。不过，随着中国酒店业不断成熟，特许经营模式得到了比较好的发展时机。

3）租赁经营模式

对酒店经营者来说，租赁经营的模式让管理者拥有完全的自主经营权，同时阶段性地支付固定的租赁费可避免大量的初始资金的投入。对业主来说，这种方式更接近于一种财务性投资。在选择一个好的酒店品牌后，长期的现金流量得到了一定的保证，同时能提高其无形资产价值。

酒店租赁经营模式的主要特征是：双方根据所处市场谈判具体租赁协议，租金可包括场地租金，或外加各种资产税，维护费用和保险费用等，也可采用固定租金到经营利润的提成的方式（图 3-29）。

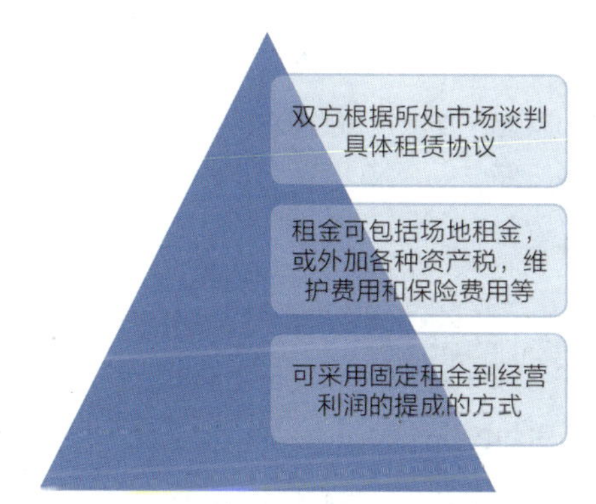

图3-29　酒店租赁经营模式的主要特征

4）自主经营模式

酒店的所有者和经营者都是业主。

经营理念是希望提供一个能够让人完全放松身心的空间，营业项目包括酒店投资、酒店公寓销售、酒店管理合约、SPA 经营、艺品店、产业销售、设计费及其他项目（包括设计及专案管理、高尔夫球场经营）等，其主营业务为度假村及酒店的管理、开发及投资。

（3）休闲商业物业

旅游地产休闲商业物业的运营模式有只售不租、只租不售、不售不租、租售结合、开发商与商家联营 5 种（图 3-30）。

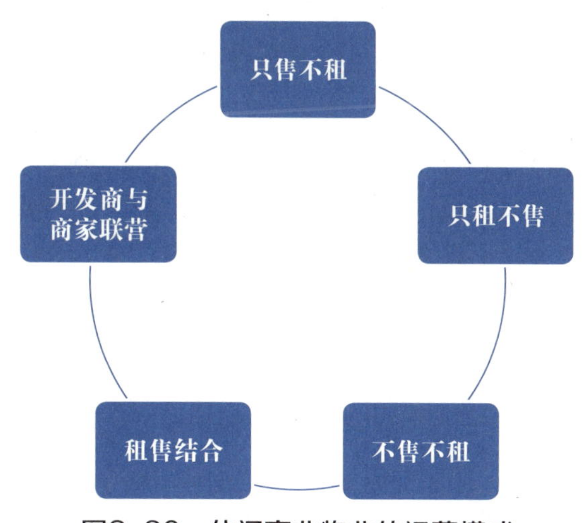

图3-30　休闲商业物业的运营模式

1）只售不租

只售不租模式即开发商只销售、出让产权，销售完成之后基本上就不再进行干预，仅由物业管理部门进行日常的统一维护管理，这是旧有商业地产开发普遍采用的经营方式。

这种模式的好处是，开发商可以快速回收投资，进而实现短期套现，减轻资金压力，无须承担后期经营的压力和风险，要求投资者具备完全的经营自主权。

这种模式的弊端是，由于产权被分割出售后，经营权迅速分散，开发商无法进行统一招商和统一经营管理，经营者往往根据自己判断“什么赚钱卖什么”来选择经营品种，导致业种业态组合混乱，呈现一种无序状态，导致最终经营不善等后果，商铺的价值也大大缩水。

只售不租的商业地产开发模式，只能局限于商业的大宗销售或少量的社区街铺，对于大卖场散铺销售和大型商业街销售，采取只售不租往往引起经营管理失控。由于管理不善导致商场难以经营甚至瘫痪的悲剧在商业地产领域时有发生，甚至已成为一种通病。

2）只租不售

商业地产开发商掌握产权，对所有的商业物业采取只租不售的形式，期望通过租赁持续性获利。在具体的操作方式上，只租不售的租赁模式又可分为整体出租、分层或分片出租、零散出租（图 3-31）等形式。

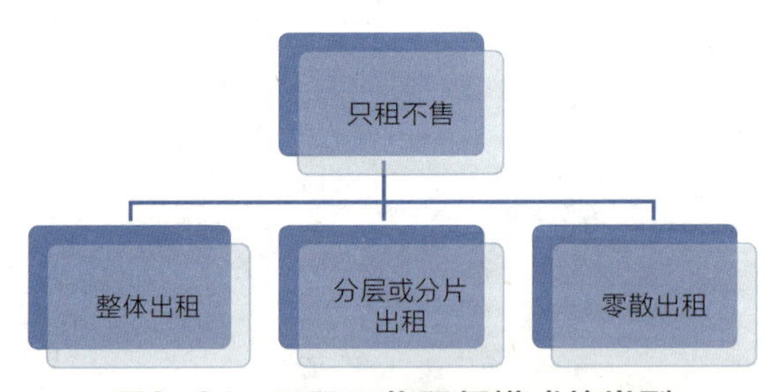

图3-31　只租不售租赁模式的类型

这种模式需要开发商自己进行市场培育，营造商业氛围，承担经营风险，通过持续有效的经营管理提升商业价值。如果经营得好的话，有利于打造项目品牌价值，提升项目竞争力，使整个物业长期稳定地成为一个品牌。

缺乏商业经营能力的开发商采取只租不售模式，往往会遇到两难的境况：如果将物业大宗租赁给大商家，虽然经营收益稳定，经营风险降低，但是随着商战的升级，大商家所支付的租金回报较低；如果采取散租模式，虽然能提高预期的租金收益，但由于自身经营能力弱，往往导致商场经营失败。

目前商业地产只租不售的模式更多地体现在购物中心的开发上，在购物中心遭遇“一卖就死”的黑色定律之后，越来越多的开发商不得不面临购物中心运营的现实。即使面临资金压力，越来越多的购物中心开发商也不再急于出售商业房地产产权，而更加看好、注重通过商业项目的管理、运作，提升物业的潜在价值。

3）不售不租

商业地产开发商对旗下商业物业不售不租，采取自主经营模式，纷纷介入百货、超市、家居等零售行业。开发商自主经营，既是所有者，同时也是经营者，在商业经营中应具有一定的优势。房地产开发商介入商业自营，另一个动因是出于融资考虑。随着房地产开发融资难度加大，一些房地产开发商看中了零售超市百货的流动资金，把零售商场巨大的资金流量视为新的房地产融资渠道。

值得注意的是，由于房地产开发与商业经营隔行如隔山，导致很多商业地产开发商在尝试商业运营时困难重重。

4）租售结合

租售结合的模式，就是租一部分售一部分，开发商往往将物业的一部分租给主力店，再销售一小部分商铺，以平衡资金压力和经营风险的矛盾，这种模式具备较高的灵活性和可控性。

采用这种经营模式，要把握好出售和出租的比例及结构。通常情况下，开发商都掌握大部分的产权，出售的只是小部分，往往将高楼层整体出租给品牌商家，以品牌商家为商场经营的主体，发挥他们的品牌效应，将低楼层作为大商家的辅营区分割后出售，即“主力店+辅营区”的模式，主力店品牌商家的进驻能提升辅营区的销售价值。而销售区和非销售区相对完整独立，即使未来销售区经营出现问题，也不影响高楼层的经营。

租一部分售一部分的“主力店+辅营区”模式，其运营要点有两个：

一、以优惠的租金引进零售的主力店、次主力店，尽管他们的租金一般都很低，但这些大品牌的进驻，将聚集人气，带旺该商场，总的来说得大于失。

二、通过主力店提升辅营区的销售价值，同时必须找到辅营区的准确定位，真正利用主力店的人流。

5）开发商与商家联营

开发商与商家联营是商业地产开发经营中一种较新的模式，房地产商在开发商业地产之前，就先与知名商业企业结成战略联盟，明确主力店对商圈进行准确分析，并作出合理市场定位和业态组合（表3-17），减少各种资源的浪费，然后开发商再借助商业巨头的品牌效应提升自身的形象，加快中小店的招商进度。

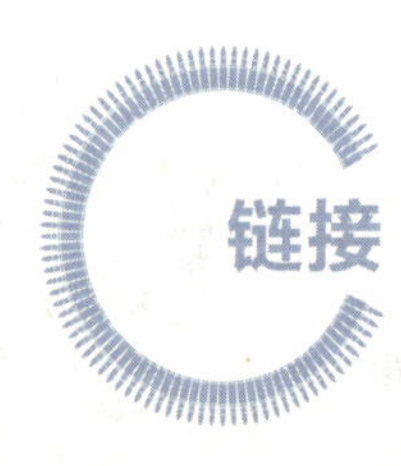

休闲商业业态种类 **表3-17**

娱乐休闲业态	歌厅、舞厅、迪厅、音乐厅、棋牌馆、影院、剧院、演艺中心、卡拉OK、KTV等
体育休闲业态	游泳馆、乒乓球馆、保龄球馆、武术馆、网球场、羽毛球场、高尔夫球场、足球场、篮球场、壁球场、桌球场、溜冰场、赛马场、射箭场、自行车运动场及漂流、攀岩、狩猎、潜水、冲浪、跳伞、航模、蹦极、野营、垂钓等
保健休闲业态	温泉疗养、森林疗养、花卉疗养、水疗、泥疗、盐疗、洗浴、阳光浴、美容、美发、推拿、按摩、氧吧等
旅游休闲业态	各类自然、人文风景名胜区点，及主题公园、动植物园、城市风光等
乡村休闲业态	农家乐、渔家乐、牧场乐、民俗村、乡村古镇等
教育休闲业态	博物馆、图书馆、纪念馆、展览馆、科技馆、天文馆、地质馆、艺术馆、烈士陵园、宗教寺观、大学校园、工业园、示范园、老年大学、书店、书吧、文化站及各类非职业性培训中心等
饮食休闲业态	饭店、酒楼、茶馆、咖啡馆、风味小吃店、美食广场等
购物休闲业态	商场、会展、批发市场、步行街、专卖店及拍卖、典当等
怡情休闲业态	宠物豢养、形象设计、美容、美发、种花、种草、集邮、收藏雕刻、书法、绘画、编织、插花、陶吧、话吧、清吧等
社会休闲业态	慈善、福利、志愿者行动及各种节庆、会餐、交友、手机短信、网吧等

（4）文化产业物业

旅游地产的文化产业物业的运营模式可以分别从文化街区和民营博物馆两种形态的运营进行研究（图3-32）。

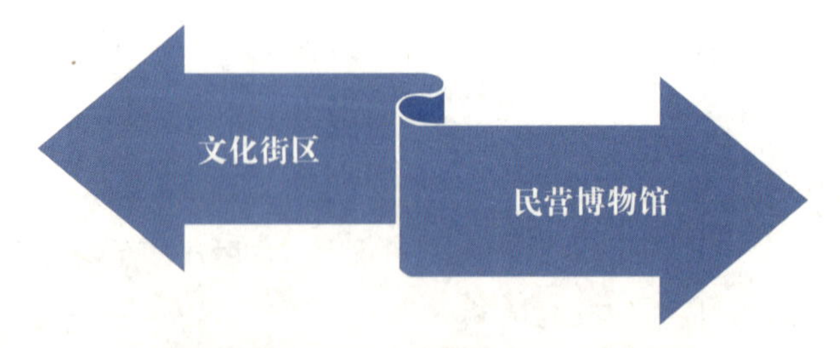

图3-32 文化产业物业的运营模式

1）文化街区的运营

成立文化街区建设管理办公室，推进街区当代艺术与文化创意产业的发展。通过对服务中心、展览展示中心和公共服务平台等项目的建设进一步为街区提供完善的服务，按照“保护、开发、稳定、发展”的指导方针对艺术区的核心区域、原创艺术进行有效保护，加强对艺术区的宣传与推广，进一步吸引国内外众多知名的艺术家及艺术机构，为园区内艺术品打造展览展示、交易拍卖的平台，推进园区产业升级，从而展示艺术区的魅力，打造艺术区品牌。

2）民营博物馆的运营

基金会＋理事制

基金会公益文化品牌，是一个盈利不分配的机构，盈利多少钱都要用在博物馆上。

在管理上的特点是：

一、基金会接受社会捐赠，这些款项将用于支持博物馆建设，资助文物研究与保护项目。

二、引入的“理事会制”和“会员制”，每年缴纳一定费用，即可成为博物馆的理事和会员，并享有相应的权利。所有理事，都是博物馆共同的主人，可以继承和更换。在国外，能做博物馆的理事是相当高的荣誉，是用钱也买不到的，理事可以对博物馆提供不定期的赞助。此外，各展厅还接受企业捐赠，作为回报，企业享有相应展厅 10 年的命名权。

“基金会＋理事制”运营模式的资金来源

主要分 3 部分：一是来自董事会，由为数不多的几个成功企业家组成，每年拨一定的款出来；二是来自理事会，这部分人不用承担博物馆的社会责任，拥有荣誉头衔，现在国内也有相当成功的人士认识到了这一点，理事对博物馆有不定期的赞助；三是会员制博物馆的会员会费（图 3-33）。会员每年交一定金额的会费，享受诸多的优惠政策。

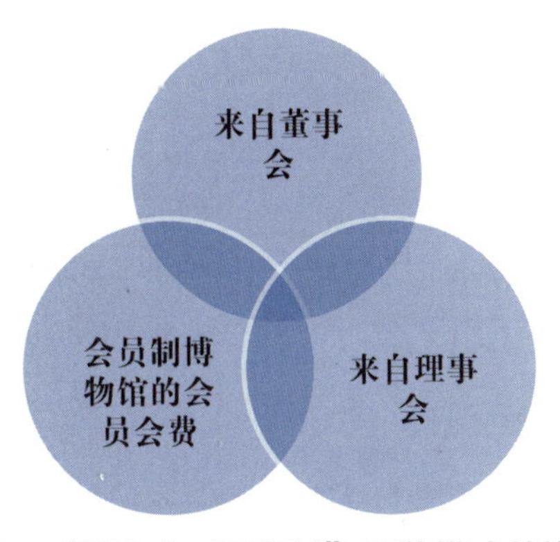

图3-33　“基金会+理事制”运营模式的资金来源

股份化经营 + 品牌赞助

企业资金链的构建上已经逐渐走向多元化、社会化和稳定化。博物馆所有权股份化，吸引 4~5 家中国大企业参与，每家持有一定的股份，让这些企业作为博物馆的长期赞助人，把博物馆的产权社会化，寻求博物馆机制的新突破。

“股份化经营 + 品牌赞助”的资金来源有两个：

一方面有来自国家的政策扶持、税收优惠，有时候甚至还会有专项的资金（一次几十万元不等）；另一方面则来自于博物馆自筹，包括基金会资金、社会赞助资金以及博物馆的门票、会员卡收入、咖啡屋、书店以及艺术礼品店等商业性收入（图 3-34）。其中，社会赞助占据整个资金链中的大部分，会员卡收入在不断上升，书店和礼品店经营有很大的发展空间。

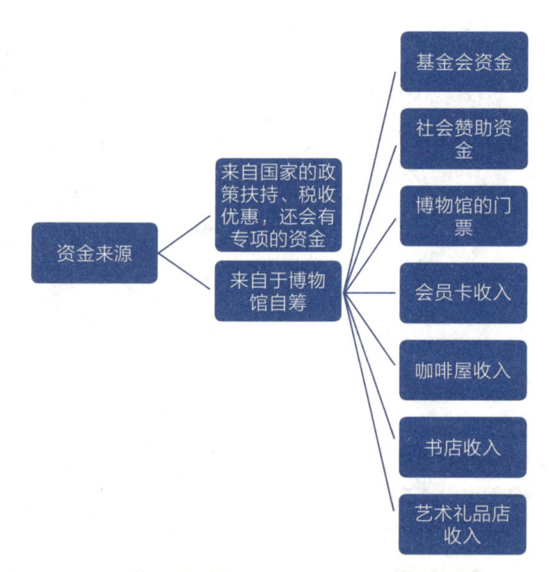

图3-34 “股份化经营+品牌赞助”的资金来源

以房地产支持博物馆

地产企业投资建设博物馆，但并不仅仅依靠博物馆的门票与工艺品的收入来支撑博物馆的人工费和外事接待活动的开销以及基础设施费用等，主要依靠的是地产企业的地产项目供养。

政府支持 + 基金扶植 + 民间赞助

国外私立博物馆大多有政府和各种基金的扶植以及相当数量的社会捐赠。

美国的博物馆在保持自身非营利公益事业机构性质的基础上，立足于美国市场经济的发展现状，大量引入了市场化的理论、方法，建立起了符合其外部环境的管理体系和运作模式。美国博物馆通常都具有很强的品牌意识，十分重视自身形象的确立和维护。美国博物馆一般都会引入企业运营中的 CI 理念，设计制作醒目、统一的博物馆标志，并且将此标志应用于博物馆的宣传资料、管理文件，甚至员工名片上。

美国博物馆的资金来源渠道相当广泛，大致有 8 种（图 3-35）：

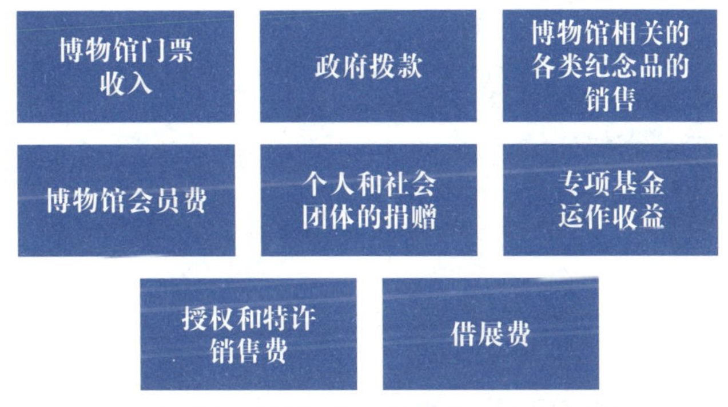

图3-35 美国博物馆的资金来源渠道

一是博物馆门票收入；二是政府拨款；三是博物馆相关的各类纪念品的销售；四是博物馆会员费；五是个人和社会团体的捐赠；六是专项基金运作收益；七是授权和特许销售费；八是借展费等。

三、旅游地产创新管理模式

旅游地产开发具有典型的复合业态特点，对传统住宅来说，其单一组织架构及专业储备无法满足旅游地产多业态功能管控工作及日常运作。旅游地产有“房源”、“客源”分离的特殊属性，传统营销人员配置更无法满足销售动作的实施和渠道管控。

旅游地产在管理方面有以下特点：活动多、自由多、自助多、体验深、安全要求高；以人本主义精神为核心，以特色经营为基础，以超越型的品位为目标（图 3-36）。

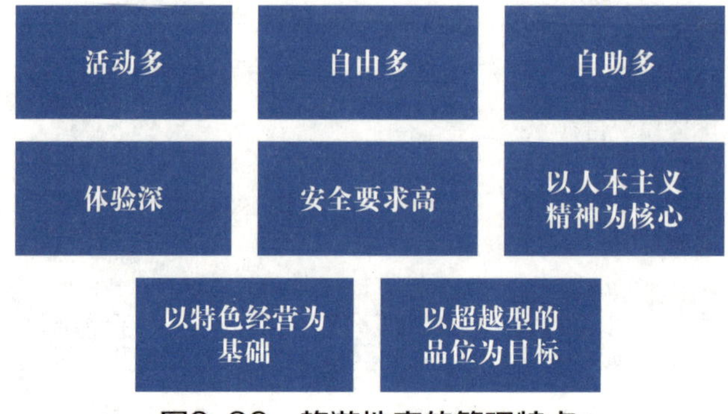

图3-36　旅游地产的管理特点

所以，度假旅游地产的管理需要一些新思维，根据细分化达到专业化和特色化是重要的途径。

1. 以人性化的理念提供服务

中国度假产业发展更趋向于多元化，高端度假群体对度假产业发展的影响力和引导趋势越来越明显，中产阶级以上群体在整个度假群体中所占的比重越来越大，对度假的“个性化”、“人性化”需求越来越多。

人性化的关怀，“一站式”服务的成为度假旅游地产吸引客人，留住客人的最佳武器。如亚龙湾五号度假旅游地产在“英式管家”和“菲佣服务”基础上，吸收中国 19 世纪 20 年代豪门宅院的传统管家服务模式之精髓，结合度假旅游地产建筑布局的特点和客人度假的基本需求，推出宅院式、五星级“中式管家”贴心服务。开创了一个将度假客人的“私密性”与“尊贵性”推向极致的新型度假旅游地产管理模式。

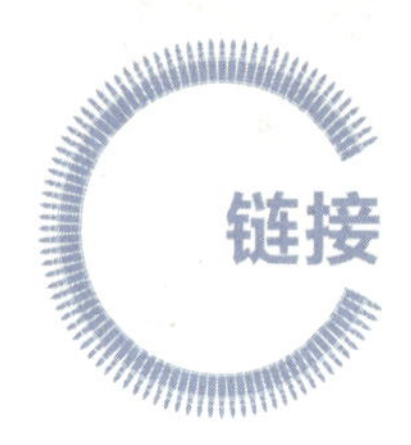

“中式管家”概念引入度假旅游地产业是将中国传统文化与度假旅游地产管理、物业管理、家政管理的有效结合，是满足高端度假客户群体需求不断增长的一种有益尝试，为度假旅游地产业的发展与创新摸索了一条新的道路。

2. 创新管理机制与模式

“创新是灵魂，规范是基础”，度假旅游地产管理创新的对象是从制度管理、质量管理、效益管理、产品管理、服务管理、营销管理、绿色管理（图 3-37）等方面入手创新管理机制，形成特色文化的管理模式。

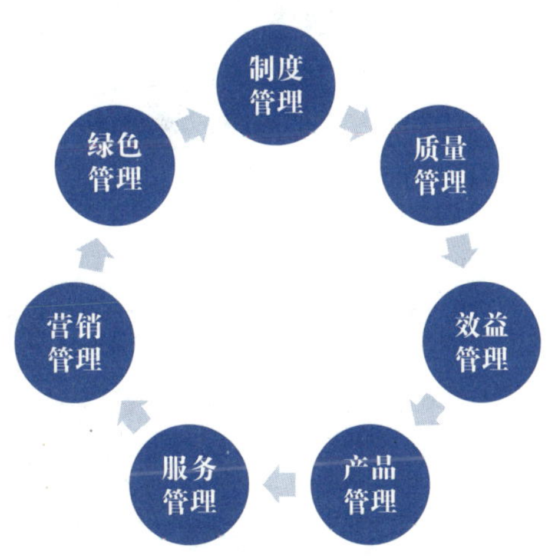

图3-37　度假旅游地产管理创新的对象

度假旅游地产的淡旺季比较明显，季节性强，故在管理上，应该有别于城市度假旅游地产。

目前我国在这方面的区别还不是很明显。度假旅游地产仍然采用城市度假旅游地产的管理模式，费用成本较大，一到淡季时经营就更为艰难。如西欧度假旅游地产就采用社会化的管理模式。把客房清洁卫生，布草洗涤，易耗品配置，全部交由一家清洁公司来负责，度假旅游地产与清洁公司订立合同，每清洁一间房付一定的报酬，约为房价的 1/10~1/15（包括客房清洁，床上用品的配置与洗涤，易耗品的供给），这样能科学、合理地处理好度假旅游地产经营在淡旺季时收入与支出的平衡。

3. 实施经营品牌化策略

市场经济高度发展使得度假旅游地产之间的竞争由价格竞争、质量竞争、规模竞争转向了品牌竞争。度假旅游地产企业通过经营品牌化策略可以实现度假旅游地产管理的集团化、连锁化扩张，从而迅速扩张其市场区域、业务领域。

在市场区域扩张方面，度假旅游地产以品牌特许经营的方式在其他区域实现低成本扩张，从而可以极大地拓展度假旅游地产产品的市场网络；在业务领域扩张方面，度假旅游地产可以以主题品牌为纽带，通过新建或购买、控股、参股等方式实现品牌向上下游企业的延伸扩张，以争取旅游产业价值链中更多环节的利润，扩大其业务范围和市场网络。

在产品品牌经营方式上，应运用多样化的手段，如特许经营、委托经营、品牌延伸等多种形式，对品牌所有权或使用权进行转让，优化配置企业内部资源，实现资本增值最大化。

新手知识总结与自我测验

总分：100 分

第一题：影响旅游收入有哪几个要素？（20 分）

第二题：旅游地产投融资有哪些渠道可供选择？（25 分）

第三题：旅游地产有哪些创新管理模式？（25 分）

思考题：如何设计旅游地产的最佳盈利模式？（30 分）

得分：　　　　　　　　签名：

旅游地产的营销推广

操作程序

一、旅游地产形象塑造

二、旅游地产的市场定位

三、旅游地产的市场营销策略

四、旅游地产三地营销模式

旅游地产形象是旅游地产项目卖点所在，旅游地产营销推广的根本任务是通过提升旅游地产形象的知名度、美誉度来提高客户忠诚度。在旅游地产市场营销过程中，应特别注意旅游地产与传统住宅地产的区别，制定出符合旅游地产特点的营销策略，切忌生搬硬套传统住宅的营销手法。

一、旅游地产形象塑造

旅游地产形象影响力是一个城市吸引关注度与投资的新兴因素。良好的旅游地产形象给城市带来三个优势：更强的接纳性，更快的发展力，更活跃的创造空间。

旅游地产形象也是旅游地产营销的基础和前提条件。塑造旅游地产形象必须掌握这类项目形象塑造的 5 个构成要素，利用好两种营销渠道。

1. 旅游地产形象的 5 个构成要素

旅游地产形象是指公众通过自我认知或者大众传播宣传，对旅游地产行业客观状态形成的总体印象、态度、看法以及评价。这个形象是公众所有主观意志和情感的综合反映。树立旅游地产形象首先要从改善旅游地产的客观面貌，改善大众主观印象入手。

旅游地产形象塑造由诸多要素构成，主要的有 5 项内容：旅游地产的企业形象、景区所在城市形象、项目的稀缺资源、项目的基本设施建设、项目的文化内涵（图 4-1）。

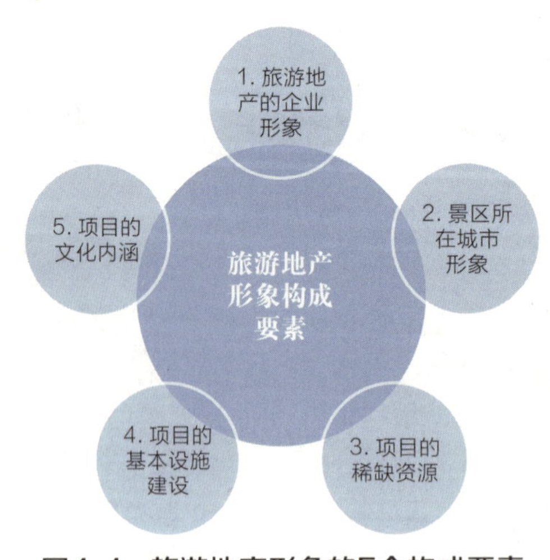

图4-1 旅游地产形象的5个构成要素

要素 1. 旅游地产的企业形象

企业形象是指人们通过企业的各种标志建立起来的总体印象。构成企业形象的重要元素是企业效率、信用、服务、产品质量、员工形象、社会责任以及公众舆论等（图 4-2）。

想要建立一个好的企业形象的企业，必须保证企业在产品质量、法律法规等方面要对公众负责，同时也要提高员工素质和职业道德，承担一定的社会责任，只有这样，才会在消费者心中建立良好的旅游地产形象。

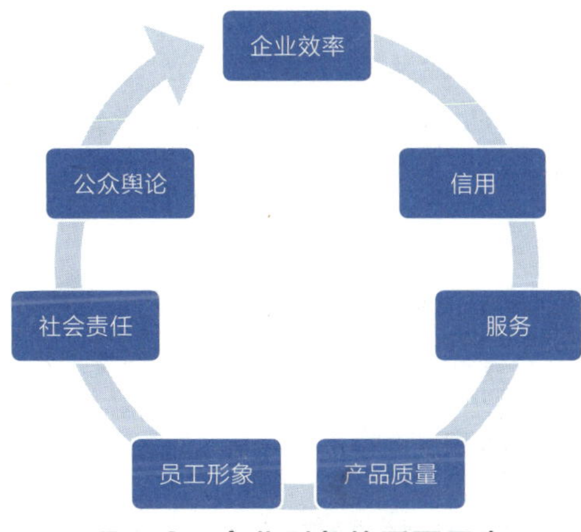

图4-2　企业形象的重要元素

要素 2. 景区所在城市形象

城市形象作为对一个城市的整体印象与综合评价，既是历史文化沉淀的结果，又是城市发展成果的表现（图 4-3）。一个城市的形象既是城市景观特色，又是城市存在意义的注释。一个没有特色的城市最易被同化，最易被公众遗忘。

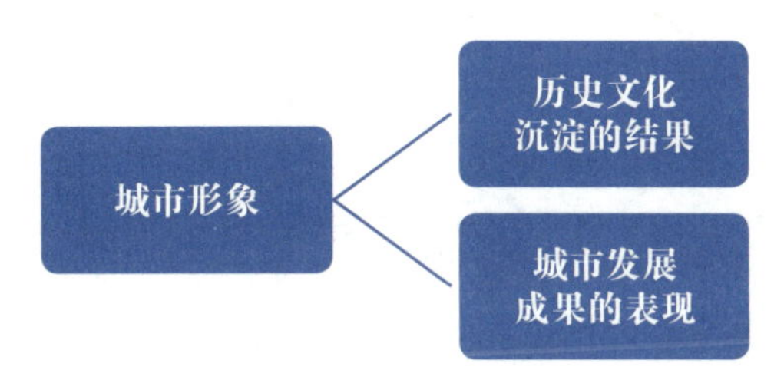

图4-3　城市形象的含义

城市形象的塑造是旅游地产形象的成功塑造的基石。旅游地产会随着城市郊区化趋势而发展壮大，如若不能成功营造一个良好的城市形象，就会减弱旅游地产的吸引力。

要素 3. 项目的稀缺资源

稀缺资源可谓旅游地产吸引公众的重中之重，是每个旅游地产企业都想要深度挖掘和开采的金矿。旅游地产的稀缺资源是旅游地产形象的核心表现力量。旅游地产项目所拥有的空气质量、山水风景、特色资源等都让久居都市的人们追求接近。值得注意的是，在包装稀缺资源时，需正确定位，对这类资源所进行的创意策划，也要符合公众心理，这是旅游地产形象塑造的一条重要法则。

要素 4. 项目的基本设施建设

旅游地产的形象塑造方向因旅游者和投资者对其兴趣关注点和确定的价值点不同而迥异。

旅游者最重视的因素是：景区所提供的独特休憩体验，即是否有视觉、听觉、触觉、味觉、嗅觉的共鸣，这体现为对景区外观环境以及整体规划建设的方案；投资者关注的则是硬件设施是否具备旅游地产业的要素。

无论是旅游者还是投资者，其对旅游地产直观体验将会形成他们对这一项目的直接印象，体验时所感触到的硬件设施和服务水平能影响到他们的心理满意度。

要素 5. 项目的文化内涵

我国消费者一般认为，具备历史文化积淀的事物值得信赖。文化是一种价值和精神，更是一种不会轻易消失的魅力，能给置身其中的人带来心灵的升华和熏陶。需具备浓厚的文化氛围的旅游地产项目会更加独具特色，因为历史文化赋予了旅游地产鲜明的特色形象，极易与消费者的文化观念达到契合点。所以，项目所在地的历史文化应被重点归置于形象传播之列。

如何作出项目文化的内涵？一、文化的渲染功能在形象广告上有一定的新颖性和独特的亲和力；二、可将具有相同文化修养的人群聚集在一起造势传播。

深度挖掘自身文化，让项目具备了被铭记的文化内涵，公众体验度假热情才会被点燃，才会为项目带来源源不断的人流。

2. 旅游地产形象的营销渠道

做好旅游地产形象定位后，还要借助有效地传播途径让这些项目形象广为人知。这类营销渠道主要包括两类：一类是销售渠道，另一类是传播渠道（图 4–4）。

图4–4　旅游地产的2个营销渠道

（1）销售渠道

旅游地产销售渠道要分两种情况。

第一种是针对项目所在地周边的目标客户。

这种情况下的销售渠道就是指销售地点。渠道建设就是设置好售楼处，建好样板房及景观示范区，然后组建一个销售团队，或者委托代理公司进行销售，这个渠道的建设很简单，因为这些客户主要来自当地城市的客群。

第二种情况是针对旅游地产项目辐射的全国其他省市的客户。

这部分客户占总客户量的80%以上，海南岛大部分旅游地产项目都属于这种情况。此时，其销售渠道包括分销商渠道、老客户渠道、人脉渠道、联动渠道、展览渠道共5种（图4-5）。

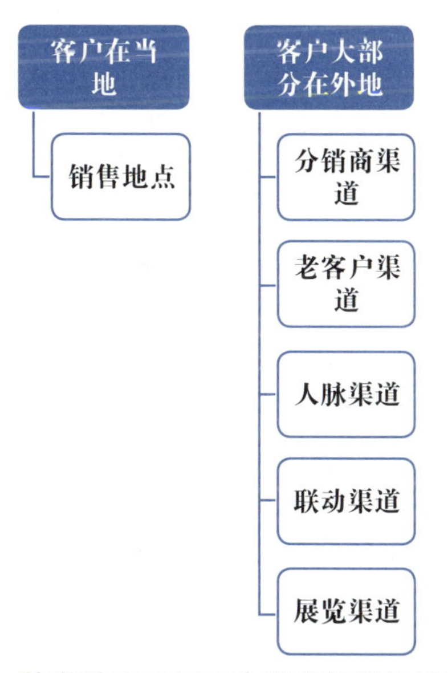

图4-5 旅游地产项目两个销售渠道的针对人群

渠道1. 分销商渠道

项目在销售渠道方面会采用分销商的形式。分销商又分为当地分销商（包含二手门店，目的就是扩大面向客户的面）、外地分销商。

当地分销商

拥有较多的楼盘资源信息，同时有一定的外地客户资源，其掌握了众多的楼盘信息，如果顺利的对接，就会有很大的成交量。

外地分销商

主要拥有众多的客户资源，如果找到适合客户群的项目，可以给该项目带来大量的客群。

渠道 2. 老客户渠道

一个项目通过口碑相传，会大大提高项目的市场知名度以及降低项目的传播费用。而“老带新”的销售方式正是基于这样的传播逻辑，借助老客户促进一个项目更多的销售。可以说，老客户也是“分销商”的一个类别。对旅游地产而言，老客户资源更为珍贵，因为一般客户很难了解一个项目的情况，而老客户其自身的购买就是一个广告，老客户对新客户的说服力就会较强，企业对能吸引新客户的老客户给予合理奖励的政策从营销角度来讲是十分必要的。

渠道 3. 人脉渠道

也称为关系营销，主要包括全员营销和转介营销两种。

全员营销

主要是通过公司内部员工及家属参与到销售中，让人人都成为置业顾问，人人都可以拿奖金。通过员工及家属扩大项目的销售渠道，通过人脉带动项目的销售。

转介营销

即外部的转介客户，主要是指一些项目的置业顾问或圈内关系人员，当客户在其项目中没有找到合适的房源时，可以进行推荐转介，以达成销售。一些不同类型的项目可以互相转介，以使客户资源不浪费。

渠道 4. 联动渠道

由于一部分大开发商在全国其他城市都有开发项目，在那些城市也拥有了客户的资源，因而可以借助异地售楼处进行旅游地产项目的销售。如果联动销售再给予老客户一些优惠政策，能带来一些旅游地产的销售。

渠道 5. 展览渠道

展览渠道包括展会和展示两种。

展会渠道

借助各地房地产展会及高端展会（例如，游艇展、车展、珠宝展、高尔夫活动等），展示项目，吸引这些参加展会的人群，以促进项目销售。

展示渠道

在该项目主要的客源城市，以及一线经济发展城市，设置长久的销售展位，展示项目，方便购房者了解产品，并开展项目日常销售工作。

（2）传播渠道

旅游地产形象的传播渠道包括新媒体传播、广告传播、口碑传播、活动营销 4 个方面（图 4-6）。

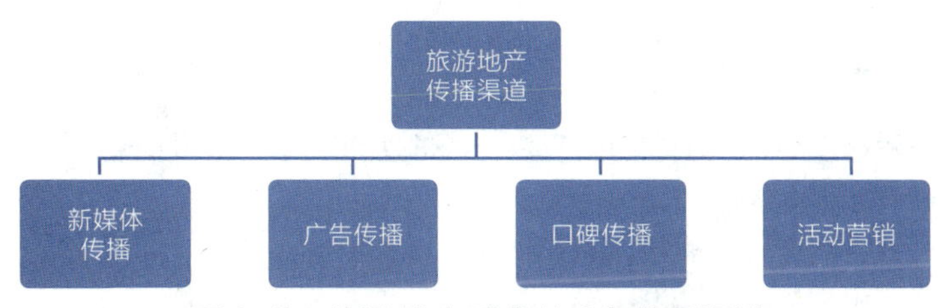

图4-6　旅游地产形象的4个传播渠道

渠道 1. 新媒体传播

新媒体在旅游地产形象传播活动中发挥着独特的优势。

新媒体时代的数字化、多媒体、实时性、交互性等特点改变了公众接受信息、传播信息的方式以及公众的行为参与度。它带来了传播方式的变革，更改变了公众的生活方式和思想观念。是信息传播和文化交流的又一高效、便捷的途径。

以互联网为例，从新闻信息方面来说，网站新闻的即时性和覆盖率是传统媒介不可比拟的优势，其所具备的强大多元的媒体展现形式也为传统媒体所不能替代；从经济学角度来看，利用网络上做旅游地产形象宣传活动，成本较低、覆盖面广、无时限、浏览方便。这是其独特的传播优势。

随着新媒体环境、传播形式和规律的不断变化，应进一步挖掘新媒体的传播功能，合理、有效地使用新媒体，必定能促进旅游地产形象的传播。

渠道 2. 广告传播

所有的形象传播都离不开使用广告，旅游地产形象传播也不例外。整合考虑传统媒体、互联网、户外、车载等广告形式与功能，将旅游地产形象广告与其他宣传推广活动结合起来，会让旅游地产的形象全面地呈现在公众面前。

纸质媒体

以其详尽程度高，可选择性大，价格低廉而成为旅游地产业重点依赖的广告载体。

电视媒体

以其直观性、实时性而成为当前效果最好的形象广告载体。

网络媒体

以其覆盖面广、调整实时性、交互性等成为年轻一代最喜欢的媒介。

针对这些媒体的特点，旅游地产业在具体选择上应考虑自身实力，多方考证，着重考虑权威媒体。

渠道 3. 口碑传播

家庭与朋友的影响、消费者直接体验、大众媒介和企业的市场营销活动是口碑传播影响消费者态度的 4 大方面（图 4–7）。

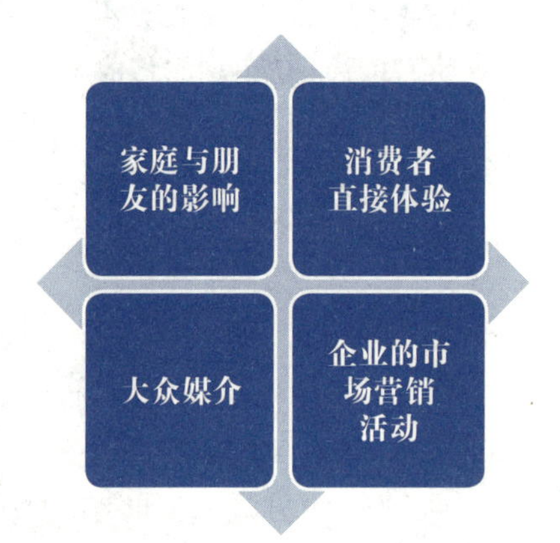

图4–7　影响消费者态度的4大因素

褒扬口碑会促成购买行为，导致进一步传播等结果，是形成旅游地产品牌美誉度的重要途径。褒扬口碑的两个前提是，一、优质的硬件设施；二、良好的服务态度。

在旅游地产形象传播中，口碑传播可信度高、说服力强。如若极好地利用口碑传播，使公众形成对旅游地产积极的、正面的认知，并不断向外界传播，会对旅游地产形象产生正面效果。所以，只有建设好产生正面口碑的大环境，才能达到口碑传播最大化。

渠道 4. 活动营销

活动营销专指以举办各种节日、盛事庆祝活动为核心吸引力的一种特殊形式，这种形式集参与性、观察性、大众性于一体，是颇受消费者的喜爱接受。

举办大型活动需要政府投入和公众参与，旅游地产形象在这些为他人服务的过程中得以直接体现，因此，应该利用举办节事活动，是展示项目，并积极有效地传播旅游地产形象很好的活动。

在这个旅游地产业日益成长并逐渐高度发达的时代，优秀旅游形象对消费者的吸引力最大，对新兴产业来说，形象塑造是一个长远的过程，其形象传播方式要有针对性和持续性，重视整合传播的方式，多方位立体地展现旅游地产风貌。

二、旅游地产的市场定位

市场定位是指企业根据竞争者现有产品在市场上所处的位置，针对消费者对该产品某种特征或属性的重视程度，强有力地塑造出本企业产品与众不同的、个性鲜明的形象，并把这种形象生动地传递给顾客，从而使该产品在市场上找到适当的位置。简而言之就是，要在客户心目中树立易于区别和识记的形象。

1. 旅游地产市场定位的关键

市场定位并不是企业对一件产品本身做些什么，而是企业在潜在消费者心目中做些什么。

市场定位的实质是使本企业与其他企业严格区分开来，使顾客明显感觉和认识到这种差别，从而占据顾客心目中的特殊位置。市场定位的关键是企业找出比竞争者更具有竞争优势的产品特性。从各方面为产品确定出鲜明的特色，树立出众不同的市场形象，以此获得顾客特殊的偏爱。

旅游地产市场定位，实际是对潜在的与旅游相关的地产产品的预定位。要求企业必须从零开始，使产品特色确实符合所选择的目标市场。

企业进行市场定位时，要注意两点：一、要了解竞争对手的产品具有何种特色；二、要研究消费者对该产品的各种属性的重视程度。然后根据这两方面进行分析，再选定本公司产品的特色和独特形象。

2. 旅游地产市场定位的步骤

旅游地产的市场定位可以通过如图 4-8 所示的 4 大步骤来完成。

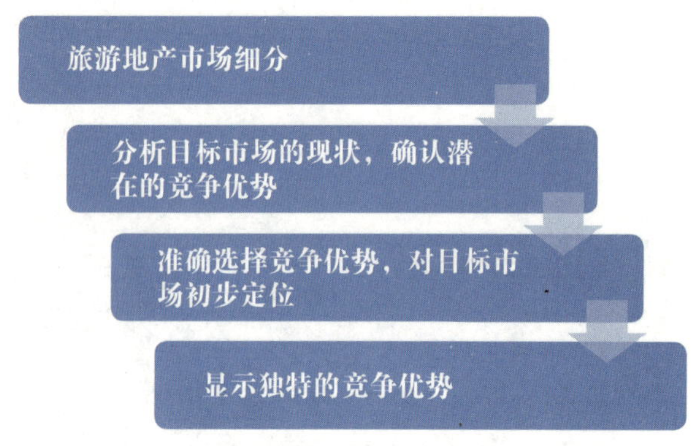

图4-8　旅游地产市场定位的4个步骤

步骤 1. 旅游地产市场细分

旅游地产是以旅游度假为目的，通过整合规划设计、开发建设、专业策划、市场营销、网络管理等各个环节，把旅游业与房地产业相结合的一个全新产业模式，是以旅游人群为最终消费者的物业形式（图 4-9）。

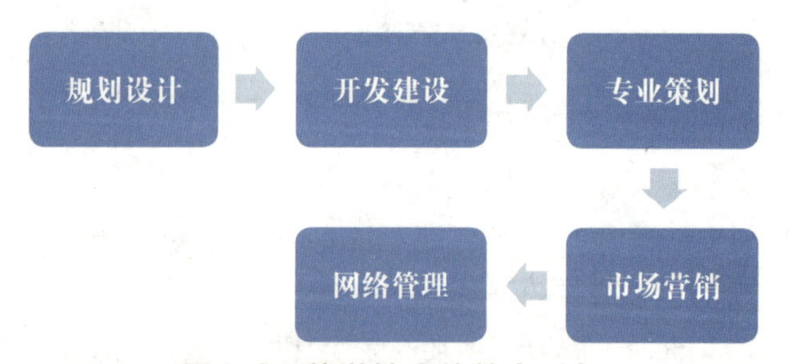

图4-9　旅游地产的整合对象

旅游房地产市场有着众多的消费者及多种多样的消费需求，而一个景区房地产的开发不可能为市场的全体顾客服务。开发商通常需要分辨出它最能有效为之服务的细分市场，然后选择目标市场，进行目标市场营销活动。了解消费者的需求及细分旅游地产项目的消费者定位和有效规划具有十分重要的意义。

步骤 2. 分析目标市场的现状，确认潜在竞争优势

这一步骤的中心任务是要回答以下 3 个问题：

一是竞争对手产品定位如何?

二是目标市场上顾客欲望满足程度如何以及确实还需要什么?

三是针对竞争者市场定位、潜在顾客需要和利益要求企业能够做什么?

要回答这 3 个问题，企业市场营销人员必须通过一切调研手段，系统地设计、搜索、分析并报告有关上述问题的资料和研究结果。通过回答上述 3 个问题，企业可以从中把握和确定自己潜在竞争优势在哪里。

做旅游地产企业市场定位，收集信息很重要，需要收集的信息主要包括：一、宏观信息即整个市场竞争的情况；二、竞争对手的楼盘类型；三、竞争对手楼盘的销售定位；四、潜在目标人群的需求信息和企业内部信息。

步骤 3. 准确选择竞争优势，对目标市场初步定位

竞争优势表明企业具有能够胜过竞争对手的能力。这种能力既可以是现有的，也可以是潜在的。选择竞争优势实际上就是一个企业与竞争者实力相比较的过程。

这种实力比较所使用的指标应是一个完整的体系，只有这样，才能准确地选择相对竞争优势。这些指标确定通常的方法是分析、比较企业与竞争者在经营管理、技术开发、采购、建设、市场营销、财务和产品等方面究竟哪些是强项，哪些是弱项（图 4-10）。借此选出最适合本企业的优势项目，以初步确定企业在目标市场上所处的位置（表 4-1）。

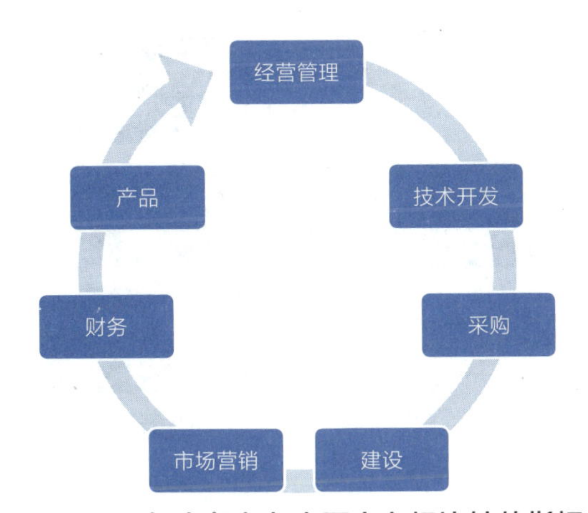

图4-10 与竞争者各方面实力相比较的指标

竞争优势的两种基本类型 表4-1

竞争优势类型	优势体现	企业努力方向
价格竞争优势	在同样的条件下比竞争者定出更低的价格	降低单位成本
偏好竞争优势	能提供确定的特色来满足顾客的特定偏好	在产品特色上下功夫

步骤 4. 显示独特的竞争优势

这一步骤的主要任务是企业要通过一系列的宣传促销活动，将其独特的竞争优势准确传播给潜在顾客，并在顾客心目中留下深刻印象。

为此，企业对市场定位的推广应该达到以下 3 个效果：

一、应使目标顾客了解、知道、熟悉、认同、喜欢和偏爱本企业的市场定位，在顾客心目中建立与该定位相一致的形象。

二、企业通过各种努力强化目标顾客形象，保持对目标顾客的了解，稳定目标顾客的态度和加深目标顾客的感情来巩固与市场相一致的形象。

三、企业应注意纠正目标顾客对其市场定位理解出现的偏差或由于企业市场定位宣传上的失误而造成目标顾客模糊、混乱和误会的形象。

3. 旅游地产市场定位的策略

旅游地产的市场定位策略有避强定位、迎头定位、创新定位等（图 4-11）。

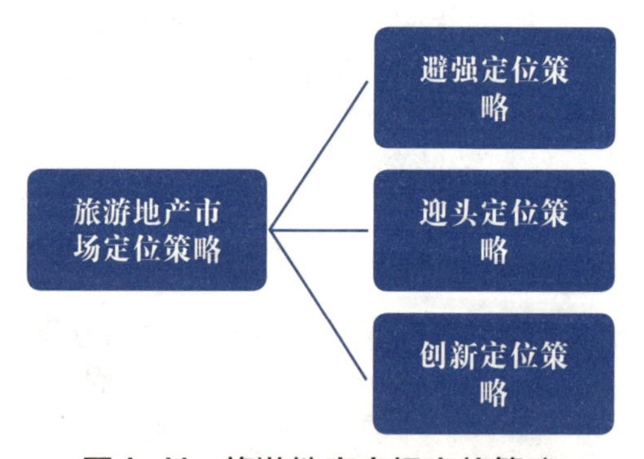

图4-11 旅游地产市场定位策略

（1）避强定位策略

避强定位策略是指企业力图避免与实力最强的或较强的其他企业直接发生竞争，而将自己的产品定位于另一市场区域内，使自己的产品在某些特征或属性方面与最强或较强的对手有比较显著的区别。

优点：

避强定位策略能使企业较快地在市场上站稳脚跟。并能在消费者或用户中树立形象，风险小。

缺点：

避强往往意味着企业必须放弃某个最佳的市场位置，很可能使企业处于最差的市场位置。

（2）迎头定位策略

迎头定位策略是指企业根据自身实力，为占据较佳的市场位置，不惜与市场上占支配地位的、实力最强或较强的竞争对手发生正面竞争，而使自己的产品进入与对手相同的市场位置。

优点：

竞争过程中往往相当惹人注目，甚至产生所谓轰动效应，企业及其产品可以较快地为消费者或用户所了解，易于达到树立市场形象的目的。

缺点：

具有较大的风险性。

（3）创新定位策略

创新定位的思路是寻找新的、尚未被占领、但有潜在市场需求的位置，填补市场上的空缺，生产市场上没有的、具备某种特色的产品。这是与“需求营销”、“顾客是上帝”出发点完全相反的营销思路。如今我们应该把这种旧的顾客观粉碎，重新组合成 3 块新的营销理念：高端定位是创新营销、中端定位是引导营销、低端定位是需求营销（图 4-12）。也就是传统的响应营销。中国房地产营销空间关键在于创新与引导营销。如新加坡伟大的建筑“钻石楼”、“榴莲楼”，马来西亚的“双子塔”等都是先创造，后满足人们观赏旅游需求。

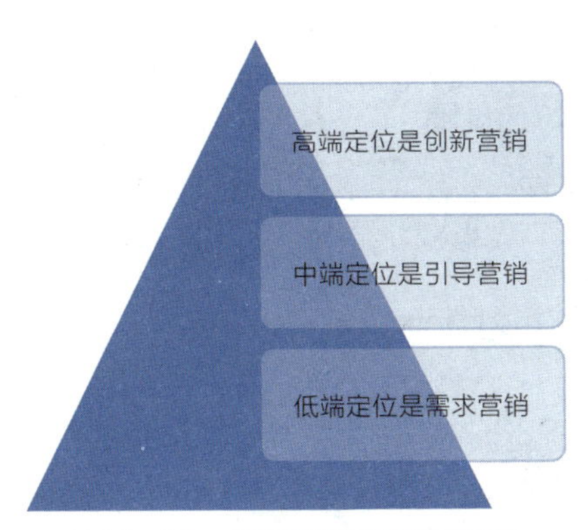

图4-12　新营销理念的内容

4. 旅游地产市场细分研究

对旅游地产市场细分的研究可以为旅游房地产项目的规划提供一个有效的思路。

（1）旅游地产市场细分的 3 个阶段

旅游地产的市场细分，一般分为如图 4-13 所示的 3 个阶段：

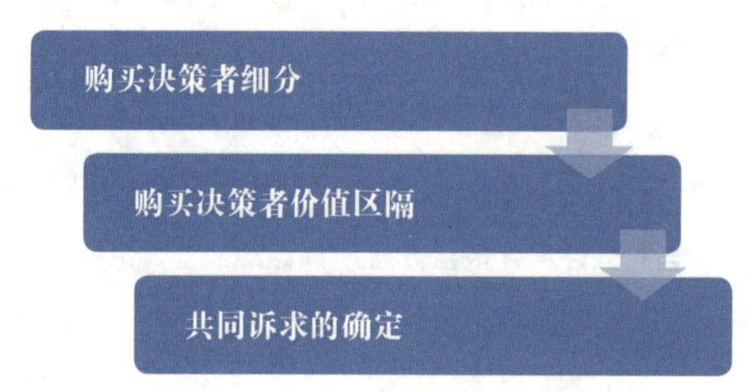

图4-13 旅游地产市场细分的3个阶段

阶段 1. 购买决策者细分

购买决策者细分变量包括：地理因素、社会因素、心理因素和消费行为因素等（图 4-14）。通过不同的购买决策者细分变量做项目细目分类的一种办法，从而将客户细分为不同细目的客户区隔，最后得到精确的定位。建立购买决策者价值金字塔是这种细分策略下的常用方法。

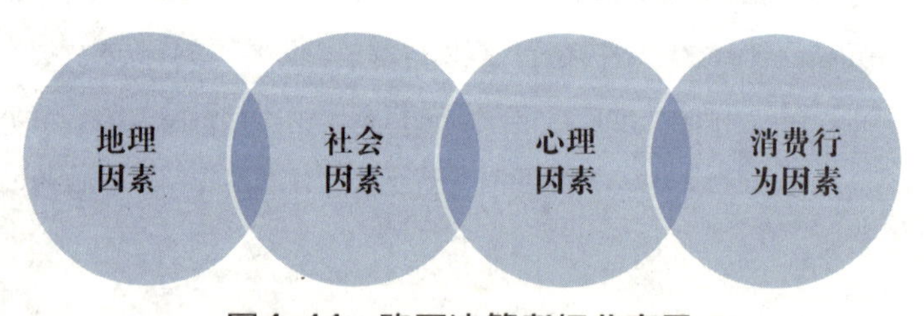

图4-14 购买决策者细分变量

阶段 2. 购买决策者价值区隔

经过以上基本特征的判断之后，下一步需要进行的是价值区隔，分辨出高价值和低价值的客户细分区域，即根据“20% 的客户为项目带来 80% 的利润”的原理重点锁定高价值客户。根据旅游房地产企业不同的诉求目标通过不同的变量对客户细分区隔进行价值定位，选定最有价值的细分客户。

阶段 3. 共同诉求的确定

围绕购买决策者细分和购买决策者价值区隔，选定最有价值的购买决策者进行目标客户细分，提炼它们的共同需求，以客户需求为导向精确定义企业的运营流程，为每个目标细分市场提供差异化的营销组合。

（2）从购买决策者需求角度出发的旅游地产市场细分

从购买决策者需求出发进行简单的市场细分，有助于旅游房地产在规划前期就方向明确，但如果想更好地对旅游房地产项目进行开发建设和定位，还必须针对这两类市场，进一步对购买决策者进行细分。

从购买决策者需求出发，旅游地产可以简单分为3类产品，即“产权酒店”，作为“第一居所的旅游房产”和作为“第二居所的旅游房产”（图4-15）。

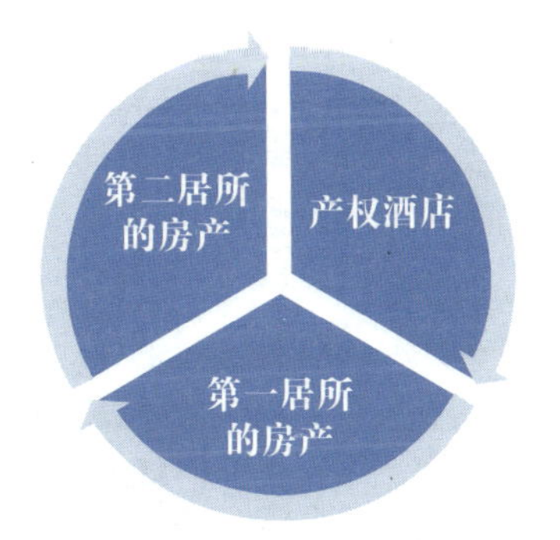

图4-15 旅游地产的市场细分

类型1. 产权酒店

产权酒店的投资者更多以投资为目的，购买者往往更多考虑收益等因素。酒店出租率是影响产权酒店投资回报率的最直接因素，而产权酒店出租率跟物业的地段、稀缺性、品质相关（图4-16）。高出租率的保证，提高了投资回报率并降低了投资风险。因此，地段好、有特色的产权式酒店成为投资者眼中的宠儿。

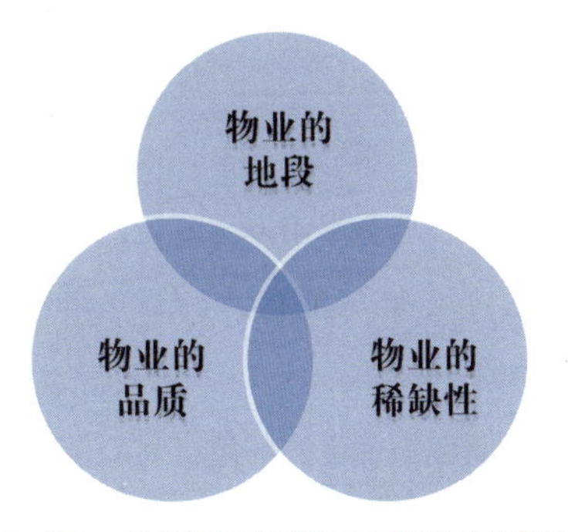

图4-16 影响产权酒店出租率的因素

类型 2. 第一居所的房产

第一居所的房产购买者更多考虑的是基本住宅需求，与第二居所地产显著区别在于第一居所房产购买者只是把旅游作为房产的附加价值，旅游和房产处在一个相对平衡的位置上。旅游住宅地产、教育地产、工业旅游地产等都属于第一居所房产的范畴。消费者对第一居所房产的要求：要有花园、广场、商店等相关的配套设施，住宅社区的景观化与社区化。深圳华侨城和宋城集团的杭州乐园就是以旅游带动地产的成功案例。

类型 3. 第二居所的房产

第二居所的房产是目前旅游房地产开发的主流。它主要吸引相对富裕的阶层，购买决策者把房产作为自己的旅游目的地，讲究先天性良好的风景旅游资源，重点考虑健康娱乐设施的设置。房产首先是作为度假休闲的场所而存在，其次才是其居住功能。

旅游景点地产、旅游商务地产、旅游度假地产等都属于第二居所的房产范畴（图4-17）。海南度假房和养老公寓都是了解第二居所消费需求后开发旅游房地产，取得了巨大的成功。

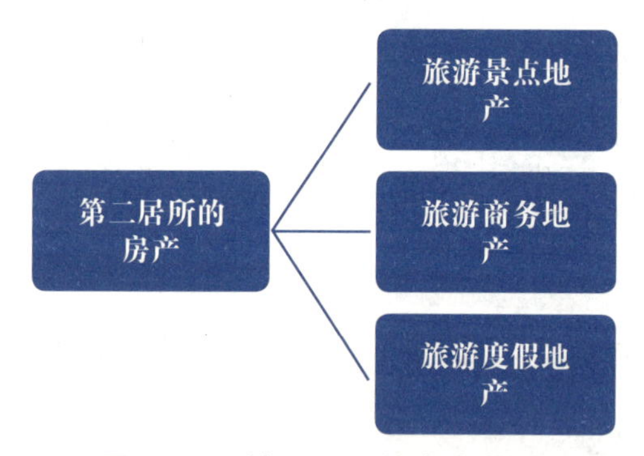

图4-17　第二居所的房产范畴

（3）购买旅游地产第二居所的富裕阶层细分

传统认知往往把富裕阶层的需求简单归结为“讲究排场”、“一味奢华”、“越豪华越好”，所以目前很多旅游房地产项目都盲目追求“档次”，以为游艇、高尔夫球场等高档设施就可以吸引富裕阶层，这一定是开发者没有尊重市场、缺乏对市场做更精细分析的表现，无力掌握或者说忽视了富裕阶层的深层次和差异性需求，结果多半是导致项目失败。

只有对购买第二居所的富裕阶层做深入详尽细分研究，并以此指导旅游房地产项目的规划和开发建设，才有助于旅游房地产项目的销售，从而获取更高的开发利润。

1）对富裕阶层的细分

富裕阶层对旅游类房产存在着共同需求：追求自然条件和场所认同感。但从这个阶层的细节差别来看，可以分为如表 4-2 所示的 4 个细分群体：

富裕阶层4个细分群体的特征 表4-2

富裕阶层群体	群体特征	对旅游目的地需求的差异性
企业家	受过良好教育，是中国第一代富人阶层，年龄多在30岁以上	拥有自己的事业，在企业中往往处于决策者地位，更追求一种独一无二的感觉
富二代	年轻，多在30岁以下，有的受过良好的教育，继承了父辈的大量财产	由于其生活环境的独特性，追求新奇和具有探险性的体验
高级管理人员	外企或尖端技术企业高层，部分在国外受过教育，工作努力且压力较大，追求健康的生活	高强度的工作使他们追求一种安静、休闲、舒适的体验，他们多倾向与家庭一起出游
暴发户	年龄跨度大，多在垄断行业，受教育程度较弱	尽管经济实力较为雄厚，但没有形成各自的品位风格，对旅游目的地的要求不十分明晰，倾向于随着潮流追求外在的表征，易于引导

2）满足不同富裕阶层群体的需求

根据上述消费群体细分研究，可以提出旅游房产规划的建议：满足他们的共同需求，设计不同类型高端旅游房产和旅游项目来满足不同细分群体的共性需求、差异性需求。

第一、满足共同需求。

因为消费能力决定了这类人群的共同需要是高端度假。在高端度假房产主题的确立和旅游环境（硬环境和软环境）营造上，首先考虑群体的共性需求，规划项目时体现休闲、自然、野外、私密性、高端运动旅游项目建造等。

第二、满足不同群体需求差异性。

在规划过程中可以通过设计体现不同的主题概念，进行差异化规划（表 4-3）。

针对富裕阶层群体不同需求的差异性规划　　表4-3

富裕阶层群体	旅游地产规划
企业家	处于决策者地位，更多地追求独一无二的感觉 旅游房地产规划时可把项目重点定位为“最好的××”或“王者气派”等 例如观澜湖高尔夫球会的开发商骏豪地产集团对项目内的物业定位为“中国最好的别墅”，其地产项目的别墅气势恢宏，设计别具一格，主要的目标顾客是“三缘客户”（即有高尔夫球缘、工作缘、地缘的客户），这些客户大部分是来自香港、深圳、珠三角、东南亚、内地等的成功企业家
富二代	基于他们对新鲜、惊险刺激等的追求，旅游房地产项目规划可以更多地体现出新奇性、探险性，在设施上可以更张扬他们的个性，如：游艇、跳伞、滑翔机等
高级管理人员	基于他们工作压力较大、对健康休闲生活的追求，可以对项目定位为“健康、休闲、舒适”等概念。另外，他们更看重家庭共同出游，尤其是与孩子一起游乐，针对该人群的这一倾向，可以在旅游房地产设施配套方面重视设计适合孩童玩耍的游乐设施，或者可以全家共同娱乐的配套措施及场所

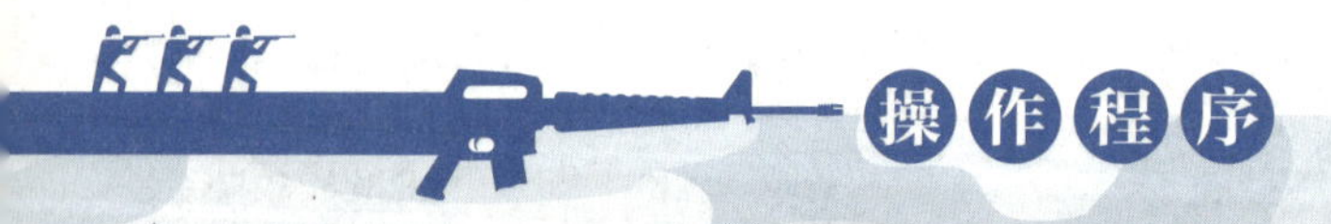

三、旅游地产的市场营销策略

旅游地产的市场营销方法与传统住宅地产的市场营销方法有所不同，将传统住宅项目的营销方式应用于旅游地产，必定使旅游地产的市场营销陷入误区。制定旅游地产的营销策略，必须明确旅游地产的客源范围远远广于传统的住宅地产。基于此条件，再综合考虑各项影响因素，采取整合营销的传播策略。

1. 旅游地产营销 3 个误区

旅游地产项目与传统住宅项目最大的区别在于客户的来源范围广，不少由住宅地产开发转型旅游地产开发的企业，仍然沿用传统住宅项目的营销方法，从而导致旅游地产的开发进入如图 4-18 所示的 3 个误区。

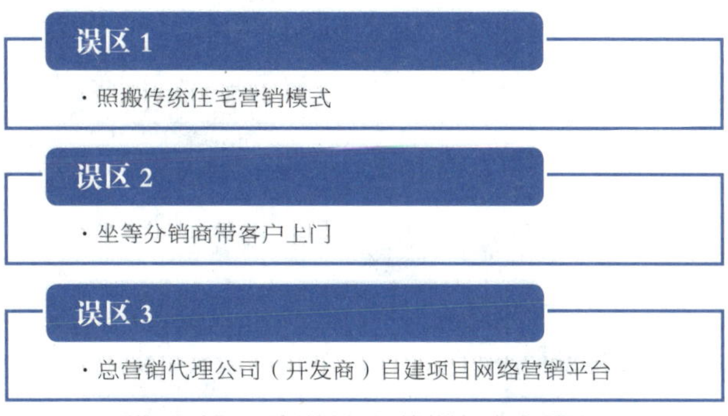

图4-18 旅游地产营销的3个误区

误区 1. 照搬传统住宅营销模式

由于国内旅游房地产项目网站制作基本上沿袭了普通商品房网站的制作模式，从异地购房者角度来看，仅相当于开发商在电视、报纸以及专业地产网站等品牌媒体上所做的品牌广告而已。随着国内房地产市场由卖方市场向买方市场转变，越来越多的购房者变得谨慎挑剔，需要了解更翔实的项目信息才肯做决策，显然，简单的项目信息展示已不能满足他们的需求。

误区 2. 坐等分销商带客户上门

开发商在各区域市场布局分销渠道，给予分销商较高的佣金比例，就一劳永逸地坐等分销商带客户上门购房，这个想法成了旅游地产异地分销的误区。

为什么会这样呢？因为一般分销商都比较青睐销售本地项目，而对于异地项目，分销商存在诸多顾虑，如异地销售、异地结佣、营销和带团看房成本等问题。实践验证，只有切实帮助分销代理商降低营销成本，为了建立可靠、可共享的网络营销平台，才能充分发挥分销商的作用。

误区 3. 总营销代理公司（开发商）自建项目网络营销平台

不少开发商或总营销代理公司试图自建项目网络营销平台，殊不知，这样无疑极大地给分销商带来客户界定问题。分销代理商虽然在当地做了大量的业务推广，但由于是异地购房，购房者一般都会通过互联网查询项目相关信息，大部分结果是购房者首先查询到开发商项目网站，直接和开发商或总营销代理公司取得了联系，另外，若是在当地存有几家其他分销商，就会极大挫伤其他分销商的销售热情。

2. 旅游地产营销的 6 大挑战

旅游地产项目成败的关键因素包括对旅游资源的整合，主题的发掘，区位选址的把握，

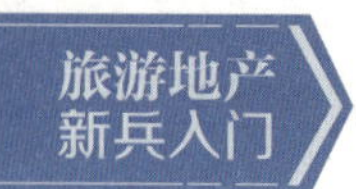

以及宏观战略定位的把握。

从规划营销方面，旅游地产面临 6 大挑战：缺乏专家、缺乏产品、缺乏营销、缺乏规划、缺乏策略、缺乏运作（图 4-19）。

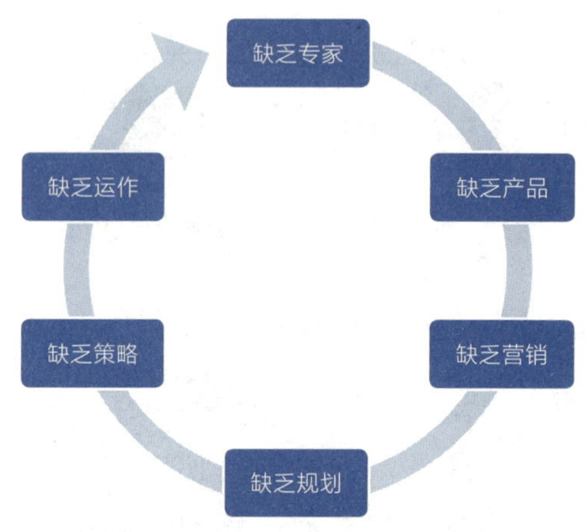

图4-19　旅游地产营销的6大挑战

挑战 1. 要拥有懂得旅游市场营销的专家

商业项目搞文化必须有 3 大资源：文化资源，社会资源，资本资源（图 4-20）。可见文化已经介入到旅游地产中，搞旅游地产需要资源，不仅是自然的资源，还有人才的资源。

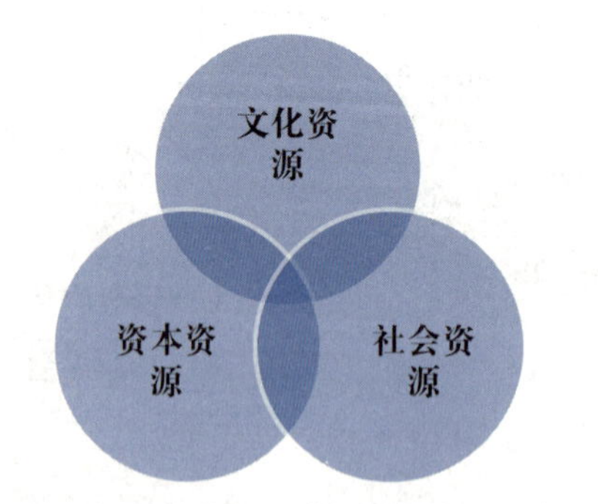

图4-20　商业项目搞文化的3大资源

挑战 2. 建立刺激性的大休闲、大娱乐产品

在全国市场上分布着非常丰富的旅游资源和景观，这些资源里包含了各类旅游产品，应有尽有，但真正想做一个具体项目时又往往发现什么都没有。

这是因为，旅游地产开发的关键是要抓到一个具有领军作用的产品，把项目整体提升起来。目前产品高度同质化、雷同化，只有品牌识别度高的项目才能够给消费者更多联想，这种联想是深深抓住消费者心理的一个吊钩。而品牌塑造依靠对旅游项目主题的挖掘。没有主题的产品就没有灵魂，难以在消费者心中形成深刻的品牌印象。

挑战 3. 具备新的营销概念

后地产项目营销面临着非理性营销的挑战，新的营销概念将颠覆市场营销的模式。处在一个同质化的时代，需要一个与众不同的特色定位。很多项目都是一种整合，CBD 是一种整合，旅游地产同样是一种整合。

挑战 4. 整体具有完善的规划

不管地产行业还是旅游行业，行业的发展瞬息万变，会由静态的资源依赖，逐渐转变为敏感性的依赖。旅游地产必须遵循的一个规划原则是大胆设想，小心论证。

在前期的规划中有两个重点：一是发掘主题，将主题融入理念，将理念拓展为故事，好的主题能够吸引更多的人；二是注重人文关怀，当产品还没走向客户的时候，它的软服务已经让客户感受到与其他产品有很大的不同。

完善的规划就是要求旅游项目和居住项目匹配，互相促进，互为保障。

挑战 5. 旅游地产开发更需要战略性策划

旅游地产开发的战略策划有两个重要特点（图 4-21）：

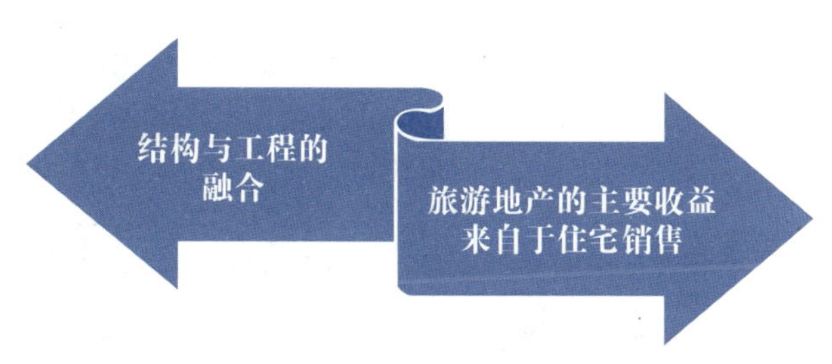

图4-21 旅游地产开发战略策划的两个重点

一是项目结构与工程要良好融合。

旅游地产不同功能的定位不是各个部分简单的集合，而是良好的结构和功能的融合，能实现土地的高效利用和提升项目市场价值。所以，需要选择具有战略性的功能及各组成部分的组合时机。

二是旅游地产的主要收益来自于住宅销售。

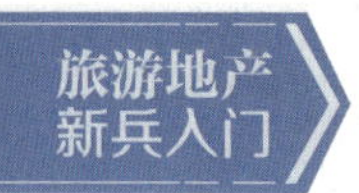

主题性旅游产品的开发原则有两点：

第一、确定出综合开发的临界规模。任何东西都有规模，当产品越做越大，就要考虑用什么样的功能、什么样的业态去铺满它。如果产品前期就无人问津、门可罗雀，后期将很难再发生改变。

第二、旅游地产属于大型综合性地产开发项目，必须统一开发。旅游地产类项目比单一目标项目需要更多行业专家的参与，因为从营销角度来讲，产品多样性和功能的综合利用是提升项目存活率的关键。所以，大项目开发前首先需要考虑的不是赚钱，而是项目风险的大小，怎样规避，怎样退出，然后才是怎样获得更高的利润。做大的项目往往能够创造超越整体的市场吸引力，形成一种互相的合力。它是立体大平台作战，需要各方面贡献作用。

挑战 6. 清晰的项目运作思路

旅游地产项目必须具有能发挥领军效应的旅游产品，项目定位应该符合市场发展的需要。当市场容量供大于求的时候，旅游项目就变得不值钱。一块地要慢慢被城市、被人们认知，开发的时间和阶段性的安排至关重要。

一个终极目标有很多阶段性的目标，每个项目必须依赖后续阶段而独立进行。因此，要确定先开发什么，后开发什么，开发序列非常重要。各开发环节关系建立在企业战略规划以及企业生存原则上，项目的成功依赖于旅游区域品牌效应和政府的推动。

3. 旅游地产营销的 8 个难点

旅游地产具有较高的投资效益，一般的旅游地产所面向的客户都是全国各地。由于客源地与房源地分开，导致了项目的信息传播、媒体传播等方面存在如图 4-22 所示的 8 个难点：

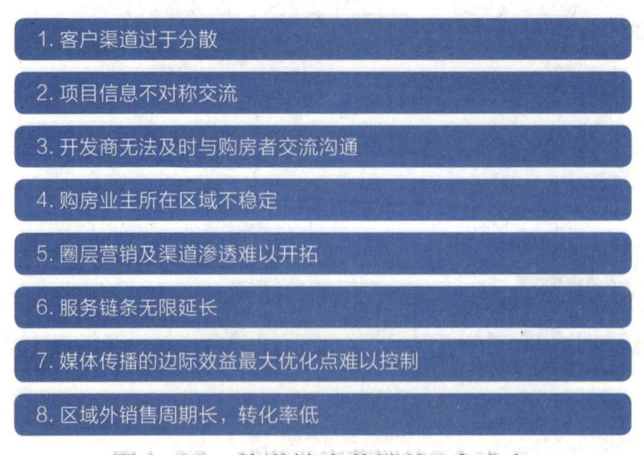

图4-22　旅游地产营销的8个难点

（1）客户渠道过于分散

旅游地产的客源遍布全国各地，这让渠道选择和拓展难度无限放大，在有限资金投入前，如何布点和深耕将是提升产出比的关键。

（2）项目信息与消费者之间有不对称交流

由于房源地和客源地的分离，造成购房者无法像传统城市地产那样全方位、立体化了解项目，因为客户的了解渠道不多，而且存在了解信息的时效性。如何展示项目特色，强化体验，转卖点为买点才是促进成交的关键。

（3）开发商无法及时与购房者交流沟通

开发商在做产品规划和定位时，由于和目标客户群存在空间上的距离，无法和购房者进行沟通，造成旅游地产信息的双向不对称交流。

（4）购房业主所在区域不稳定

区域市场价格变动以及宏观调控、金融危机、欧债危机等经济的不确定性因素，使客户可接受的总价区间发生了变化，筛选和甄别目标客群变得困难。

（5）圈层营销及渠道渗透难以开拓

由于开发商掌握的客户圈层资源有限，所谓的优质资源已被多次梳理，质量越来越低。区域外圈层营销，如传统项目推介会或房产会，无法落地生根。

（6）服务链条无限延长

从省外客户排摸、活动召集、意向认筹、客户导入、现场接待、解筹认购、交房入住、物业管理、物业经营等，旅游地产的服务环节被无限延长，也使得客户接待服务环节困难不少。

（7）媒体传播的边际效益最大优化点难以控制

旅游地产的目标客户一定要全覆盖，使得其营销费用比较高。按照传统，项目营销费用比例按照两个点来测算的，但实际上在旅游地产项目中比较难达到，有的旅游地产项目在启动期的时候营销费用甚至超出了当期销售额的 5%。

（8）区域外销售周期长，转化率低

区域外销售周期长是旅游地产的普遍现象，由于销售周期长，销售不确定因素多，导

致客户的转化率低。

4. 旅游地产市场营销策略

旅游地产市场营销，应通过宣传和产品体验、知名度和美誉度的打造，在区域市场建立品牌的高度。另外，旅游地产品牌形象的覆盖面要广，成功的旅游地产项目必须能在全国范围内进行造势。

旅游地产的市场营销有如图 4-23 所示的 5 个策略：

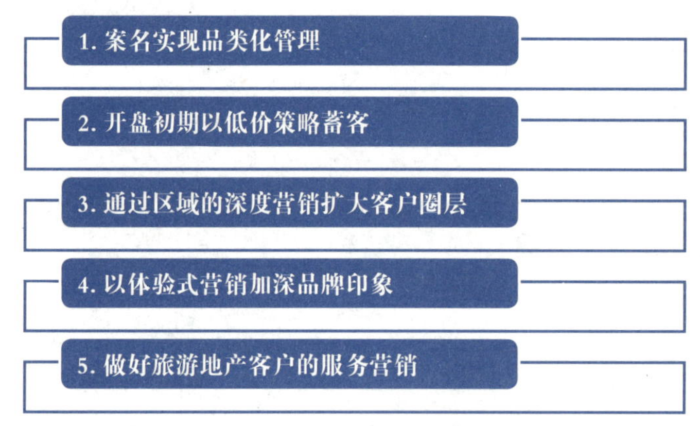

图4-23　旅游地产市场营销的5个策略

（1）案名实现品类化管理

案名作为地产营销的第一要素，往往是广告、营销公司在制订营销方案过程中最为重要的一个环节。如果将同一开发商所有的地产项目进行统一归类管理，类似于商品的品类化管理模式。这些案名本身就要有第一时间树立项目的整体形象的能力，从而快速有效地寻找到项目的目标客户。

（2）开盘初期以低价策略蓄客

开盘的成功与否决定着项目的生死是地产界公认的开盘准则。“开盘必特价，特价必升值”是地产营销中惯用的价格渗透模式。

这种模式的好处是：第一、有利于企业回收现金。在开盘初期通过低价的诱惑力竞争到相当的客源，并以此聚拢人气，提升了客户对项目的关注度与认同感。从企业资金运作的角度而言，这种模式能够快速的回笼资金流，并在后期逐渐拉升价格，实现产品升值。第二、保护了前期已经购房的消费者的既得利益。又刺激着第一次开盘未能购得相关房源的消费者，以此驱动后续客源的不断导入。

当然，在这轮价格拉升的过程中，必须保证实际的开盘量小于需求量，造成供不应求的局面。

（3）通过区域的深度营销扩大客户圈层

区域深度营销的逻辑思维是传播要从内往外扩大。是指区域通过落地营销、圈层蓄客，用深度营销的办法来扩大区域圈层。通过关联区域外目标市场，扩大项目圈层数量，最后以圈层带动项目知名度。项目只有在区域内具备了品牌和知名度，才有可能传播到区域外的人群之中。如果项目直接在区域外做推广，而区域内却没有任何知名度，对项目后期销售反而非常不利。

一个好的旅游地产项目首先是在区域内有知名度、美誉度和忠诚度。所以区域内的营销的主要目标也是好这三个维度：知名度、美誉度、忠诚度。

（4）以体验式营销加深品牌印象

体验式营销是旅游地产常见的营销方式之一。通过现场体验加深了品牌印象，通过现场客户全接触点营销有效促进认筹客源成交。通过服务进行老带新转化、新客户转化和品牌内提升。

（5）做好旅游地产客户的服务营销

在旅游地产范畴内，服务也是营销。在旅游地产中，常会出现客户闲置的房源需要解决，客户日常房子的维护等问题。如果给这些客户做好服务，将会带来很大而且可持续的价值。

从营销的策略来看，从 4P 到 4C 年代，是以企业为中心到以客户为中心，这两种营销组合都难以解决旅游地产的营销困局。

要真正促进旅游地产的营销，除了做好产品和渠道，还得深入从服务工作入手，将社会、企业、客户 3 者融合在一起，让各自的资源都有增值的空间，实现真正的 3 赢，实现可持续性的增值，这样才是解决旅游地产营销之道。

要做好旅游地产的营销服务工作，主要从跟服务工作相关的两个因素，关联（Relevamcy）营销、投资回报（Return）来入手开展工作（图 4-24）。

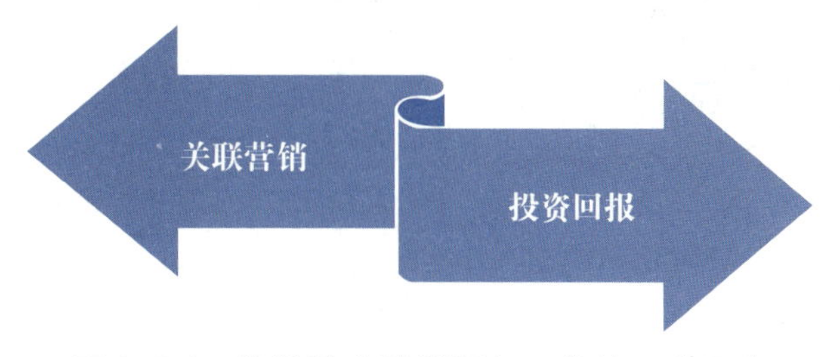

图4-24　旅游地产营销服务工作的两个因素

1）关联营销

在市场竞争状态下，客户需求会变，客户意向会变，要掌握客户的忠诚度，赢取长远的市场，就必须建立俱乐部的形式，用企业的各类资源，满足这些客户在旅游地产中享受到其所需要的。

通过营销建立关联

客户通过购房成为俱乐部会员，然后可以向其优惠提供给酒店、高尔夫、游艇等资源，客户通过购房可以一站式的享受到高品质的生活。

目前在海南旅游地产项目中，项目规模都较大，能实现多业态的服务。从旅游地产衍生出的养老地产，可以配合养老地产设置保健、体检、医疗等配套设施，实现客户真正的需求。

旅游地产项目，通过营销建立起这种关联的关系，使得企业跟客户建立起一种互助、互求、互需的关系，另外与客户建立长期而稳固的关系，要完成3个改变：一、从交易变成责任；二、从客户变成用户；三、从管理营销组合变成管理客户的互动关系。

建设项目服务体系

沟通是建立关系的重要手段，这种沟通归根到底就是服务体系的建设。

建设服务体系，除了原先每个项目应有的物业人员配置之外，还需要配置长期的营销人员（图4-25）。

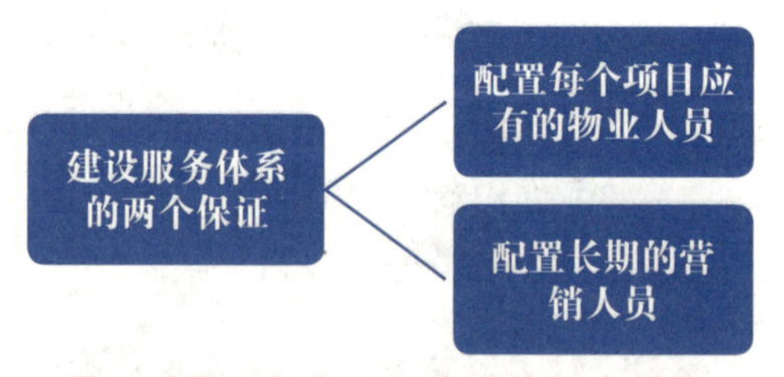

图4-25　建设服务体系的两个保证

以往的地产项目，销售结束之后，就转为物业接管工作，无需营销人员，这样的做法仅仅是在做项目，而不是运营一个旅游项目。因为如果是做一个旅游地产类项目，必须要反过来思考。旅游地产运营不是单纯把产品销售出去，而是追求拥有一个客户群和一个稳定的市场，可以长期从客户身上得到服务价值。而必须要在物业板块中配置或者单独配置营销人员，目的就是满足这些客户日益出现的各种需求，以不断实现企业项目运营价值，达到客户满意、企业盈利的最终目标。

2）投资回报

旅游地产的投资回报主要体现在：

一是空置房的客户收益。

在合理的产品设置情况下，在客户没有入住房间时，可以回收过来，给予酒店的外延产品，服务于更多的旅客，客户可以得到一定的收益，房屋有人打理。随着中国经济的发展，旅游人数在增加，一些闲置的房屋得到利用，这是客户跟企业实现了互惠互利的目的。

二是实现所有者一处置业，多处居住的梦想。

一些大型的房地产开发商，可以帮一些客户实现这种梦想。

一处产权，可以实现异地居住权，虽然是一个旧命题，但目前国内操作成功的案例几乎没有，但此类的需求一直存在，这对开发商提出了新的要求。

开发商要满足此类客户的需求，也必须做到三件事：一、专门设置专业运营公司；二、合理的房源居住调配；三、满足客户旅游和享受生活的需求。

只有建立起满足以上三点要求的运营体系，客户空置房才可以创造出新的价值。一个项目的成功运营，会是对该物业的增值助推器。一个项目的增值，会对其后续产品开发销售产生很强的促进作用，非常利于营销渠道的开发和建设。

旅游地产项目运营管理的效果如何，考验了每个企业的操盘水准。就目前来说，中国的旅游地产营销服务做得还不够，存在很大的挖掘空间。建立起标准的体系化服务，对旅游地产发展很有保障。对开发商、客户都是利好的事情。

5. 旅游地产整合营销策略

旅游地产吸引力的大小并不取决于单项旅游地产产品的质量，而是依赖于城市旅游地产整体感觉和形象的综合魅力，即旅游地产诸要素整体水平的整合。城市旅游地产资源的多样性、动态性、分散性和旅游地产客源市场构成的复杂性决定了旅游地产产品整合的必要性。

整合传播能有效、真实、持续地传递旅游地产形象，达到让公众更全面、深入、透彻认知其形象的效果。

旅游地产采用整合传播策略时，必须和当地历史文化、经济发展、科技金融、交通地位、周边城市旅游地产发展、城市旅游地产发展现状等因素密切结合，根据当地实际情况分析产品整合营销手段（图 4-26）。

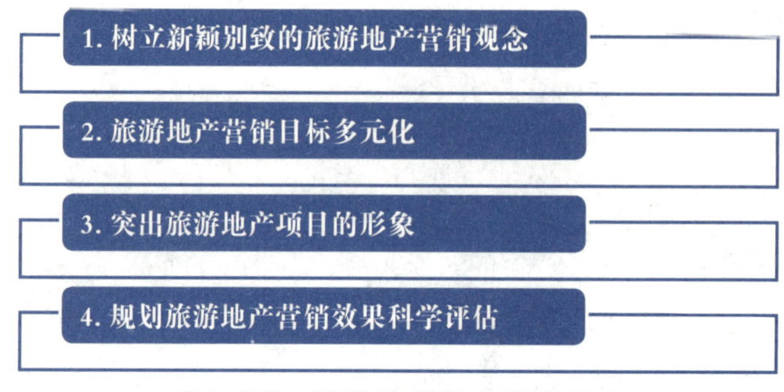

图4-26　旅游地产整合营销策略

（1）树立新颖别致的旅游地产营销观念

以消费者为核心，通过整体旅游地产的营销活动来系统地回报利益相关者，这个观念不是旅游地产一时的或短期的想法，而是旅游地产深层思考和长期追求的目标。

（2）旅游地产营销目标多元化

旅游地产不仅是一个为游客提供游览、娱乐、住宿、购物、体验等多种需求的综合体，同时也包含了分别提供产品、服务、设施等不同的利益相关者，每个利益相关者有着各自不同的利益点，甚至是矛盾的，而他们的每个行为都会影响到游客对项目形象的看法，甚至决定对项目的选择。所以，只有当这些利益相关者的利益点拥有对接点的时候，才能保证旅游地产项目的优越发展。

（3）突出旅游地产项目的形象

旅游地产营销组织必须结合项目本身的旅游资源及产品的特征和客源地消费者的需求特点，提炼出一个统一的、有鲜明个性的旅游地产形象。

旅游地产形象定位有3个原则：突显区域精华；富含文化底蕴；突出市场原则（图4-27）。项目形象确定以后，就要将以前分散化的各种旅游地产营销活动有机地、合理地进行整合和统一，产生整合后最大的协同效应。

图4-27　旅游地产形象定位的3个原则

（4）要有规划旅游地产营销效果科学评估体系

对旅游地产营销传播效果的测量，主要体现在对旅游地产者和潜在旅游地产者行为反应的测量，通过以旅游地产营销数据库为主的信息系统，建立对旅游地产营销传播的评估和反馈系统。

操作程序

四、旅游地产三地营销模式

所谓旅游地产“三地”营销模式是指旅游目的地营销、客源地营销和网络（第三地）营销同时推进的模式（图4-28）。具体来说，就是结合目的地建设，前瞻性包装目的地，同步面向重点客源地深度营销和网络营销。

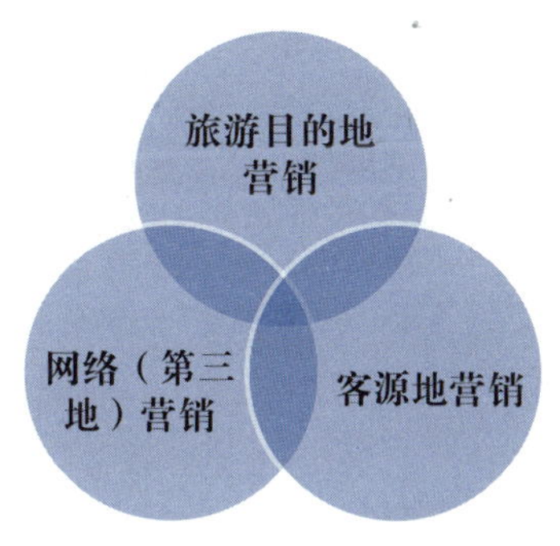

图4-28 “三地”营销模式

1. 三地营销模式中的两个重要概念

认识旅游地产的三地营销模式，必须区分旅游地产目的地和旅游地产客源地两个重要概念。

（1）旅游地产目的地

旅游地产目的地是在地理框架内与旅游地产客源地相对应的概念，旅游地产空间由旅游地产客源地、旅游地产目的地和联系客源地与目的地之间的旅游地产通道构成。

所谓旅游地产目的地，是吸引旅游地产者在此作短暂停留、参观游览的地方。旅游地产目的地是一定地理空间上的旅游地产资源同旅游地产专用设施、旅游地产基础设施以及相关的其他条件有机地结合起来，成为旅游地产者停留和活动的目的地，即旅游地产地。旅游地产地在不同情况下，有时又被称为旅游地产目的地，或旅游地产胜地。

（2）旅游地产客源地

旅游地产客源地是指具备一定人口规模和经济能力，能够向旅游目的地提供一定数量旅游者的地区。旅游需求是旅游供给规划和发展的前提，离开旅游需求，供给发展必然是盲目的。

根据旅游目的地的市场规模和范围不同，可将旅游地产客源地分为如图 4-29 所示的 4 种类型：

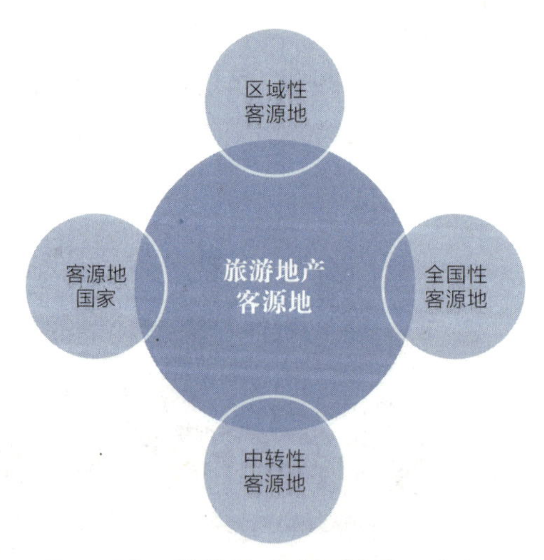

图4-29　旅游地产客源地的4种类型

1）区域性客源地

它主要是向某一个特定区域内的旅游目的地提供旅游者或旅游需求方，是一个旅游目的地周边地区或邻近地区的客源生成地。

2）全国性客源地

全国性客源地是从国内旅游的角度来划分的客源地，那些具有全国性旅游目的地的旅游者主要是通过全国性旅游地产客源地这种形式成为其客源的。

3）中转性客源地

中转性客源地是指那些具有交通中转和出入境口岸功能，可以形成过往和过境旅客的地区。

4）客源地国家

客源地国家是从国际旅游角度来划分的客源地，它是相对于旅游目的地国家而言的，作为一个国家从不同的角度看，既可以是旅游客源地国家，又可以是旅游目的地国家。

2. 三地营销模式的价值

旅游地产三地营销模式的价值，从市场和消费者两个角度可以得到检验。

（1）“三地”模式对市场的价值

从市场角度来讲，三地营销模式能适应现实需求，挖掘潜在需求，创造新兴需求（图4-30）。

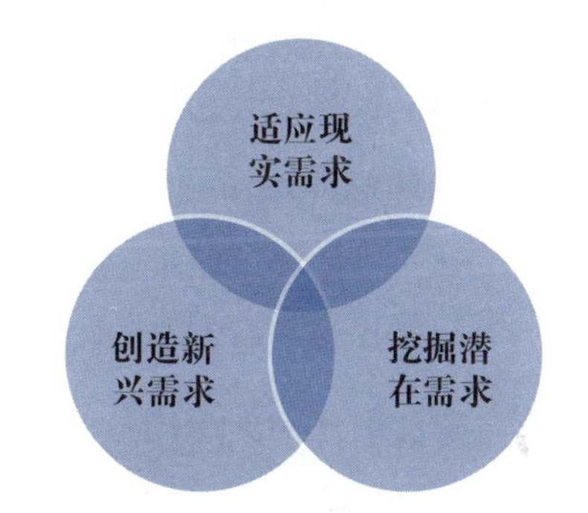

图4-30　三地营销模式对市场的价值

1）适应现实需求

多数目的地营销都是想适应现实需求。三地营销模式中“目的地营销”通过塑造旅游目的地的形象，吸引客源地旅游者前来，满足了市场的现实需求。

2）挖掘潜在需求

适应现实需求并不错，但是问题在于，需求在不断变化，市场本身就在不断变化，在这种情况之下，如果还只瞄准现实需求，很多产品就不到位。“三地”营销模式中客源地营销和网络营销实现了需要挖掘潜在需求的市场趋势。

3）创造新兴需求

大旅游、复合型产品这个概念就意味着，很多需求是可以创造出来的。可是如果没有相应的产品，就认识不到有这些需求。“三地”营销模式中可以通过客源营销和网络营销，创造出新兴的需求。

（2）“三地”模式对消费者的价值

从消费者角度来看，有两个根本问题需要解决。

第一、是信息传递的效能问题。

也就是说，旅游供应者的海量信息，如何以低成本有效地传递到消费者那里？如果以低成本有效地传递到消费者那里，但是提供的无效信息太多，淹没了有效信息，有些信息如果没有合适的传递途径，同样达不到效果。这是一个根本问题。

第二、是市场服务功能问题。

客人不但要有信息，还要解决“去哪里”，“为什么要选择这里”，“如何选择”，“怎么去”的问题。这不但是信息选择问题，更重要的是“谁来给我提供服务”的问题。

三地营销模式中，客源地营销和网络营销的作用有三点：一、可以瞄准目标人群，提供更为方便、全面的信息化产品；二、建立信息平台传播旅游企业的供给信息，从而实现信息传递效能的最大化；三、客源营销和网络营销可以服务客源市场，实现对市场服务的功能。

事实上，信息传递的效能和市场服务的功能这两个问题解决到位了，可以说产品转化为市场的营销工作就完成了。

3. 三地营销模式解决的 4 个问题

旅游地产的三地营销模式主要解决如图 4-31 所示的 4 个问题：

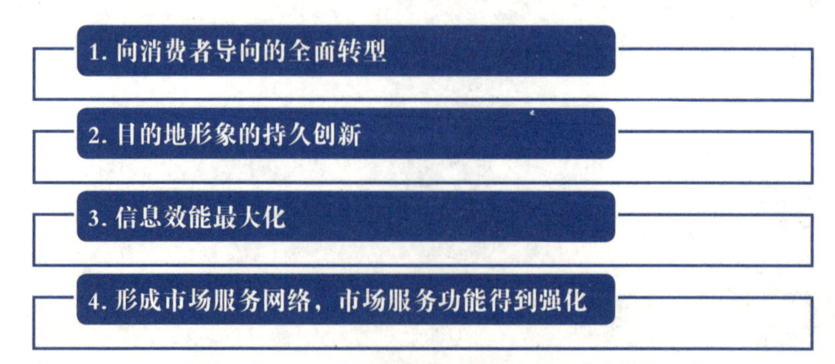

图4-31　三地营销模式解决的4个问题

（1）向消费者导向的全面转型

从旅游地产房源营销到三地营销模式，这是一个根本性的转变，也需要做一个全面的转型。主要包括以下几点：

第一、是竞争转向建设。营销战略要有一个根本性的调整，从以前的房源地项目与项目之间的竞争战略转向为自己项目的三地建设战略。

第二、现实转为长远，不但要对应现实需求，更重要的是挖掘潜在需求，创造新兴需求，瞄准这个长远的市场。

第三、推行品牌建设。归根结底是从生产者导向转为消费者导向，这就是一个全面转型的概念。这就要求目的地、客源地、网络三者的互动。

（2）目的地形象的持久创新

旅游地产房源形象营销基本上都是一次性营销。所以，需要研究一个持久创新的机制、持久保持形象的机制。三地营销模式的构建可以构成持久保持形象的机制。

（3）信息效能最大化

追求信息的效能要达到成本效能最大化。体现在两点上：一是需要扩大渠道；二是减少信息的衰减。

在扩大渠道方面，三地营销模式中的客源地营销就可以开发一系列其他的渠道，如社区，各种俱乐部，协会，商会，工会，其他社团组织，客源地各种媒体。

减少信息的衰减方面，单纯的目的地营销，客人所收到的信息经常是二手、三手，经过扭曲、经过削减的信息。然而，通过客源地的建设和网络营销可以努力减少衰减，可以实现针对客源地和目标客户群进行精准营销。

（4）形成市场服务网络，市场服务功能得到强化

客源地营销和网络营销就形成了便利化服务，构建了服务网络。这体现在购买方便、保障安全、保险到位、家庭回访 4 个方面。

4. 三地营销模式的营销策略

旅游地产三地营销模式的营销策略，分别可以从旅游地产目的地、旅游地产客源地、网络 3 个方面进行制定。

策略 1. 旅游地产目的地营销策略

旅游地产目的地多为以都市文化、都市景观以及商业休憩设施为旅游地产资源（图 4-32），吸引人们在其范围内开展购物休闲、文化体验、商务会议以及观光度假等形式的旅游地产活动，经济发达并具有相当区域影响力的大城市。

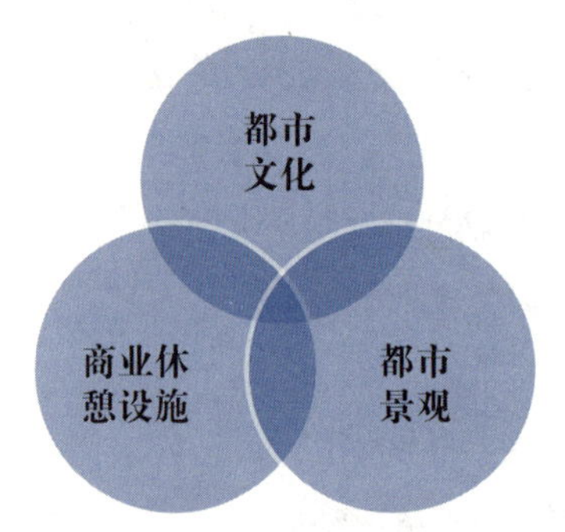

图4-32　旅游地产目的地的主要资源

由某地旅游地产组织将本地作为旅游地产目的地而负责的营销活动，其活动的开展既有对目的地的直接促销，也包含对目的地营销的各种支持和保障的活动。其营销本质就是要使旅游地产目的地获得可持续发展的竞争优势。

旅游地产目的地常见的营销策略有如图 4-33 所示的 4 种：

图4-33　旅游地产目的地营销的4种策略

1）树立新颖别致的营销观念

通过目的地整体营销活动来系统地回报利益相关者。这一点不是旅游地产目的地一时的或短期的想法，而是旅游地产目的地深层思考和长期追求的东西。

2）营销目标多元化

旅游地产目的地不仅是一个为游客提供游览、娱乐、住宿、购物、体验等多种旅游地产需求的综合体，同时也包含了分别提供产品、服务、设施等不同的利益相关者。每个利益相关者有着各自不同的利益点，甚至是矛盾的利益点。而他们的每个行为都会影响到游客对目的地形象的看法，甚至决定对目的地的选择。

所以，只有当这些利益相关者的利益点拥有对接点的时候，才能保证旅游地产目的地的优越发展。

3）突出旅游地产目的地形象

旅游地产目的地营销组织必须结合目的地本身的旅游地产资源及产品的特征和客源地消费者的需求特点，提炼出一个统一的、有鲜明个性的旅游地产目的地形象。目的地形象确定以后，就要将以前分散化的各种营销活动有机地、合理地进行整合和统一，达到由于整合而产生的最大的协同效应。如：可以结合当地历史文化，编辑一本旅游地产宣传册、拍摄部城市风光片、创作一台民俗风情演出、制作一部以人文生活为主题的电视剧，强化品牌包装推广。

4）规划营销效果科学评估

对旅游地产目的地营销传播效果的测量，主要体现在对旅游地产者和潜在旅游地产者行为反应的测量，这可以通过以营销数据库为主的信息系统，建立对营销传播的评估和反馈系统。

策略 2. 旅游地产的客源地营销策略

客源地的成功营销是游客价值链体现的关键环节，可以通过以下 3 个策略来实现客源地的营销（图 4-34）。

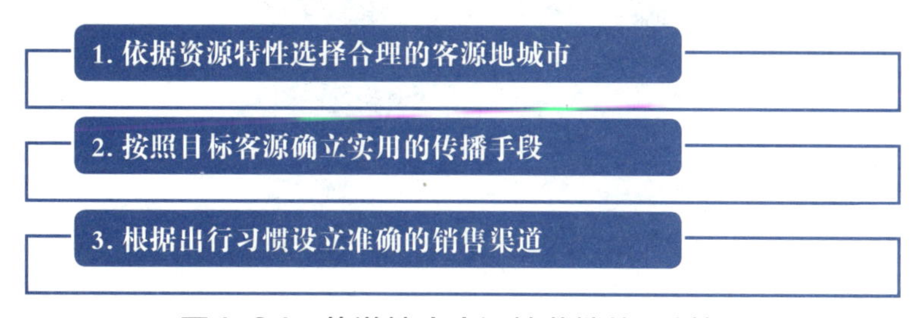

图4-34 旅游地产客源地营销的3种策略

1）依据资源特性选择合理的客源地城市

选择合理客源地城市主要确立的关键是客源城市的数量和旅游地产资源特质覆盖或者辐射的城市范围。

目标客源城市可按照旅游地产资源的区位特质、交通潜能以及差异化功能来划分，也可按照客源城市集群的方式来确立。

所谓区位

是指按照国家经济区域运营原则以及自身在经济区域中的应有位置来选择，所谓交通潜能就是指根据可进入性的优劣、往来便捷的与否来选择。

所谓客源城市集群

就是要同时选择 100 个城市作为客源目标地，进行全面系统的研究，并且按照每一个城市的出游率、出游方式、旅游地产风格、饮食习惯、消费特征、消费水平 6 大指标进行有序地排列，按照 3 年形成客源优势的市场规模。

在形成客源优势市场的过程中，要按照旺淡季节、团队数量、消费额度、游客年龄、投诉内容 5 个方面进行资料的汇集统计（图 4–35）。

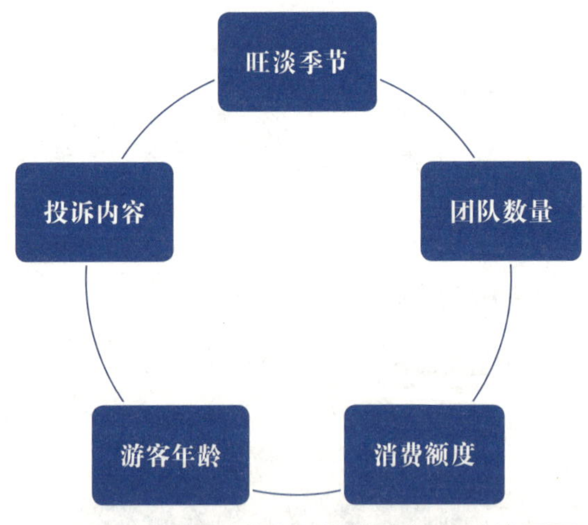

图4–35　如何形成客源优势市场的统计层面

2）按照目标客源确立实用的传播手段

从具体操作来说，有 3 个步骤：

首先，要对旅游地产目的地的锁定客源进行摸底调查，确保旅游地产客源地的目标客源的总量以及关注旅游地产方式把握准确。

其次，要瞄准目标客源关注程度最高的优势媒体和广告平台进行重点突破的旅游地产宣传。比如客源城市的电视台优势频道、专业以及行业报纸杂志内刊、旅游地产同业的交流刊物等。

最后，瞄准特殊群体游客进行专题营销。比如一些专业机构策划创意的“1+N”经济实惠的旅游地产活动，比如针对特殊人群策划的沙龙旅游地产推广，户外广告推广模式，针对社区居民策划的“送健康进社区”，针对节日节事人群开展的“情人节的相伴走进春天”、“老年节的百年人生百米登高”等。

3）根据出行习惯设立准确的销售渠道

从长期的游客出行习惯来看，国内主要的出行方式有4种。

一是依托社会大交通，比如飞机、火车、城际轨道交通、轮船等；

二是公路包车，目前的高速公路网络使得包车旅游成为主要交通方式；

三是私家车、自驾车联合出游；

四是俱乐部出游模式，比如城市中众多的驴游、背包客、徒步客、自行车客等。

以上4种出游方式的覆盖面之广，决定了游客销售渠道要更加细分和具体。

为此，可以按照旅行社系统、行业工会社区协会、私家车自驾车俱乐部、各种消费环节的VIP客户群进行一对一的专题营销推广活动，比如一些城市旅行社自发组织的客源联盟组织，比如各种各样的夏令营、冬令营、科普营、探险营模式。

策略3. 旅游地产的网络营销策略

旅游地产本身是回归大自然的行为，但在“数字化生存”的信息时代，却在不知不觉中被打上了时代的烙印。通过网络，可以对景点介绍、自驾游路书、游记，还有旅行社、线路推介、摄影图片等各个方面进行搜索（图4-36）。还可在网上寻找交通地图、景点地图、餐饮地图，了解当地的风土人情、民俗文化、历史传承、名人古迹，乃至特色小吃、土特产品等。另外，现在的机票已经电子化，宾馆也可以网上预订，旅游地产的方方面面都与数字化形成了千丝万缕的联系。

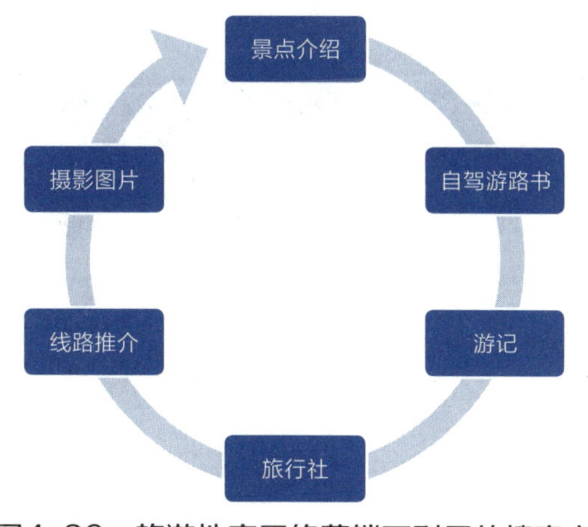

图4-36　旅游地产网络营销可利用的搜索点

1）网络营销的优势

第一、超越时间和空间限制进行信息交换。

通过网络分销技术的介入，能够使营销和分销有效互动，节省了大量中间环节成本。

第二、传播速度和传播覆盖面远远强于传统媒体。

互联网上的一个话题，可以在短短几天内成为上亿网民热议的话题，这绝对是传统媒体做不到的。

第三、形成图、文、声交互的立体传播效果。

互联网多媒体功能使网络营销可以集中图、文、声等各种媒体的传播形式，创造出虚拟环境，立体化地传播旅游地产信息，使受众获得极佳的体验，从而能进一步提高营销活动的效果。

第四、是人类社会最大限度的交互式自由空间。

无论是旅游地产企业和团体，还是旅游地产者，都可以自由地发布和寻找信息，自由地互动式地在网上沟通。因此，旅游地产网络营销具有精准营销、双向互动营销、参与式营销的特点。

第五、旅游地产网络营销具有高度的整合性，它可以将旅游地产产品生产、售价、渠道、促销、市场调研、咨询、交易、结算、投诉等所有旅游地产事务一网打尽。

第六、旅游地产网络营销具有无与伦比的高效率，突出地表现在信息量大、精确度最高、更新最快、传递最迅捷。

2）网络营销存在的问题

网络营销存在的问题主要体现在如图 4-37 所示的 2 个方面。

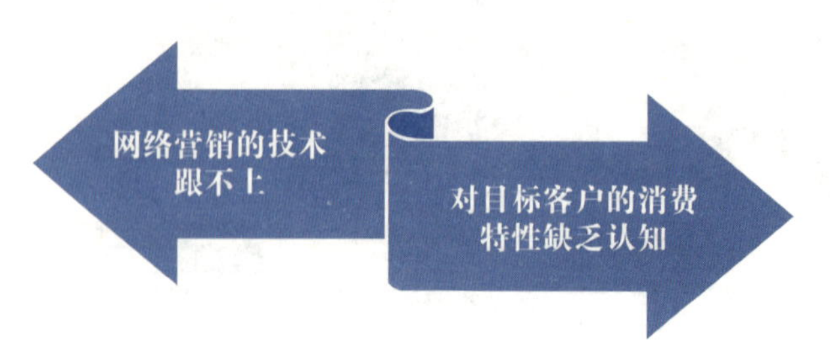

图4-37　网络营销存在的问题

第一、网络营销的技术跟不上。

景区、目的地大部分都意识到了网络营销的重要性，但依赖自身进行相关推广困难重重，网络营销的具体方式大大小小不下百种，其中搜索引擎营销、联盟营销、社区营销、电子邮件营销等主要手段均有很高的技术含量，纯粹由景区、目的地自身进行投入，不仅耗费大量人力物力，而且因为不能掌握完整的技术和技巧，很多网络营销动作都是无效动作。

第二、对目标客户的消费特性缺乏认知。

传统网络营销机构对旅游地产产品、旅游地产行为、旅游地产受众群的消费特性等缺乏认知，因此当景区、目的地委托此类机构进行服务时往往感觉获得的效果与景区、目的地诉求之间存在很大差距。

3）网络营销策略

网络营销策略主要包含如图 4-38 所示的 4 种。

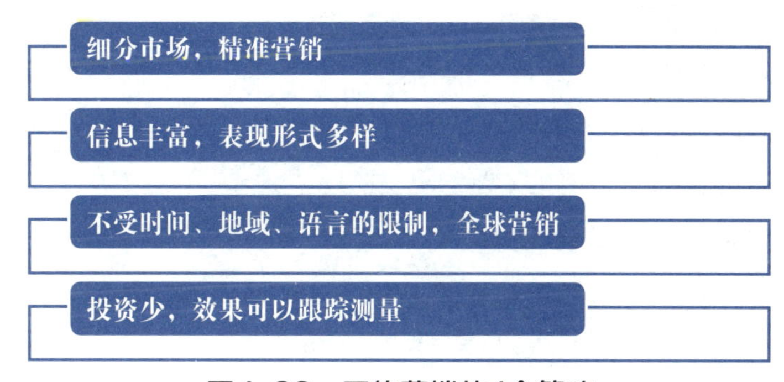

图4-38　网络营销的4个策略

第一、细分市场，精准营销。

准确细分市场目标人群，客户是喜欢休闲还是探险，喜欢自驾车还是乘坐公共交通工具，喜欢自然风光还是喜欢历史人文，喜欢住宾馆还是露营等等，针对客户的不同需求，采取有效的营销手段。

第二、信息丰富，表现形式多样。

通过新闻、论坛、博客、邮件等多种渠道，文字、图片、视频、游戏等多种展现形式，向客户提供各种旅游地产资讯，也可以允许用根据个人的兴趣喜好进行定制，提供个性化服务。

第三、不受时间、地域、语言的限制，全球营销。

通过互联网可以不受时间、地域、语言的限制，面向全球发布各种资讯，实现全球化营销，更可以并且通过包括例如 QQ，MSN 等即时通信软件，实现与游客的直接交流。也可设置留言板块，帮助游客解决疑难问题。

第四、投资少，效果可以跟踪测量。

网络营销投资少，持续时间长，并且营销的效果可以通过技术手段进行有效地跟踪、测量和分析，帮助客户及时有效地整营销方案，达到最好的资源配置。

4）营销模式的创新

目前我们已经处于一个网络和数字化的时代，度假旅游地产营销要与网络结合，提供完整的信息和便利服务。

度假旅游地产网络营销的重点包括 4 个方面：

首先，提高直销能力。无论是单体还是连锁度假旅游地产，一定要有自己的度假旅游地产网站。在度假旅游地产网站的设计上，必须注意页面精美，拥有网络地图，优化搜索引擎，运营方便。在维护上应该注意跟踪访问网站的浏览者。

其次，支持多渠道战略，一方面接入主流度假旅游地产营销渠道，一方面结合目的地实现有效的营销，这是品牌营销的重要补充。

再次，加强行业合作。

最后，提高合作能力，满足 OTA（Open Travel Alliance）规范开放的系统构架，是合作能力增强的前提基础。度假旅游地产有自主的网络和系统，可以接入多渠道，实现度假旅游地产自主的多渠道战略，提高合作能力。

未来度假旅游地产主流销售渠道的特点如图 4-39 所示：

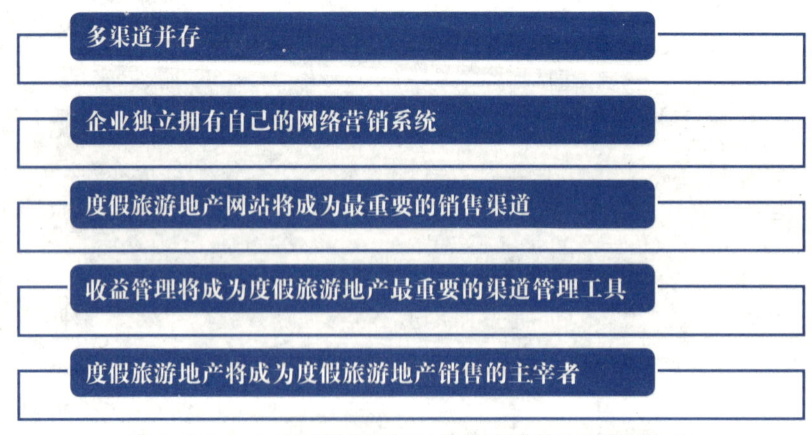

图4-39　未来度假旅游地产主流销售渠道的特点

一是多渠道并存；

二是企业独立拥有自己的网络营销系统并和客户、供应商、合作伙伴的系统实现对接；

三是度假旅游地产网站将成为最重要的销售渠道，实现“度假旅游地产网站＋查询引擎”，

“度假旅游地产网站 + 智能索引”；

四是收益管理将成为度假旅游地产最重要的渠道管理工具；

五是度假旅游地产将成为度假旅游地产销售的主宰者，所有的供应者、需求者构成了度假旅游地产网络营销的网络，CRS 网站、网络旅行社、搜索引擎、目的地网站、联盟网站等是 Internet 的参与者和引领者，将会无中心，无边界地发展。

新手知识总结与自我测验

总分：100 分

第一题：旅游地产有哪些营销渠道？（15 分）

第二题：旅游地产如何进行市场定位？（15 分）

第三题：旅游地产营销最大的挑战是什么？（30 分）

思考题：旅游地产三地营销模式有哪些利弊？（40 分）

得分：　　　　　　　　签名：

旅游地产的盈利特点

操作程序

一、旅游地产的 4 类价值基础

二、旅游地产 9 大盈利模式

旅游地产选择哪种开发形式取决于所属地的旅游资源。旅游地产不存在固定的开发模式，各种模式的可复制性也较差，仅在盈利特点上存在相似之处。本章讲述旅游地产的 4 种开发形式，并讲解了旅游地产 9 种不同盈利模式。

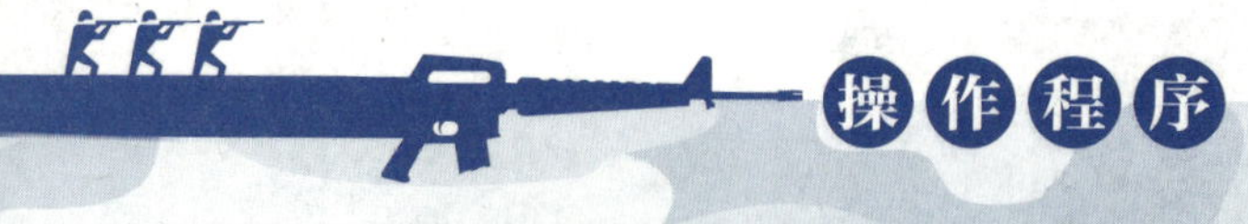

一、旅游地产的 4 类价值基础

旅游地产盈利的核心在于旅游物业的表现。

中国目前的旅游地产有 4 种不同的价值形式：一是依托自然资源为核心，二是以产品提升文化景观为核心，三是以陈述文化主题为核心，四是以嫁接产业主题为核心（图 5-1）。

图5-1　旅游地产4种不同的核心价值

形式 1. 依托自然资源为核心

大型旅游度假项目的开发以自然资源为核心，以推进生态恢复、改善区域生活水平和保护原真文化为主要目标，倡导环境友好型开发，以促进旅游的可持续发展（表 5-1）。

3种不同资源优势的旅游度假项目　　表5-1

项目类别	资源优势	项目举例
滨湖类度假项目	湖景资源	千岛湖、太湖等
滨海类度假项目	海体资源	海南亚龙湾，青岛、大连等沿海城市
温泉度假项目	温泉资源	天津珠江温泉城

这类形式开发主要以政府、当地社区、企业或生态环保组织为主体，其特征是：第一、对资源依赖程度高，受特定资源条件约束；第二、借旅游促地产、先旅游后地产、旅游与地产发展相结合，最后由地产推动旅游和城市的发展，提高项目的收益成本。

从盈利方式来看，以自然资源为核心的度假类项目仍要通过地产开发得以实现。但越来越多的项目开发盈利模式，已经逐渐从单一地产盈利模式转向旅游资源开发（旅游景区收费）及后期物业持续经营多元化盈利模式。

形式 2. 以产品提升文化景观为核心

自然资源日益稀缺，更多开发商逐渐转变开发模式，调整盈利方式。累积了多年的开发经验、具备较强资金运作能力和综合开发实力的开发商，通过提高自身产品塑造能力提升原有自然资源，形成了以产品提升文化景观为核心的盈利模式。

这类开发形式是基于市场规模和高强度投资开发。以开发运营商为重要经营主体，以市场导向决定发展策略，通过开发大型游乐或运动项目，创造持续吸引力，追求投资收益最大化。

其特点有 3 个：一、主要通过人工景观实现景观再造；二、可以进行异地复制；三、对传统旅游资源依赖程度低（图 5-2）。

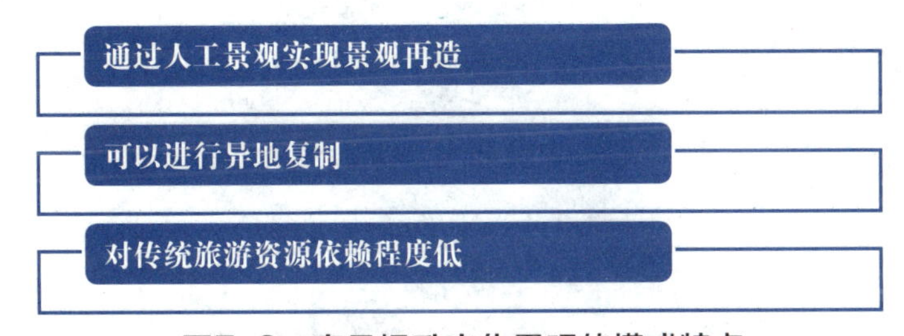

图5-2　产品提升文化景观的模式特点

此类旅游地产项目以主题公园和高尔夫度假区两种形式表现居多。

（1）主题公园开发

这类项目的开发过程是在一个具备潜力的自然资源区域内，开发主题公园，用以带动区域人气，提升土地价值，强力整合周边资源，提升文化景观的市场价值。

在主题公园早期发展中，主要靠门票收入获利。随着主题公园产品系列不断扩大，其盈利方式也从单一的地产开发，直接向主题公园经营获利转移。部分已经开始通过不断提升的土地价值，逐渐进行土地一级开发运作。

（2）高尔夫度假项目开发

是目前国内最主流的提升模式。

即在现有景观资源优势并不明显的区域，通过高尔夫球场、高尔夫会所的引擎导入，提高项目的知名度和周边的土地价值，从而带动区域开发。

高尔夫度假项目的主要特点是：一、球场建设运营与房地产物业开发运营高度结合、紧密联系；二、在功能上两者形成互相配套补充；三、在价值上互相促进与提升。

形式 3. 以陈述文化主题为核心

这类开发形式是以陈述文化主题为核心价值基础。

主要开发方式

一、依托历史人文资源进行改造开发；二、侧重于发掘、梳理当地历史与文化资源；三、围绕特定的文化主题，恢复、再生历史场景；四、塑造出具有鲜明个性的文化体验产品（图5-3）。

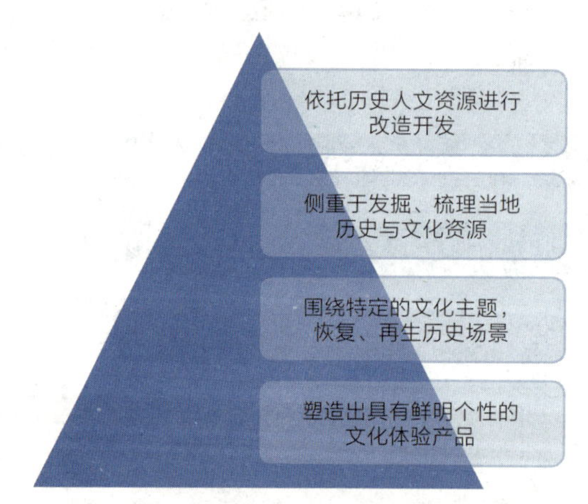

图5-3　以陈述文化主题为核心的开发形式

主要经营主体

该模式开发经营的主体可以是当地政府、企业，也可以是当地社区。根据实践情况来看，不同项目、不同时期的项目开发运营主体会有所不同。由于这类项目的市场化、专业化要求较高，开发形式已逐步转向地方政府提供服务平台、企业专业运作管理、当地社区参与的三方联合开发。

把握住当地文化历史

需要注意的，做文化主题的旅游地产项目，不同的文化主题之间会有差异，这些差异会体现到非常具体的层面：有形的如建筑、街道、生活习惯；无形的如语言、意识、风气等。

该类开发的难点和重点在于对人文历史的深入理解和透悟。做这类旅游房地产开发，建筑实体要符合整体文化的风格，并能同时增添城市核心文化的氛围，凸显其特色，才能赋予其独特的竞争力。只有借助地区文化和历史专家的专业指导，才能塑造出与文化精神相符合且具有浓厚地方特色的地产项目。

以陈述文化主题为核心盈利模式的项目可细分为文化节庆类项目、古镇古村类项目、旧城改造旅游项目 3 种不同的类型（表 5-2）。

3种文化主题项目的盈利来源 表5-2

细分项目	盈利来源
文化节庆类项目	以门票、餐饮住宿、商业展销收入为主
古镇古村类项目	门票、餐饮住宿、物业经营的收入
旧城改造旅游项目	住宅销售、持有物业增值、餐饮娱乐、持有物业经营

形式 4. 以嫁接产业主题为核心

以嫁接产业主题为核心的开发形式，主要是以旅游、商务、会展等功能产业及其相关产业为驱动来带动地区地产开发，并通过产业和地产不断发展带动整个区域。

其特点是产业驱动明显。各类项目开发都围绕产业主题展开，规模大、周期长、收益高。

主要表现形式有两种：一是会展型旅游地产，二是产业新城开发。

（1）会展型旅游地产

借助各种类型的会议、展览、交易、招商等活动，吸引游客观光、洽谈形成旅游行为。通过旅游带来的人流、物流和房地产需求。一般而言，会展型旅游地产是分阶段进行开发，不同阶段开发的产品重点不一样，其对应的主要盈利渠道也有差异。

（2）产业新城开发

以区域特有产业资源或可嫁接资源为开发依托，在综合开发利用产业资源基础上，建设相应的产业园区居民体系、生活配套及相关基础设施，对区域产业结构进行扩大、重整、嫁接，从而建设一个独立性和系统性较强的、具备生产生活能力及经济创收能力的新城区，其实质是一种高集聚的经济体。

产业新城类项目，是通过一条或多条完整、独立的产业链聚合，推动区域内部的社会分工和规模经济，实现经济效益，并通过城市新区辐射带动整个地区经济的发展。

二、旅游地产 9 大盈利模式

根据旅游地产价值基础的不同表现形式，可将旅游地产分成 9 种不同的盈利模式：滨湖类旅游地产、滨海类旅游地产、温泉度假旅游地产、主题公园旅游地产、高尔夫旅游地产、文化节庆旅游地产、古镇旅游地产、会展型旅游地产、产业新城旅游地产。

模式 1. 滨湖类旅游地产

是主要依赖于湖景资源做综合开发的复合地产项目。多选址滨湖资源优势突出的城郊区域，以提供各类娱乐、运动、度假、养生、居住为经营目的，并随着项目逐渐开发成熟，不断打响知名度，吸引各地游客前来，从最初的旅游观光发展到休闲度假，以完成从常来到常留再到最后定居于此的过程。

这类项目与传统房地产项目不同点在于：一，其地产开发不会独立进行，更需要依托滨湖资源和其他娱乐休闲配套设施；二，开发商利用临湖规划的旅游度假区、人工湖泊、水库等优势资源开发的具有投资回报及其他多种功能的旅游度假项目。

（1）滨湖类度假项目的 5 个特征

滨湖类度假项目借助湖景资源进行开发形成独特的模式，除此之外，必须具备以下 5 个特征（图 5-4）。

特征 1	· 对湖景资源依赖性大
特征 2	· 有发达的交通体系
特征 3	· 旅游配套项目所占比重大
特征 4	· 整体开发时间长，管理服务要求高
特征 5	· 湖滨资源可复制性强

图5-4 滨湖类度假项目成功运作的5个特征

特征 1. 对湖景资源依赖性大

以邻近湖滨为最大卖点，来迎合消费者亲近大自然的需求，因此湖景等自然资源的优劣对项目成功起决定性因素。

特征 2. 有发达的交通体系

湖滨类资源一般都位于城郊或郊区，离主城区大致 1 个小时左右车程。随着区域的开发和人流的导入，项目周边交通体系肯定发达，尤其是为方便自驾出游而建设的公路。

特征 3. 旅游配套项目所占比重大

滨湖类度假地产与常规住宅地产不同，配套设施与外部环境才是这类项目的重点，因此房地产项目在开发中占地不会倾向绝对大的比重。

特征 4. 整体开发时间长，管理服务要求高

滨湖类度假项目开发周期长，一般分为导入期、发展期、成熟期 3 个阶段，历时可能长达 10 年之久。而由于此类度假项目具有季节性，所以，后期物业管理就成为一个难点，如餐饮、清洁等不同于普通住宅小区。

特征 5. 湖滨资源可复制性强

滨湖资源具有“可再生性”，使得项目易被嫁接和复制。这里的“可再生”不是指自然再生，而是人工再造行为，即对水库的挖掘开发，这样一来，湖泊资源就变得“无穷无尽”了。雷同的滨湖资源和周边环境，为下一次同类型滨湖项目的开发提供了良好的嫁接条件和模仿素材，可复制性强。

（2）滨湖类度假项目选址的 3 类条件要求

滨湖类度假项目的选址主要从区域、交通、资源这 3 方面考量，而其中资源条件尤为重要（图 5-5）。

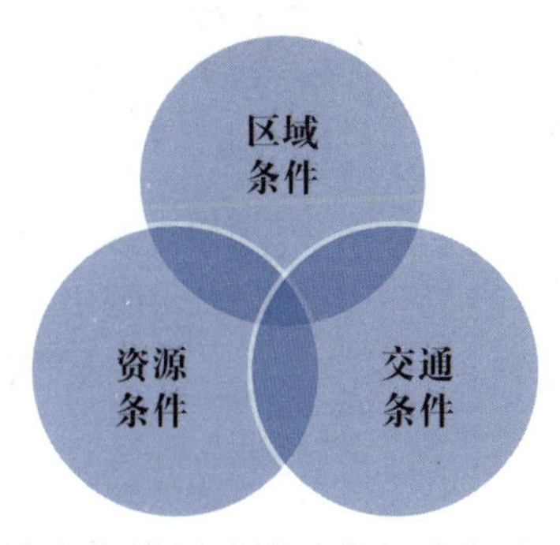

图5-5 滨湖类度假项目的选址应考虑的3大条件

1）区域条件

由于滨湖类度假项目依托的是湖泊资源，而湖泊的数量多、分布面广，资源情况不一，

尤其是人工湖，存在更多的可变因素。因此其区位影响因素极其关键。滨湖度假项目开发区位因素主要从以下 3 个方面进行权衡：

第一、区域经济水平

区域是旅游经济的生长点和支撑点，建设资金的主要来源。区域经济发展水平直接影响投资规模，它是决定开发区位的主要因素。一般选址区域经济发达，如长三角、珠三角等区域城市周边的滨湖资源进行开发。

第二、人民消费需求

罗斯托把经济增长划分为起飞前阶段、起飞阶段、成熟阶段、成熟后阶段。

起飞前阶段是传统社会、为起飞创造前提阶段，成熟阶段是向成熟推进阶段，成熟后阶段是分为高额消费阶段、追求生活质量阶段，经济发达城市以打造品质生活为目标，从片面追求 GDP 的增长，到全面改善城市的生活品质，可以看到居民对休闲度假的需求品质越来越强烈。

从世界休闲组织的预测，人均 GDP 超过一千美金，大众型观光旅游将会进入一个新的时期。现在中国长三角这一代，人均 GDP 已经超过了 5 千美金，从国际的规律来看，也已经进入了休闲、度假需求膨胀期。

第三、基础设施建设

主要分析滨湖度假项目拟建地区水、电、气、暖、道路、邮电等旅游基础设施与饭店、宾馆、游客等旅游专用设施的现状与水平。

2）交通条件

交通是联结客源地与目的地之间的通道，其发展程度决定旅游度假项目的通达条件与可进入性。交通状况可通过区域综合运输网密度、旅游度假项目所在地拟建地区与国际、国内主要客源市场的通达条件以及与邻近旅游地区联通性状三个指标来进行分析。

一般情况下，滨湖类度假项目所在城市需要满足铁路、公路、高架、航空（可选）的可直达性，尤其是现在越来越多的人喜欢选择节假日自驾出游，因此公路体系的完善建设尤为重要。

3）自然及人文资源条件

滨湖类度假项目的开发属于明显的依托自然资源（湖泊）为核心的项目开发，对其资源的要求自然不容忽视，可大致综合为 4 个方面的内容（图 5-6）。

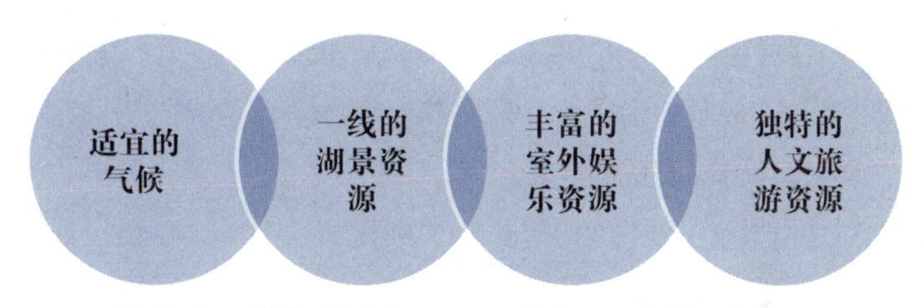

图5-6 滨湖类度假项目对资源要求的4个方面

第一、气候适宜

气候条件直接影响客源，进而影响度假旅游淡旺季的分配与长短，最终影响旅游度假项目的经济效益。一般选择滨湖度假因为涉及室外活动，舒适的气候成为项目选址的首要考虑因素。

第二、一线湖景资源

滨湖类度假要求有一线的湖景资源，包括空气清新、环境偏静、风光秀丽，能让度假人群从视觉、心灵都得到享受。

第三、室外娱乐资源丰富

目前旅游正由观光型旅游向体验、参与性旅游转变。顺应这一趋势，旅游度假项目应打造休憩、娱乐、保健、体育于一体的多功能旅游服务综合体。利用滨湖资源，可展开如日光浴、游艇、户外球体运动等项目。

第四、人文旅游资源独特

文化作为休闲度假项目的开发引擎之一已渐成趋势，成为人们追捧的主流开发模式，独特的人文旅游资源可以吸引特定类型的细分市场。文化旅游可以是区域内曾有的历史古迹、人文风情，也可以是历史或其他国度的“舶来品”。

因此，在其他资源不佳的情况下，依托文化旅游算是一大突破。当然，在优势资源条件下添加文化概念更是使旅游锦上添花。

（3）滨湖类度假项目的客户定位

客户是支撑项目顺利运营的核心因素，因此，在项目开发前后，客户定位研究都是研究重点，除研究客源特征及需求这些基本层面的问题外，对于滨湖类这种长期开发项目，客户变动性也值得密切关注。

从目前市场上已成型的滨湖度假项目来看，客户群体范围从最初观光旅游的区域人群演变到以休闲度假和购买物业的全国人群。

滨湖类度假项目往往属于复合大型房地产开发项目，其开发产品还包括别墅、酒店、酒店式公寓、高尔夫、游艇俱乐部等，包含的客户类别也很复杂。因此在定位客源结构时要有两个途径梳理客户，一、从同城市同类型项目中总结现有客源情况；二、结合本项目规划和开发时序归纳出将来属于该项目的客户。

一般来说，客户定位可以从以下 3 个层面进行研究：

1）客户圈层

客户圈层揭示项目客户的构成比例，是以车程时间和地理属性为导向(图5-7)，这对项目直接产生 3 个影响：整体定位、产品设计、日后营销的重点方向。

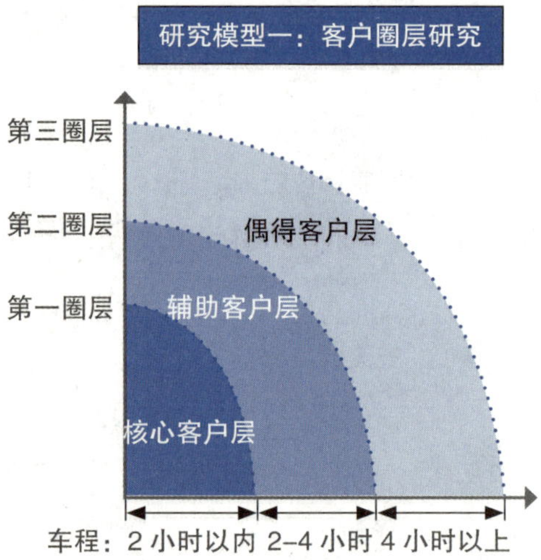

研究模型一：客户圈层研究
第三圈层
第二圈层
第一圈层
偶得客户层
辅助客户层
核心客户层
车程：2 小时以内 2-4 小时 4 小时以上

图5-7　客户圈层模型

2）客户地图

客户地图宣示客户的构成、来自哪个区域、通过什么交通工具导入等，不同区域的客户导入是随着区域发展的不同阶段所影响的。

3）阶段客户

阶段客户研究直接影响到项目的整体推售秩序和营销侧重点，其依托区域发展特征和交通条件的变化而变化（图 5-8）。

近期
·近期客户区域构成和特征
中期
·中期客户区域构成和特征
远期
·远期客户区域构成和特征

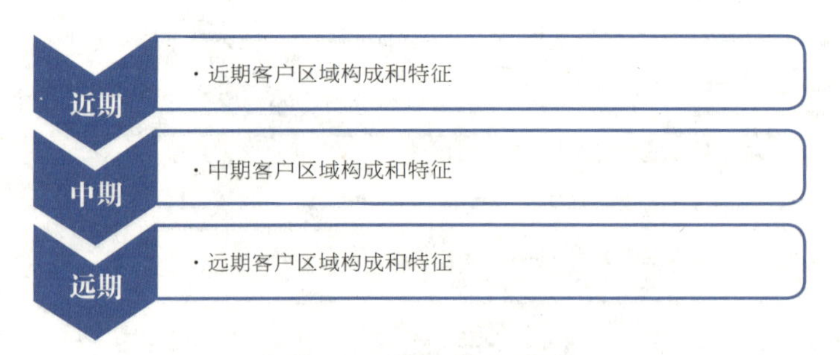

图5-8　阶段客户研究

（4）滨湖类度假项目的产品开发

从打造功能齐全、高质素配套的大型休闲度假物业综合体角度考虑，对滨湖类度假项目的产品规划，需要满足酒店旅业、休闲娱乐、消遣购物、民俗风情、文化展示等功能，实现一个互依互存、合作多赢的吃、住、行、购、娱等资源整合体。

1）功能分区

滨湖度假基本功能分区大致可分为 6 类：住宅区、酒店区、酒店公寓、高尔夫、游艇俱乐部、商业街、会所等（图 5-9）。

图5-9 滨湖度假项目基本功能分区

滨湖类度假项目，要注重湖泊的文化价值挖掘和区域品牌营销；二要能打造游艇类亲水旅游项目，以游艇提升项目的娱乐性和参与性。

酒店是度假类项目必备产品。高星级酒店能带动整体项目的高端开发，提升项目形象，奠定项目档次。目前多数项目采用万豪、希尔顿等高星级酒店提升项目档次，由专业公司运营。

2）建筑排布

湖景为滨湖项目的核心资源，建筑排布围绕湖景资源。别墅类产品亲近湖水，度假公寓产品强调望见湖景。

3）产品设计

滨湖类项目客户类型丰富，非常住产品，户型面积跨度较大，既有迷你别墅，又有大面积豪宅。

滨湖类度假产品非第一居所，客户居住时间较短，兼顾出租经营的作用。因此，设计要采用酒店化设计，强调观景平台，弱化厨房等居家设计。

（5）滨湖类度假项目开发的 3 种主流产品形式

滨湖类度假项目存在比较强的区域特色，选择适当的开发模式和启动引擎，可以在完成昭示项目市场形象作用的同时，将旅游资源直接转化为地产资源，最终带来房地产客户，实现产品消化，完成地产盈利。

滨湖项目开发周期长，大多都以观光旅游开始，因此，此类项目都先投入开发一些娱乐配套（如高尔夫、温泉、游艇等），等项目及区域成熟后再进行房地产销售，完成由旅游向休闲度假的转变。

滨湖类度假项目盈利的主流开发形式有如图 5-10 所示的 3 种：

图5-10　滨湖类度假项目开发的3种主流形式

产品 1. 一线湖景 + 五星酒店

采取一线湖景资源，以酒店将湖景资源转化为地产资源，将以单纯欣赏湖景、商务会议的客源转化为房地产客源。

产品 2. 高尔夫 + 五星酒店

高尔夫的定位直接宣示了高端路线的市场形象，同时以五星酒店和高尔夫俱乐部的度假村概念带动房地产项目的盈利已经成为较为成熟的模式。

产品 3. 温泉 + 五星酒店

利用固有资源，通过温泉公园等娱乐场所先期催热市场，土地升值后推动房地产价值上涨，从而实现地产盈利。

模式 2. 滨海类旅游地产

滨海度假项目是旅游度假与居住的结合体，它以房地产开发为其现实载体，以度假式居住为其主体特征。主要依赖于大海、沙滩质量和范围、景色、气候以及水上体育运动，相关的度假项目都围绕这些资源来打造。滨海类度假项目分类见表 5-3。

滨海类度假项目分类　表5-3

划分依据	项目类型	项目概况
按项目受众广度和类型分	大众型项目	海滨资源佳，被大众公认，产品线丰富，可满足绝大部分人休闲度假需求
	私人型项目	高档的滨海度假项目产品，环境私密，客户定位有一定指向性，多为顶级成功人士打造
	商务型项目	除休闲度假外，此类项目更趋向会议类度假，其中提供配套齐全的会议设施等
按项目产品线丰富程度分	“全向型”项目	项目功能分区明确，物业类型齐全，周边资源丰富，几乎覆盖了滨海度假应有的所有产品：别墅、公寓、酒店、游艇、温泉、SPA、商业等
	“半向型”项目	以别墅和酒店为主，辅以简单娱乐设施，其他配套不足或缺失，这类项目在现今市场上占有较大比重

（1）滨海类度假项目的选址原则

与传统房地产相比较，滨海度假物业具有其自身的特征：如强烈依存海滨资源；有明显的地区限制；以度假的要求开发物业；注重度假功能的开发；强调建筑与环境的景观一致性等（图5-11）。

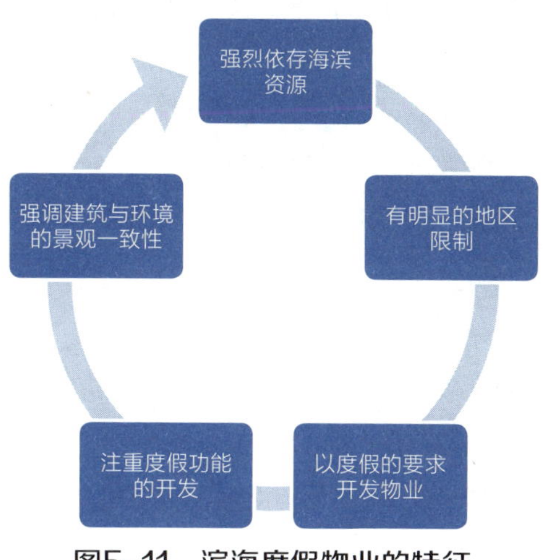

图5-11　滨海度假物业的特征

基于滨海类度假项目自身的特征，其选址应遵循以下两个原则：

原则 1. 海景资源价值首选优良、特色海景区域

海景优良是指海水质量、沙滩沙质、海岸线范围及视野、台风、水温等气候特征、海平面是否适合水上运动等。

特色海景指是否具有海湾地形、是否具有山景与海景的结合、是否具有良好的热带植物景观、日出日落时是否具有特有的景色、是否具有文化内涵。

原则 2. 选取成片且有一定纵深的海滩地块

成片地块较易规划和开发，便于开发企业打造业态齐全、有规模效应的产品；选择地块最好具有一定纵深，以便对物业进行合理配比，建造配合度假物业的其他物业，增强旅游地产产品的整体性。

（2）滨海类度假项目的产品趋势

国内滨海度假项目主要集中在海南、青岛、大连等沿海城市。其海景资源相对比较优质，在国内外也享有盛名。这些城市滨海项目产品体现了大众化和个性化的集合，即除了基本都有的别墅、公寓、五星酒店、酒店公寓、商业街、娱乐配套等产品外，不同项目还会根据其所在海域的属性不同、开发商实力的不同开发各具风格的产品。

滨海度假项目产品发展趋势主要表现在如图 5-12 所示的 3 方面：

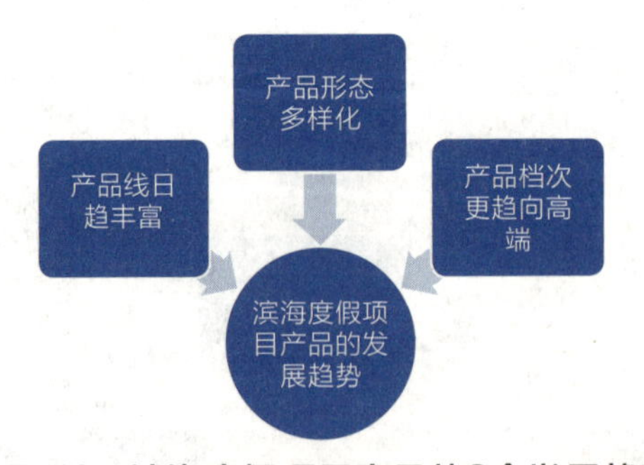

图5-12 滨海度假项目产品的3个发展趋势

1）产品线日趋丰富

目前市场上单个滨海度假项目产品相对比较简单，一般以“别墅 + 酒店”的形式出现，随着人们休闲度假意识越发强烈，度假要求也越来越高，为满足消费者需求，为项目赢得更高利润，度假产品不可能再是一成不变地面向大众，而必须迎合客户的个性化喜好，创新产品类型。

2）产品形态多样化

滨海度假项目这类综合复合地产项目，除了要求产品线丰富，产品功能分区清晰外，产品形态也要求多样化。例如，住宅区除了别墅也要有观景公寓；酒店除了一般商务酒店、标准型酒店外，别墅式酒店、度假酒店也已经涌向市场。

3）产品档次更趋向高端

随着选择滨海度假的人越来越多，度假产品的受众面也随之越来越广，在此基础上，无论是上层人士还是普通百姓，越是高档的产品越让人们趋之若鹜，以希望享受一个真正的假期。而产品在档次上的差距除了能提升项目品牌知名度外，也可以为项目盈利添上亮丽一笔。

（3）滨海类度假项目的核心竞争力

随着市场需求的个性化与差异化，客户对旅游度假项目的要求越发趋向主题式与运动式，而作为滨海度假类项目的核心竞争力主要有如图 5-13 所示的 3 方面：

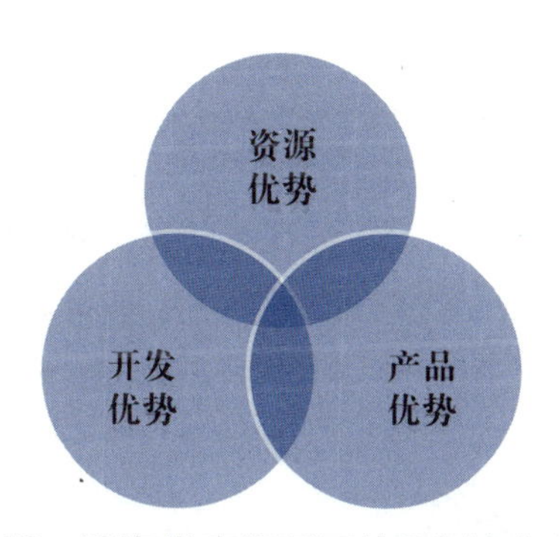

图5-13　滨海类度假项目的3个核心竞争力

1）资源优势

这类项目的是指优质的滨海资源，怡人的海景风光。

这对于旅游者来说，不但可以放松心情，净化心灵，借助大海和沙滩打造的一系列运动更是具有强大的吸引力，产生与大海搏击的快感，这是只有滨海度假才能享受到的不可复制的资源优势。

2）投资优势

滨海度假项目凭借优质的滨海资源，对相关配套的引入依赖性较低，这大大降低了投资风险。从另一个角度来看，和其他普通项目比，引入酒店等高档配套更能凸显及提高该类项目的滨海价值，从而获得更多收益。

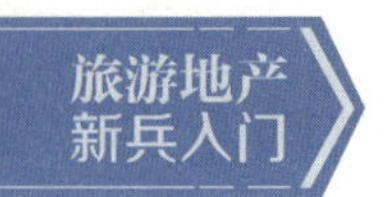

3）产品优势

除了可以开发别墅、酒店、高尔夫、温泉等产品外，还能打造潜水基地、游艇俱乐部等多样的度假设施。

模式3. 温泉度假旅游地产

温泉度假项目是依托温泉资源统筹开发的复合地产，具有资源稀缺性与配套高尚性的双重属性，可以真正作为配套内容融入大配套概念中。以温泉度假为核心做旅游地产有两个明显的优势：一、易于以温泉为核心进行资源整合与配套的完善；二、易于后期对项目主题的概念包装、品牌塑造与营销推广。

温泉产品已由最初单纯依靠天然温泉的洗浴项目提升到打造“汤文化”的项目。目前温泉产品都在突出“保健”概念，针对不同人群的体质开发不同种类的温泉项目，并配合健康检查、美容、养生、水疗以及休闲娱乐项目，使得温泉产品更丰富、更有包容性（表5-4）。

温泉度假旅游地产的分类 **表5-4**

划分依据	开发模式
根据景观组合分	自然景观组合开发模式
	人造景观组合开发模式
	综合开发模式
	家庭式小规模开发模式
以资本角度分	外来资本主导开发的温泉地
	当地资本主导开发的温泉地
以区位角度分	近郊休闲度假开发
	远郊保养度假开发
	城市的观光度假开发
	边远地区的“秘汤”开发

（1）温泉度假项目的特征

温泉度假项目具有对温泉资源深度依赖、配套先行开发、向多元化转变3个显著特征（图5-14）。

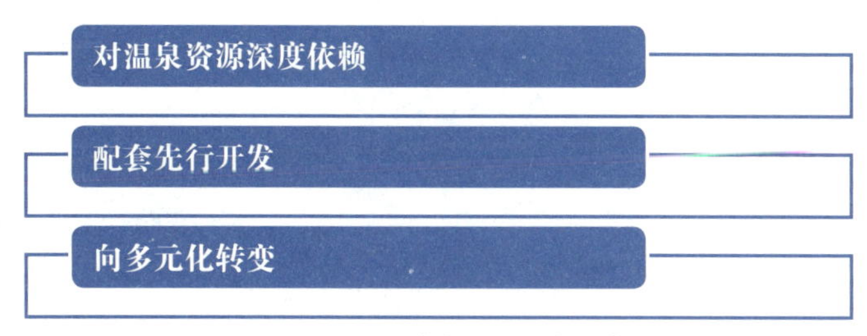

图5-14 温泉度假项目的3个特征

1）对温泉资源深度依赖

资源稀缺性与配套完整是温泉度假项目的基本属性。对温泉资源深度依赖，是项目的核心竞争力所在。

2）配套先行开发

由于项目地缘性因素，旅游地产项目区域内配套一般比较匮乏，完善配套是吸引客源的先决条件。作为配套的重要组成部分，温泉配套的开发直接影响项目的运营与地产项目的开发。

3）向多元化转变

从国内温泉度假项目的发展情况看，项目规模正在从小体量单一性逐渐转变为大体量多元化特征，也就是从“小而精”到“大而全”的发展方向转变。体现为 3 个方面（图 5-15）：

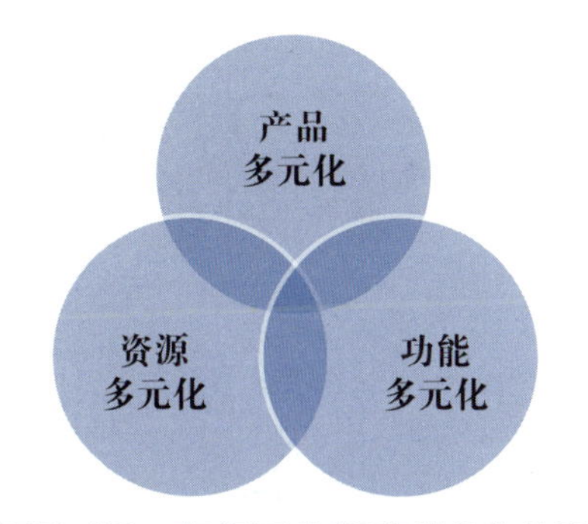

图5-15 向多元化转变的3个体现

第一、产品多元化

随着开发体量扩大与客户需求多样化，所对应的产品从旅游度假产品发展为养生康体、商务会议、度假旅游与居住等多元化产品。

第二、功能多元化

出于抗风险性考虑和商务、养生需求的客观增长，温泉度假项目功能日益丰富，部分项目已脱出温泉的这一主体，加入高尔夫、游艇码头等高端消费功能、完善教育文化功能，使温泉度假地产的内涵进一步丰富。

第三、资源多元化

一方面，部分温泉资源与现有的其他自然资源发生紧密联系；另一方面，开发商认为温泉资源过于单一而有意地将温泉资源与其他资源进行结合，如海景温泉，湖景温泉，山间温泉等复合型产品。

（2）影响温泉度假项目开发的因素

影响温泉度假项目开发的因素，可以从内部和外部两方面进行分析（图 5-16）。

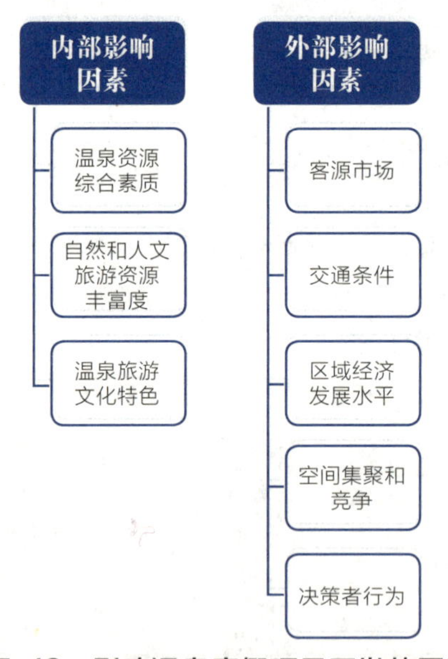

图5-16　影响温泉度假项目开发的因素

因素 1. 温泉资源综合素质

温泉资源是温泉旅游地产赖以发展的主要物质基础，是吸引旅游的主要因素之一，也是决定温泉旅游开发选址的客观必要条件。温泉旅游资源的开发价值可以从地质地貌背景、水质、温度、流量等因素来评价，其中，尤以温度、流量和温泉的治疗功能对温泉旅游开发的影响最大（表 5-5），并成为吸引旅游者的主要因素。

各种因素对温泉资源的影响 表5-5

因素	对温泉资源的影响
地质地貌背景	决定温泉的稳定性、温泉地的地貌景观特色和开发用地条件
水质	决定温泉的治疗功能
温度和流量	决定温泉的储量，进而影响温泉旅游开发的容量规模和旅游地持续发展的能力

因素 2. 自然和人文旅游资源丰富度

一般而言，温泉地的自然和人文景观种类越多、资源级别越高，那么其整体旅游吸引强度则越大。

但是，温泉旅游市场变化与气候有着很强的负相关关系，即寒冷季节是温泉旅游的旺季，而炎热季节则是温泉旅游的淡季。温泉旅游地仅靠单纯的温泉沐浴很难保证全年都有大量的游客。因此，进行综合性旅游开发是解决温泉旅游淡旺季经营差异的关键，温泉地周边的自然和人文景观丰富程度就成为决定温泉旅游综合开发成功与否的关键因素。

因素 3. 温泉旅游文化特色

旅游经济是特色经济，特色是旅游的灵魂，文化是特色的基础。温泉旅游实质上是旅游者对温泉旅游地沐浴文化的体验，温泉旅游开发就是温泉沐浴文化的塑造。在我国，温泉旅游资源是一种普遍性的资源，随着大量温泉旅游度假区的出现，旅游者不仅仅满足于温泉治疗的需求，转而对温泉旅游地的综合性文化体验的追求，温泉旅游文化特色成为决定温泉旅游地竞争力的关键因素。

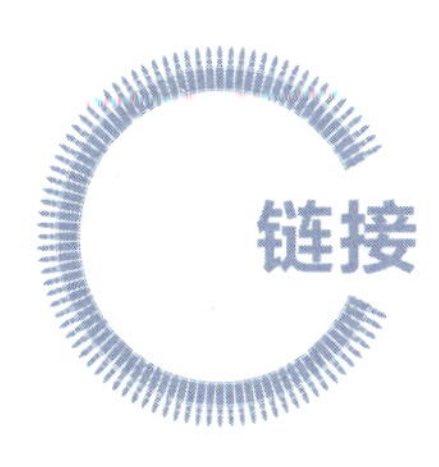

珠海御温泉很好地塑造了温泉旅游文化特色。御温泉确立了“以御字为核心的休闲养生之地”的定位，将温泉单一疗养的物化享受提升到符合现代消费的文化、精神层面，发展成为一种以健康文化为主题的休闲度假旅游，而且从自然景观、建筑风格、园林设计、服务方式等方面成功地塑造了这一主题，创造了一种体现中国传统沐浴文化特色的“御式温泉文化”品牌。

因素 4. 客源市场

大型温泉旅游地需要依托较理想的城镇群，否则将很难达到或超过维持经营所需的门槛游客量。

温泉旅游地的客源市场主要以国内为主，80% 的游客集中在 4 小时交通半径范围内的周边城镇群。这就要求温泉旅游地选址必须达到以下几个条件才能保证有良好的客源市场：一、本地区经济发达；二、城市人口众多；三、在特大城市周边地区。

广东省发展较好的清新、珠海、恩平和中山温泉都具有良好的客源市场条件，这 4 个温泉旅游地都以经济发达、人口众多的珠江三角洲地区为一级客源市场。

辽宁沈阳和大连大城市集中地带，由于经济发达、人口众多，温泉旅游潜在市场巨大，沿线许多大型的温泉旅游地如安波、千山、汤汉等都得到了很好的发展。

西藏自治区和云南省是地热温泉资源丰富的地区，除了云南省个别温泉，如安宁温泉因距客源市场丰富的昆明市比较近而发展成为都市居民周末观光度假的温泉旅游地外，西部许多温泉地大都位于经济不发达、城市人口较少的地区，加上交通不便，导致客源市场缺乏，开发成功的温泉旅游地较少，多数温泉地的项目仅作简易开发。

因素 5. 交通条件

温泉往往分布于偏远山区，温泉旅游开发除了有良好的客源市场支持以外，还必须与城市有高等级公路等便捷的内外交通联系，即旅游地的可进入性条件要好。

因素 6. 区域经济发展水平

温泉旅游度假区不同于一般的资源型旅游地，它是一种利用温泉资源再开发的高投入旅游项目。温泉旅游地的投资和开发规模在很大程度上受到区域经济发展水平的影响。一般而言，大型温泉旅游项目的高投入需要靠高消费、高门票来保证其生存发展。因此，区域经济发展水平在很大程度上决定温泉旅游地的开发规模和消费层次。

以企业为主导的大型温泉旅游地的开发与主题公园类似，只有在区域经济比较发达的地区，才具备较大规模的投资能力，否则只有引进外资，或是政府行为代替企业行为，将有限的地方财政收入集中起来进行投资。

因素 7. 空间集聚和竞争

受温泉出没的地质条件决定，往往同一区域会有多个温泉出现，导致多个温泉旅游地在同一区域集聚拥挤的市场现象。所以，温泉类旅游项目会有很激烈的空间竞争。影响温泉市场价值除了需求和供给方面有共性因素外，微观区位条件也很重要，温泉特色和温泉规模将主要决定温泉旅游地空间竞争。温泉特色和温泉规模相互作用的结果往往将温泉旅游地分为不同的档次。

温泉旅游地的空间竞争受旅游者的空间行为规律影响。意思是说，当多个高投入、高门票的温泉旅游地在同一地域同时出现时，大尺度的旅游者往往只选择地位级别高、知名度高的温泉旅游地，而放弃地位级别较低、知名度低的温泉旅游地。

温泉特色

温泉由温泉沐浴方式体现，往往指温泉旅游地的露天温泉特色。露天温泉特色是吸引游客的 3 个主要因素之一。

温泉规模

温泉规模是指温泉流量、投资额、占地规模，但更重要的是指期望游客逗留的时间和实际游客逗留时间。

因素 8. 决策者行为

投资者决定项目的区位选择、项日的投资规模和项目的开发方向（图 5-17）。

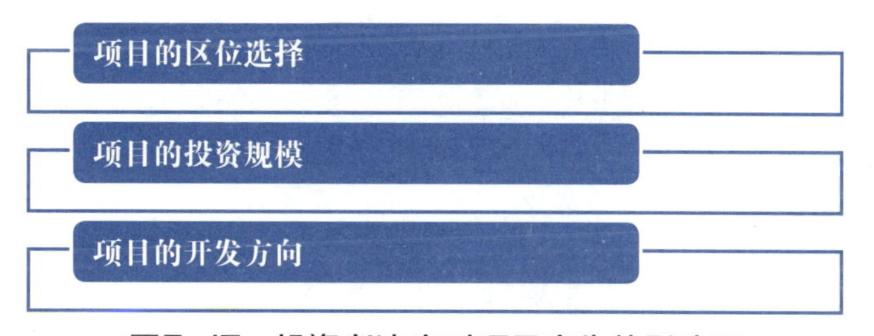

图5-17　投资者决定对项目产生的影响面

旅游地区位的选择

首先是温泉旅游地区位的选择。投资者掌握、运用与温泉旅游发展相关信息的好坏程度直接决定温泉旅游地选址的优劣，进而影响到温泉旅游地的发展。

温泉旅游地的投资规模

一般而言，大型温泉旅游地不但要求高质量的环境营造，而且需要建设高标准的温泉沐浴、住宿、餐饮、娱乐等旅游设施，因而需要巨大的资金支持；而小型温泉旅游地如粤北山区家庭作坊式温泉需要的资金相对小得多。也就是说，温泉旅游地开发档次和规模很大程度上由投资者的投资力度决定。

温泉旅游地的开发方向

开发方向与投资者的经验、智力、偏好、欲望和态度等个人因素相关。如有的投资者选择综合性温泉旅游的开发方向，有的选择主题式温泉旅游的开发方向等。

政府决策行为也在不同温泉旅游开发模式中发挥不同的作用（表 5-6）。

政府决策行为在不同温泉旅游开发模式中的体现 表5-6

开发模式	政府决策行为
政府投资开发	政府决定温泉旅游开发的区位选择、投资规模及其开发方向
外资和个体投资开发	政府在温泉旅游项目的决策立项、招商引资、政策支持、基础设施配套等方面影响温泉旅游地的开发
政府与外资合作开发	政府不仅要对温泉旅游项目进行招商引资，决策立项，提供优惠政策，配套建设基础设施等，同时参与温泉旅游地的选址、开发实施、经营管理等方面的决策

（3）3 类温泉度假项目的开发方向

温泉资源是温泉度假项目最重要的卖点，由于温泉资源的稀缺性，温泉度假项目的盈利属性，人工温泉也进入温泉度假市场。从另一方面来看，人工温泉的出现刺激了消费者对于“真温泉”的偏好，同时也提高了“真温泉”的价值。未来温泉度假项目的开发，面临着以下 4 种开发方向。

方向 1. 以“真温泉”吸引客人，以“住”留住客人

“真温泉”的关键点主要指温泉掺水、温泉循环用水、温泉加温、所含化学物质、温泉水质新鲜度、温泉泉源文化等（图 5-18）。“真温泉”正逐步被温泉旅游研究者所关注，因此，应在“真温泉”上做文章，可开发成介于大众旅游与高消费旅游之间的过渡型的温泉旅游形式，树立用“真温泉”吸引客人并留住客人的理念，最大限度地发挥其“聚客与留客”功能，增加温泉资源对旅游者的吸引力。

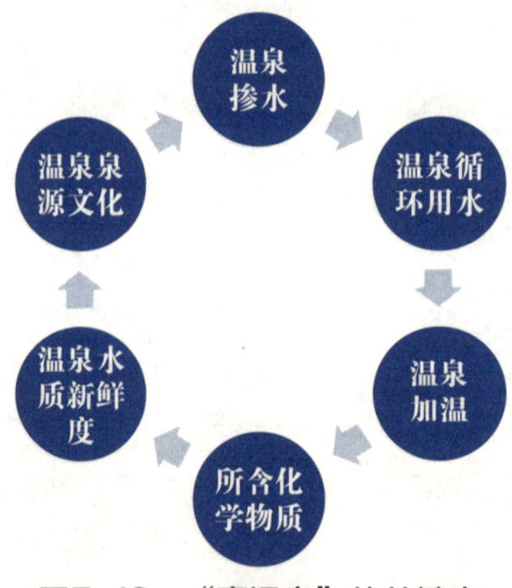

图5-18 “真温泉”的关键点

远郊温泉地一般分布在经济不发达、远离都市的地区，其特殊的地理位置及交通条件决定了其定位为：远郊保养度假游。能满足都市居民 1~2 日的温泉度假需求。

方向 2. 建设“昼 + 夜”二系列旅游产品，丰富游人次日活动

从旅游体验角度设计过夜温泉旅游产品开发十分有意义，也是目前鲜有提出的研究方向。目前，温泉类旅游产品的问题是：开发关注的多是夜旅游项目，或全天候项目，没有突出只有昼间可观赏参与的项目，造成许多客人乘兴而来，也乘兴而玩，然而，第二日起床后有一种莫名其妙的失落感，从而仓皇离去。达不到客人反复消费的效果。

结合实际，进而思索，可将温泉产品分为“过夜前项目”、“夜间项目”和“过夜后项目”，以此模拟旅游体验过程，也强化过夜游和一日游的产品开发差异，从而突出 1~2 日温泉旅游的两个核心设计：温泉洗浴 + 社区观光和自然观光，提倡“昼观光，夜娱乐”模式，让温泉地真正地活起来。

方向 3. 开展生态旅游与节事活动，提高旅游者参与程度

以“体味农家生活、亲近自然”为主题的生态农业观光旅游日益成为一个新卖点，远郊温泉可依托周围优越的农业优势开展务农旅游。

季节性观光

每年春天插秧和秋天收割的季节，让旅游者去体验农民的生活，与农民一道，黎明时分下田，披星戴月而归。

农摘乐活动

此外，也可利用“苹果园”、“葡萄园”、“樱桃园”和“农家游”等项目，面向旅游者采摘、品尝和外购，让旅游者体验亲自采摘的乐趣。

节事活动

节事活动主要指文化建设，即农村集贸市场的开发。如能通过有效方式将来温泉洗浴的旅游者引至市场消费，必将极大发挥温泉旅游的带动作用，提高当地村民的收入，改善当地村民的生活质量。

方向 4. 加强功能分区，从“住”功能开始建设温泉地

远郊温泉地的功能分区包括源泉区域，沿道路的 T 形分布，以及道路肤地。

项目做分区时应注意到方向性，即地势方向性、道路方向性以及河流方向性。温泉地住宿设施建设在居住功能方面应体现休憩上，对千篇一律的钢筋水泥刻板建筑形式做一些改变：

一、修建一些朴素的建筑。

外观尽量与周围恬静的生态环境相适合，做到融于自然，与自然相和谐。

二、可开辟特有的“农家居”。

利用已有的农村村落，建立农家旅馆，发展民宿旅游，以激发旅游者对目的地文化欣赏的兴味。

三、旅游者对当地居民生活方式的兴趣会让居民有一种自豪感，从而更加自觉地保护当地文化。

（4）温泉度假项目 6 种复合型产品形式

温泉类度假项目的关键在于品牌与配套，通过配套重塑区域、打造品牌，从而完成客户从旅游观光到休闲度假的转换，最终形成以温泉资源为核心，集旅游、休闲、度假、居住为主要功能的复合型旅游地产项目（图 5-19）。

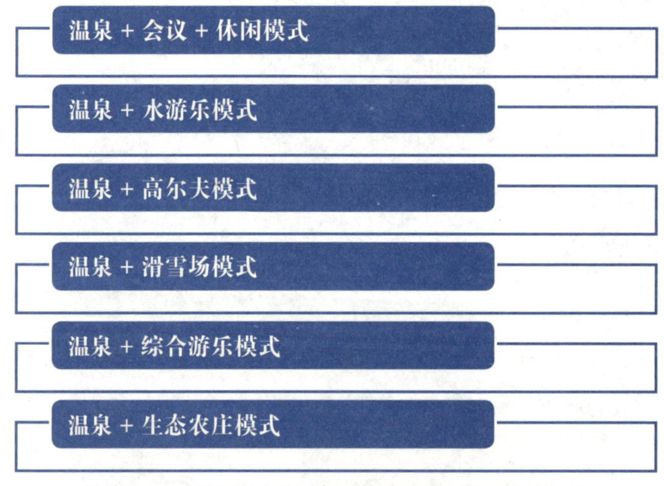

图5-19　温泉度假项目6种复合型开发模式

产品 1.“温泉 + 会议 + 休闲”形式

通过大型会议会展与温泉的结合，并围绕会议来进行各项配套建设与经营服务，建设完善的商务及会议设施，配套专职会议接待部，以及满足会议客人全方位需求，使得会议会展成为主角，温泉成为配角，最终实现的是温泉资源综合开发价值的巨大突破，但会议市场的庞大规模是支撑其成功的关键。

产品 2.“温泉 + 水游乐”形式

通过温泉造浪池、温泉漂流、温泉游泳池、水上滑梯等一系列时尚、动感、刺激的水上游乐项目的引入，实现温泉度假村夏季经营的火爆。此模式未来竞争的关键在于水上游乐项目的持续创新上，这就对水游乐的投资规模和设备更新提出了更高的要求。

产品 3.“温泉 + 高尔夫”形式

通过高端温泉水疗 Spa 与高尔夫运动充分结合，形成了面向高端市场的高端休闲经典组合产品——温泉高尔夫，是顶级度假村开发的经典模式。

产品 4.“温泉 + 滑雪场”形式

温泉结合冬季最时尚、最具挑战性的滑雪项目，是养生与运动的美妙结合，将形成强大的吸引力与竞争力，“活力冬季”的概念也应运而生，从而有力推动冬季旅游的突破。此种模式应成为北方地区温泉度假村开发的重要模式。

产品 5.“温泉 + 综合游乐”形式

这是一种由五星级酒店、主题乐园、剧场、康体中心、运动俱乐部、拓展训练营、高尔夫项目、休闲垂钓区以及自驾车营地（图 5-20）等项目功能齐全、配套最完善的超大型旅游休闲度假区。此种模式把温泉与多元化游乐项目的结合发挥了到极致，从而产生了极大的市场吸引力。但这类项目对投资要求大。

图5-20 超大型旅游休闲度假区的功能设计组成

产品 6.“温泉 + 生态农庄”形式

主要通过设计温泉水的系统利用模式，利用温泉余热发展包括温室大棚、热带鱼养殖等为核心内容的农业产业。但整体效益不好，可考虑整合外围用地。

模式 4. 主题公园旅游地产

主题公园是指具有特定的主题，人为创造的休闲娱乐产业，是包括诸多娱乐活动、休闲要素、接待服务设施于一体的现代旅游目的地。具体分类见表 5-7。

主题公园的分类 **表5-7**

分类标准	项目类型
主题公园所能提供的旅游体验类型（产品形态）	民俗风情
	自然生态
	未来科技
	历史文化
	微缩景观
	康乐休闲
客源范围	大型目的地公园
	地区性主题公园
	游乐园
	小规模主题公园和景点
	教育性景点

（1）主题公园开发必须具备 6 个条件

主题公园的开发需要具备客源市场、交通条件、成功的微观选址、成功的主题选择与精品工程建设、发达的区域经济发展水平以及科学的经营管理 6 个条件（图 5-21）。

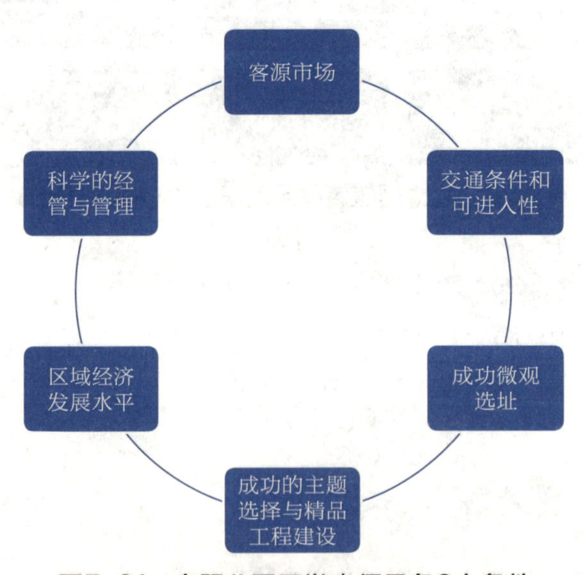

图5-21　主题公园开发必须具备6大条件

条件 1. 客源市场经济发达、人口流动多

主题公园要求选址在经济发达、人口流动多的城市和特大城市，这样才能保证有良好的客源市场条件。

美国华盛顿的城市土地研究所对大型主题公园的研究结果是：

一级客源市场 1h 汽车距离以内至少需要 1 万人口，

二级客源市场 1h 汽车距离以内也要有 1 万以上人口，

之外的三级客源市场虽对项目营业收入也有帮助，但无法过分依赖。

因此，良好的客源市场是很多主题公园成功的一个重要因素。

条件 2. 交通条件和可进入性非常发达

外部配套交通已成为影响主题公园发展的重要因素之一。因为主题公园的经营成本很高，每天需要有相当数量的入园游客数量，即门槛人数，要达到这一条件，其外部交通条件就成为极其关键的因素。

中国主题公园发展比较好的几个城市，如北京、广州、深圳、无锡的城市外部区位条件优越，交通网络发达，各种交通如铁路、公路、航空线路发达，可进入性强，可随时方便地运送全国乃至海外的游客，易于游客的自由出入。

条件 3. 微观选址要比较成功

成功的微观选址也是主题公园成功的必备因素之一。

一、大型主题公园一般在大城市郊区选址。

因为主题公园一般占地规模大，城市郊区用地限制条件少，土地价格便宜。

二、主题公园最好选在主要公路干道旁。

这样可以节省道路建设费用，“无偿”利用社会资源的交通运输能力。

三、主题公园的道路两旁视野开阔。

主题公园可以向经过干道两旁的旅客展示标志性景点，不断强化景区的旅游形象，作无形的广告，加深在游客心目中的印象，吸引游客。

条件 4. 成功的主题选择与精品工程建设

主题是主题公园的灵魂。一个成功的主题公园必备的条件之一——主题选择必须注重特色鲜明，有创新意识。关于主题选择要有两个原则：

首先，要必须为广大游客所接受，没有特色，就没有目标市场，这是一个市场定位的选取问题。

其次，主题选择要注重从传统文化中汲取营养，利用现代工艺和技术条件深化主题吸引力，使其更能吸引游客。

条件 5. 区域经济发展水平发达

中国幅员辽阔，经济发展水平不平衡，东西部经济差异比较悬殊。国内主题公园发展良好的城市如上海、深圳、北京、广州都是东部经济发达地区的大城市。区域经济发展水平首先影响的是居民收入和游客消费能力。因此，成功的主题公园一般优先选择在区域经济发展水平发达的地区。

条件 6. 有科学的经管管理体系

主题公园既然属于市场经济的一部分，主题公园作为一种现代企业，有着自身的特殊服务经营规律，但科学的经营与管理以及现代企业制度同样是其必备条件。在这一方面，深圳华侨城景区已经为主题公园行业树立了典范。锦绣中华创立了锦绣中华主题公园经营模式，该模式将个性化、多元化、可变性的主题公园服务要求转变为系统化、程序化和定制化的科学管理，并逐步向我国其他地区输出该经营管理模式。

（2）主题公园 4 种常见的盈利模式

主题公园的盈利模式即主题公园通过投入相关经济要素后获取经济收入的方式和获取其他物质利益手段的结合，其核心是主题公园获得现金流入的途径组合。从对主题公园产品系列的挖掘深度来说，主要有如图 5-22 所示的 4 种盈利模式：

图5-22　主题公园4种常见的盈利模式

模式 1. 靠旅游门票盈利

即通过简单的圈起来收取门票的模式，这是主题公园最基本和最初级的盈利模式。

模式 2. 游憩产品服务盈利

即提供有助于丰富体验（经历）的游憩服务以及相应的服务体验来实现盈利的模式，

它是主题公园的核心盈利模式。

模式 3. 旅游综合服务盈利

即是在主题公园区，通过旅游者的餐饮、住宿、购物等相关外延服务来获取盈利。

模式 4. 公园商业盈利模式

即通过自身的节庆活动和对外招商以及会展、广告等其他的一系列对外服务而达到盈利目的的盈利模式的组合。这是主题公园的深度开发盈利模式。

（3）主题公园的发展趋势

主题公园呈现以下多种发展趋势。

市场层面

主题公园市场增长迅速、游乐主题由惊险刺激向静态休闲的方向发展、全球主要市场由美国向全球范围转移、主题公园向规模化、综合化发展以及主题公园建设向区域集中化发展。

经营层面

今后主题公园将朝着高投资的规模性效应、严密独特的主题策划、主题规划的独特性、真实细致的场景制作、项目的循环投资、多样性的市场开发以及高品质的内容管理和维护等方向迈进。

经营主流

旅游地产与其他产业复合将是今后中国主题公园发展的主流。涉及的领域包括房地产、传媒娱乐、商业零售、体育业、博彩业等（图 5-23）。这类型的项目，国外的迪士尼、圣淘沙，国内的华侨城已经走在了前列。

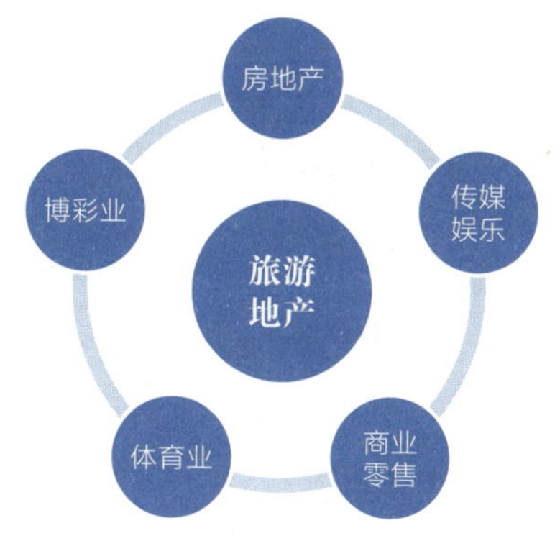

图5-23　旅游地产与其他产业复合的领域

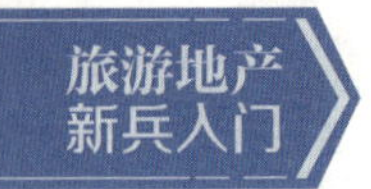

模式 5. 高尔夫旅游地产

高尔夫度假项目，是以高尔夫作为主要资源，通过高尔夫及其相同圈层的高端休闲产业的运营及基于其外部性体现出的土地大幅增值效应而进行的房地产开发赚取利润的旅游地产开发形式。具体分类见表 5-8。

高尔夫度假项目的分类 **表5-8**

划分依据	项目类别	经营模式
项目盈利模式	专注于高尔夫及其他高端休闲产业运营的高尔夫度假项目	指自身具有较高开发水平与经验，能够在高尔夫后期营运中取得高收益或通过承办全球性赛事实现自身盈利，并且作为主要利润来源的模式
	专注于高尔夫附生地产开发的高尔夫度假项目	指高尔夫地产作为区域品牌标签与优质配套，通过高尔夫提升区域土地价值并借由此基础上的地产开发作为维持高尔夫运营标准的重地产收入型盈利模式
项目的主要服务客户	面向企业客户的高尔夫度假项目	此类项目特色主要体现在产品打造上，出于对客户需求的考虑，此类项目的产品线表现为商务会馆、总裁别墅等产品，面向企业客户公关需要与中小型会议需要
	面向商务客户的高尔夫度假项目	周边城市能级较高，商业发达，高尔夫更多扮演着商务谈判的载体，此类项目会出现商务度假产品及一系列的商务目的性强的会议型酒店、会展中心、博物馆等功能。并以部分度假公寓及别墅产品作为中长期居住的产品补充
	面向特定客户的高尔夫度假项目	多为商务型高尔夫产品的转型产品，即在产品成型初期，由于特定（政策，大事件）原因，紧急作出客户转型，打造针对性较强的特定产品，此类产品仍然以高尔夫作为卖点，但在产品关系上，与高尔夫产品本身为共生关系

（1）高尔夫度假项目的特征

高尔夫度假项目具有如图 5-24 所示的特征：

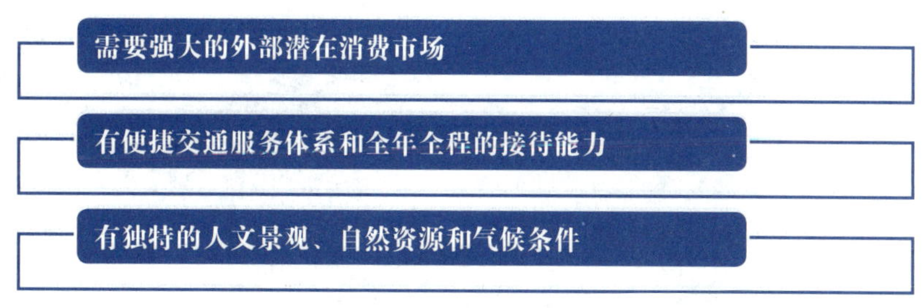

图5-24 高尔夫度假项目的3个特征

1）需要强大的外部潜在消费市场

高尔夫占地面积一般较大，由于征地与地价等多因素影响，多位于城市远郊地区，周边常住人口有限，且多为农用地改项目。

高尔大球消费特征明显：

一、高尔夫球企业建设投资大，运营成本高。二、打球者需要购置球具、球鞋、球服。三、会籍费平均在 20 万至 40 万元人民币左右。四、会员嘉宾入场费平均价平日为 400 元 / 日左右，节假日为 800 元 / 日左右。

这些足以说明高尔夫球运动目前在中国是一项较高消费的运动。

作为这项运动客户，消费能力是首要的考虑因素，城市能级决定着高端消费能力的客户的比率与量级，只用通过城市能级与消费者数量的双重标准考量，才能确定高尔夫度假项目的开发与否。

2）有便捷交通服务体系和全年全程的接待能力

作为商务社交的载体，高尔夫对交通就有着近乎苛刻的敏感性：距城市不能太远，可以快速到达，路况必须优良。交通敏感性呈现的是宏观的交通敏感性——机场的建设，高速公路的经过都会对高尔夫地产的开发产生指向性的影响。而全年全程的接待能力，更是其开展商务活动的前提与必要条件。二者缺一不可。

3）有独特的人文景观、自然资源和气候条件

高尔夫度假项目的开发主旨在于土地的持续增值，并且整个开发过程都围绕这一核心目标进行——让有限的土地具有最大增值潜力，此类土地常常远离市区。而由于高尔夫选址有坡度、水面、山地等要求的限制，项目所属地的自然条件必须具有可开发潜质。

（2）高尔夫度假项目的影响因素

因高尔夫度假项目的核心为高尔夫的开发，因此，借鉴高尔夫球场的影响因素评价体系，建立高尔夫度假项目的评价体系（表 5-9）。

高尔夫旅游地产发展模式影响因素指标 表5-9

一级指标	二级指标	三级指标
内部条件	场地自身条件	主要是指场地条件和原有背景，包括基地规模形状、基地地形、气候、土壤、水源等自然地理条件以及可以作为借景的临近资源
	球场设计品质	主要是指球场设计师和团队声誉、球场设计水平、球场独特性、挑战性、趣味性以及与周边环境融合程度等
	球场施工品质	主要是指球场施工团队声誉、球场及会所设施等的建造质量
	球场营运管理水平	包括球场场地维护管理、球场推广运作水平、服务水平和管理成本等
	投资商背景	主要考虑球场投资方原有的行业背景、公司文化价值观以及是否属于国际投资集团或是国内地方性机构等
外部条件	政策环境	包括国家和地方高尔夫发展相关的土地政策、税收政策等
	区位交通	主要考虑球场所在地的大区位国家或国家内的不同大区、城市，如中国长三角地区、北京地区等，小区位（城市内部）以及交通的可达性和便利性等方面
	市场资源条件	包括球场所在地区的经济发达程度、人口密度、当地消费观念、消费意识、高尔夫现实和潜在客源数量、允许开发房地产的土地面积等
	高尔夫服务市场完善程度	指高尔夫教育培训、高尔夫杂志、网站等媒体、旅行社高尔夫旅游产品和服务、赛事招商及转播等方面配套服务市场发育的完善程度

（3）高尔夫度假项目的地产区位

高尔夫度假项目中，高尔夫项目与地产的区位关系有如图 5-25 所示的 3 种形式。

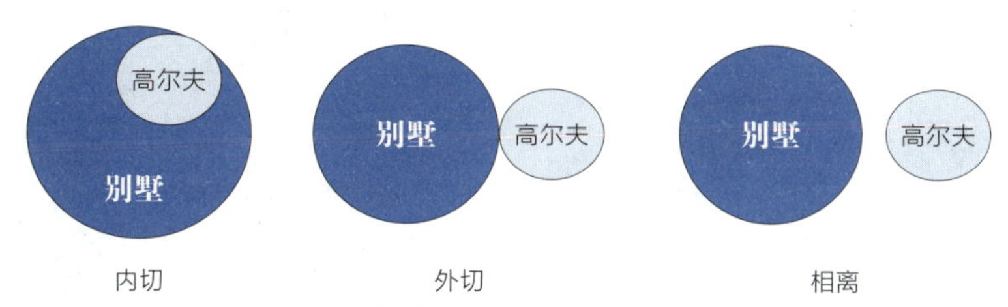

图5-25 高尔夫项目与地产的3种区位关系

1）高尔夫与地产内切

此类产品主要以球场本身提升别墅的附加值，打造稀缺性与尊贵型并重的高尔夫高端物业，总价较高，产品线比较单一，受众面小。但应同时关注球场日常养护所施农药、肥料等会对别墅产生一定影响。

2）高尔夫与地产外切

此类产品一般伴随着一定体量的区域开发功能，高尔夫在整体功能上偏重于成为社区优势的配套，而社区内的产品线一般从度假公寓到别墅等，拥有较长的产品线与丰富的配套环境。

3）高尔夫与地产相离

完全位于高尔夫项目之外，甚至与高尔夫项目具有一定距离，仅在社区小品、园林景观上体现高尔夫元素。

（4）高尔夫度假项目的产品表现

高尔夫度假项目产品，主要可分为面向商务客户的会务中心，会议酒店，会展展馆；面向企业客户的企业会所，总裁别墅；面向度假客户的度假酒店，度假别墅，普通别墅与相应的配套设施（图 5-26）。

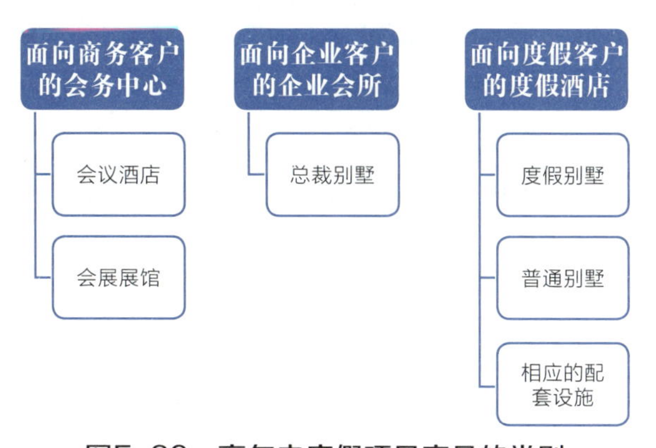

图5-26 高尔夫度假项目产品的类别

除了属性上的区分，产品表现为：别墅 + 酒店 + 配套 = 高尔夫度假项目（图 5-27）。

图5-27　高尔夫度假项目的产品表现

1）别墅

根据客户定位的不同，决定别墅的户型、面积、功能、管理方式与盈利模式，创新余地相对较大，形式灵活。

2）酒店

主要分为度假需求酒店与会议需求酒店，在表现形式上可与别墅有一定程度的重合。

3）配套

高尔夫客户定位差异化最大的部分，如商务型客户配备的会务型酒店、Spa 会所；家庭型客户配备的托儿所、小型游乐场、野战营等设施。

（5）高尔夫度假项目的核心竞争力

高尔夫度假项目的核心竞争力主要体现在如图 5-28 所示的 3 个方面：

图5-28　高尔夫度假项目的3个核心竞争力

1）高尔夫品牌资源

高尔夫球场绿草如茵，开阔的生态景观资源具有一定的稀缺性，对周边地产升值具有强劲的拉动作用。高尔夫社区往往具备高档、成熟的社区配套和尊贵舒适的社区环境，因此高尔夫住宅社区的概念不应仅限于住宅组团内部，而应将其纳入到整个高尔夫社区的范围内。

2）高尔夫商务资源

高尔夫运动具有商务社交属性。高尔夫球从休闲的角度看，非常有助于社交，在球场上可以边打球边谈生意，高尔夫球实际是一种社交的聚会。据统计，全世界商务、贸易成交量的 20% 是在高尔夫球场边打边谈、边走边谈中达成的。

高尔夫运动已经成为一种文化，是高层次汇展、投资等商务活动的重要软环境要素。如在世界高峰会议（SUMMIT）、亚太经济合作会议中，高尔夫就是其中一项必要活动内容。

高尔夫也已经成为世界各国国家政要、经济魁首、社会名流喜爱的高尚活动。

3）高尔夫客户资源

往来或居住在高尔夫社区内往往是成功人士身份和地位的象征，这种心理因素的影响反应在购买高尔夫住宅时会有一定的群聚效应。

目前，中国参与高尔夫球运动的人口估计达 140 万，且每年以 10% 的速度递增，在广州、深圳、上海、北京等发达地区，增长率达到 25% 左右。

此外，还有大量韩国、日本、台港澳等国家和地区的高尔夫旅游者来内地打球，保守估计，一年有 30 万～50 万人次。

如此多的打球客往往会成为高尔夫地产的潜在消费客户。

模式 6. 文化节庆旅游地产

文化节庆类项目是指在固定地点或区域周期性举办，有特定主题，主要目的在于加强外界对于该旅游目的地的认同，同时牵动地方经济和房地产产业发展，融旅游、文化、经贸活动于一体的综合活动。

文化节庆类项目，作为旅游地产的一个分支，主要依赖于当地旅游资源特色和文化底蕴进行开发的复合型地产项目。与传统房地产项目不同的是，文化的差异性是引致这类项目发展的根本原因。

（1）文化节庆类项目分类

目前对于文化节庆项目分类，有多种不同认识。

广义的文化节庆

文化节庆项目不仅指发生的事件，还指一些内涵丰富的旅游项目（包括地方特色产品）展览、体育比赛等具有旅游特色的活动或非日常发生的特殊事件。

狭义的文化节庆

指周期性举办的，一般是一年一次的节日活动，包括传统文化节庆（如中秋节、重阳节等）和地方特色性节庆（大连服装节、青岛啤酒节、洛阳牡丹节等）（表5-10）。

其他分类标准的文化节庆类项目类型 **表5-10**

分类标准	项目类型
官方是否参与经济利益为目的经济活动投资、组织与管理	政治节庆项目（国庆节、劳动节）
	传统民俗节庆项目（端午节、春节）
	地方民俗文化节庆项目（庙会）
	地方特色文化节庆项目（大兴西瓜节、青岛啤酒节）
文化节庆项目的性质或目的	生产类
	宗教祭祀类
	纪念类
	喜庆类
	社交娱乐类

（2）文化节庆类项目的特征

根据文化节庆类项目的概念辨析，可以总结出其相应的特征（图5-29）：

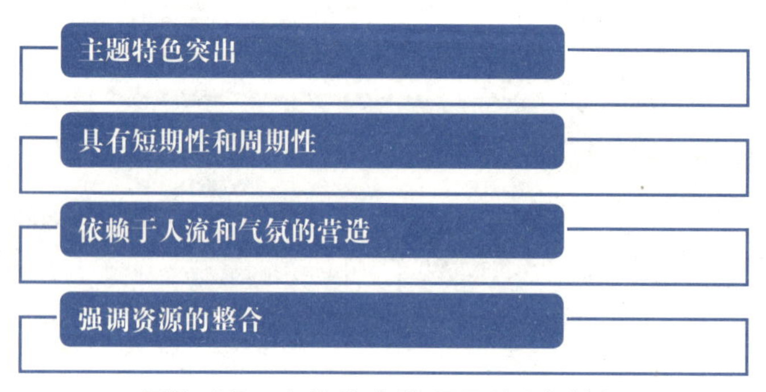

图5-29 文化节庆类项目的4个特征

1）主题特色突出

文化节庆类项目的策划和组织通常围绕某一主题而展开，对当地资源、产业等要素进行整合，而这一主题大多来源于当地较有影响力的文化、产业、历史、艺术、宗教、特产等。

2）具有短期性和周期性

文化节庆类项目，每次短则 3~5 天，长则半个月到 1 个月，大多为周期性举办（一般是 1 年 1 次）。

3）依赖于人流和气氛的营造

文化节庆类项目强调从总体上形成普天同庆、万民同乐的热闹、欢庆气氛，较之一般性的观光和度假旅游产品，项目的成功与否在较高的程度上依赖于当地环境气氛的营造。

4）强调资源的整合

从项目开发的角度来说，现代文化节庆类项目，由于被赋予了更多强调整合资源，拉动经济的内涵，因此需要和当地政府、民众以及众多的企事业单位发生着更为密切的联系，牵扯到当地政治、经济、文化、旅游及社会生活的许多方面。

（3）文化节庆旅游项目的开发模式

虽然目前中国对旅游节事的研究还比较落后，但是全国以旅游节庆来命名的活动却很多。以节庆形式和节庆内容为切入点，文化节庆旅游项目一般有 4 种开发模式（图 5-30）：

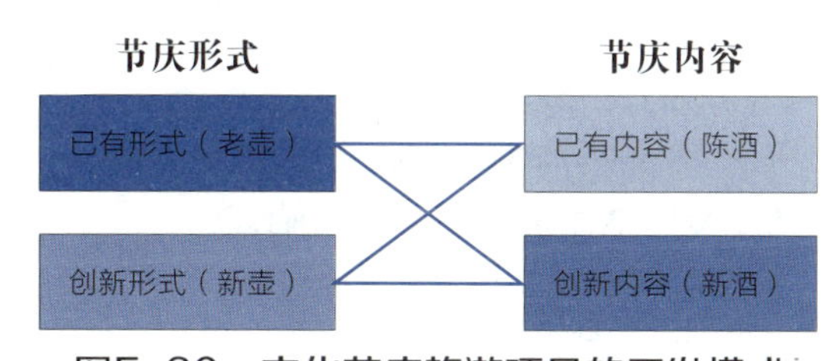

图5-30　文化节庆旅游项目的开发模式

1）经典回归型——“老壶装陈酒”

经典回归型就是在保持地方传统节庆形式和内容不变的基础上，以体现地方风俗节庆的原真性为主，向旅游者展示其原有风貌。

此模式主要是针对那些偏远地区的少数民族节日或待开发旅游区特有的节庆活动，它们多是“养在深闺人未知”的潜力品牌项目，有着独特的个性魅力和异域风情。在当地历史悠久、特色鲜明、群众基础广泛，对外来的旅游者保持着神秘的吸引色彩。

此开发模式下的节庆策划有 3 个特点：一、并不需要对节庆的形式和内容进行改变，主要是保持传统节庆的“原汁原味”；二、要对当地民俗节庆活动系统全面的调研；三、借助各种宣传策划活动，以传统活动的神秘感和个性化来吸引旅游者。

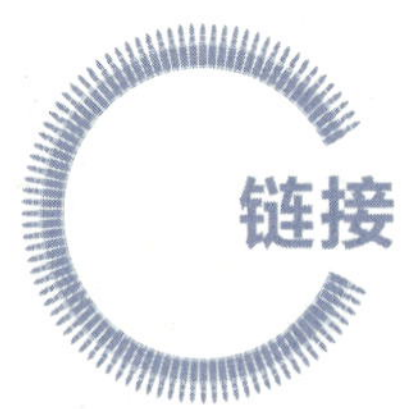

大理白族的三月街，古代又称观音市或观音会，是一个有着1000多年历史的大理各民族物资文化交流的传统盛会，也是大理州各族人民一年一度的民间文艺体育大交流的盛大节日。1991年，云南省人民政府将大理三月街定为“大理白族自治州三月街民族节”。西藏是一个具有神秘感的地方，而藏历新年与汉区春节的大不同也吸引着越来越多的汉族人到西藏体验一把。

2）传统提升型——“老壶装新酒”

这里的“老壶”就是指各种各样的传统节庆旅游资源，“新酒”是指在传统节庆的基础上开发的活动内容、创新的节庆理念等。

“老壶装新酒”是对传统节庆活动的一种改装和提升，是利用传统民俗节庆的外壳，策划开发出满足旅游者需求的现代旅游节庆。传统提升型本质是采取借传统节日庆典的“壳”开发新型节事，它要求策划者注重“老壶”与“新酒”间的匹配程度，既要有创新，又不能串味，既要保持传统风格，又要有内容创新。

这种开发模式的策划特点是：一、保护传统民俗节庆资源的基础上，结合社会发展和时代特征；二、为传统节庆增添新的旅游内容；三、增强了节庆活动的参与性、趣味性和时尚性，使之更加符合现代旅游发展的需要。

例如，民间古庙会是一种特殊的社会形式，庙会最早的形式是隆重的祭祀活动，是人们敬祀神灵、愉悦身心的产物。随着社会的发展，特别是经济的发展，庙会和集市交易融为一体，成为人们敬祀神灵、交流感情和贸易往来的综合性社会活动。

3）提炼整合型——“新壶装陈酒”

此开发模式的执行过程是：

一、对区域内各种现实和潜在的旅游资源进行整合分析；二、挖掘当地的传统文化、民俗风情等资源；三、提炼传统文化中具有代表性或垄断性的东西；四、选择适当的节庆载体加以包装；五、赋予其特殊的节庆含义并采取一定的节庆组织开展；六、长期传播使之产生旅游吸引力。

经典回归型和传统提升型两种开发模式都是对已有的传统节庆活动进行开发，或是“原真性”的回归，或是“传统性”的提升，而提炼整合型是在没有经典传统节庆依托的前提下，通过对旅游资源的整合开发，打造出来的旅游节庆活动必定是以获取经济利益、提高地方知名度为主要目的，更看重的是旅游资源的经济价值，是现代节庆策划中较常用的一种模式。

同传统提升型开发模式一样，提炼整合型的开发也要求“壶”与“酒”的吻合度要高，对“陈酒”的鉴赏要准要精，对“新壶”的开发利用合情合理，要求旅游节庆的形式、主题和内容与举办地的文脉特征要高度一致。

4）无中生有型——“新壶装新酒”

经典回归型和传统提升型两种开发模式是在原有的节庆活动基础上进行内容创新或形式创新，形成更具吸引力的旅游节庆，提炼整合型开发模式是对原有元素的挖掘开发，整合策划形成的旅游节庆产品，这 3 种开发模式正是应了那句俗话“靠山吃山，靠水吃水”。

如果一个地方既没有特色的传统节俗，又没有浓厚的文化民俗，如何来开发旅游节庆呢？无中生有型开发模式就是一种解决之道。

它利用地方的典型环境、特色饮食、工艺物产及流行元素等现代特色资源，选择适当的节庆主题和包装方式，通过现代的旅游节庆形式向旅游者展示现代节庆活动内容。

策划者对“无”和“有”要有恰当的理解。

“无”：

并不是真的没有，而是已经存在但尚未系统化，没有形成节庆表现形式的旅游资源。

“有”：

是指经过提炼、包装、赋义、展示等系列化策划工作而形成的完整的旅游节庆活动。

模式 7. 古镇旅游地产

所谓“古村镇”，是公众和媒体约定俗成的说法。一般是指在某个历史时期形成的、具有一定历史意义、文化特色和艺术价值的古村、古镇。

古村镇也指那些保存文物特别丰富，且具有重大历史价值或纪念意义的，能较完整地反映一些历史时期传统风貌和地方民族特色的镇（村）。

（1）古村镇旅游开发的资源条件

古村镇作为广大农村乡土建筑的聚落地，原本不是作为一种旅游资源而存在。但由于年代久远，其古朴独特的建筑、淳朴的民风民俗以及山清水秀的自然环境，与现代化建筑景观、生活方式形成强烈差异，具备了良好的旅游价值和经济价值。随着社会经济的发展，具有古老、独特的建筑外观和丰富文化内涵的古镇逐渐作为旅游资源被开发出来，成为一种新兴的旅游产品类型。

因此，古镇之所以成为旅游吸引物，需要良好的资源条件。所谓的“古镇”，以下几个条件必居其一（图 5-31）：

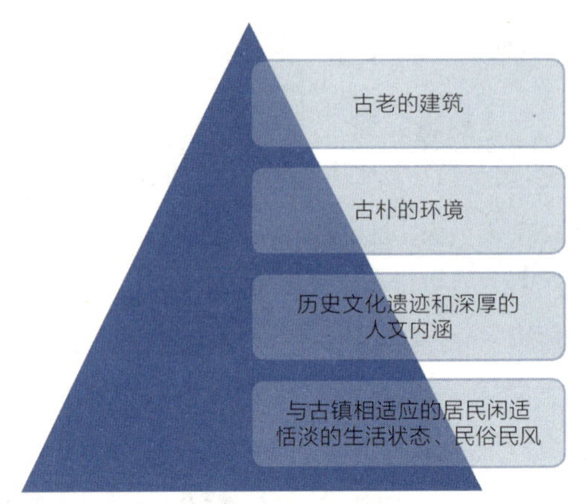

图5-31　古镇具备的条件

1）古老的建筑

进行古镇旅游开发的物质基础是保存较好，且特色鲜明的古建筑，内容包括古建筑的外形、技术和装饰艺术以及较为协调一致的总体建筑风格与整体环境等。

如四川各地的古镇建筑，古老的民居建筑（如古街道、古院落），宗教建筑（古寺庙、道观等）和公共建筑（宗祠、牌坊、桥梁、戏台，反映移民文化的会馆等）相连成片，其建筑外形迥异于现代民居建筑，给人以强烈的视觉冲击。

2）古朴的环境

古镇的古朴环境，为开发旅游提供了重要依据。可以说，古镇的魅力在很大程度上取决于它的总体建筑风格以及与自然环境相结合而形成的不可分割的整体。

比如，地处漓江下游的黄姚古镇，素有“诗境家园”之称，街道全部用黑色石板镶嵌而成，镇内建筑按九宫八卦阵式布局。有山必有水，有水必有桥，有桥必有亭，有亭必有联，有联必有匾，构成古镇独特的风景。

3）历史文化遗迹和深厚的人文内涵

古镇大多历史悠久，人文内涵丰富，有着悠久的历史沉淀和多种文化的相互交融。

如邛崃平落为南方丝绸之路首站，在其景观中可清晰地辨认出历史文化的堆积层，有西汉卓王孙冶铁遗址、天官试剑石、金华山唐代摩崖造像、体现移民文化的江西会馆、湖广会馆等众多古迹。众多的文物遗存为古镇增添了厚重的历史文化价值。

4）与古镇相适应的居民闲适恬淡的生活状态、民俗民风

由于远离繁华都市，古镇淳朴的民风、闲适的生活节奏、简单的日常饮食起居、富乡

土气息的生活用具、生产工具及手工艺品、热闹的节庆庙会等民风民俗，经过千百年的沉淀传承，又相对完整地保留着原汁原味的民间传统，古镇最具特色与最具生命力的特征正在于此。人与古镇的相生兼容，成为古镇固有风貌和生活结构不可缺少的一个组成部分。

（2）古镇旅游开发的区位条件

古镇与大中城市、重点景区景点之间的空间区位关系是影响古镇旅游开发的重要条件。从客源地到旅游地之间的关系来进行考虑，古镇旅游开发应考虑所处的区位条件。

1）周边大中城市的依托

长三角区域的江南水乡六镇、上海朱家角等即是如此。这些古镇有着良好的资源条件和优势，在区位上靠近上海、杭州、南京大中城市，交通便捷，因而它们取得了良好的旅游发展。

2）重点景区景点的关联

一些不在大中型城市周边、但位于著名景区景点附近或必经之路上的古村镇也具备了旅游开发的区位条件与优势。如张家界景区邻近的湘西古镇凤凰，黄山景区邻近的徽派古镇西递、宏村等。这些古镇与风景名胜区在资源上属于两种完全不同的类型，使旅游者在游览自然风光之后，去古镇观赏古朴的风貌，感受其古韵氛围，获得完全不同的旅游感受和经历，由此与著名风景名胜区之间形成了良性的资源互补和客源共享。

（3）古村镇旅游的产品设计原则

古镇现有的自然和人文资源并不等于现成的旅游资源，还需在其基础上进行开发、挖掘，使其旅游吸引力得以充分显现出来。在开发古镇旅游资源时，要注意以下原则：

1）既要提高旅游地本身的吸引力，又要注意研究旅游者心理

古镇旅游行为既缘于来自旅游者方面的“外向力”——怀念传统和复归自然，又来自旅游目的地本身的“吸引力”——古镇与都市迥然不同的地理环境、文化景观，是内外两种力量共同作用的结果。

2）展示出最能体现古镇旅游资源特色的东西

“古”、“旧”的古镇风貌是区别于其他旅游地的重要标志，是古镇旅游的突出特色和重要价值所在。因此，在开发、规划古镇旅游资源时，要注意保护古镇建筑传统的风貌格局。以下策略是非常错误的做法：一、将旧建筑拆除、修“仿古一条街”之类的仿古建筑；二、把古旧建筑粉刷一新；三、将原有居民迁出，仅留下空房子让人去参观。这无疑扼杀了

古镇的特色与生命力。

3）注重古镇旅游资源软、硬件的景观化配置

在设计古镇旅游产品时，要注重古镇旅游资源的景观化配置，在能明显感知的物质形态上下功夫、保持其真实风貌的同时，也应体验环节营造出特色的文化场景、情调氛围。古镇街边做着针线活的女人，边闲聊边晒太阳的老人，还有喝茶听戏的人们；老房子内的古旧家具，如大架花床、八仙桌、条凳、古旧瓷坛、木脚盆……正是这种古朴宁静、原汁原味的环境氛围给予旅游者心灵的慰藉和情感的满足。

（4）古村镇旅游的产品类型

根据旅游资源自身特点和旅游者的心理需求，古镇旅游产品可以设计成古镇观光游、古镇文化展示游、探幽访古游、民俗风情游、艺术之旅、轻松度假游 6 种类型（图 5-32）。

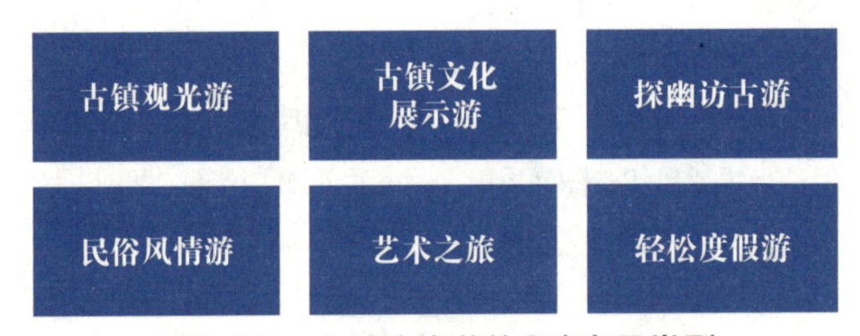

图5-32　古村镇旅游的6种产品类型

类型 1. 古镇观光游

主要观赏古镇的古建筑艺术结构布局，赏析精美的雕刻和绘画、匾额楹联，游览周围的山水等。

类型 2. 古镇文化展示游

针对不同文化素养的旅游者，各古镇根据自身文化遗存特色开辟古文化展示区，通过实物来展示古镇的历史、人文、民俗等不同特色的文化内涵。

类型 3. 探幽访古游

引导旅游者沿着青石板街道，在古街古巷中进行探幽访古，感受古镇居民传统简单的饮食起居所构成的恬淡闲适的人文特色。

类型 4. 民俗风情游

品尝当地风味饮食，参与节庆、庙会、祭祖等民俗活动，或深入当地居民中间，体会古镇赶场天的喧闹场面与寒场天的闲适平和的民俗特色。如游西塘古镇，可品尝当地独具特色的芡实膏、炒黄豆、麦芽糖等，观赏传统的水镇灯笼夜景等。

类型 5. 艺术之旅

古镇所处环境大多山清水秀，古建筑与山光水色结合在一起，可以此为基础，组织开展绘画、摄影等艺术活动。

类型 6. 轻松度假游

选择有特色的民居客栈住上三五天，在古镇古朴的环境氛围之中或玩棋牌，或闭目养神，或在周围散步、登山，使之达到放松心情、舒缓精神的目的。

（5）古村镇旅游的开发模式

选择适合的开发模式是古村镇旅游开发的重要条件。从管理主体和机制角度而言，目前主流的观点认为我国古村镇旅游开发分为政府主导经营、社区自体经营以及外来开发商主导经营的 3 大主要开发模式（图 5-33）。

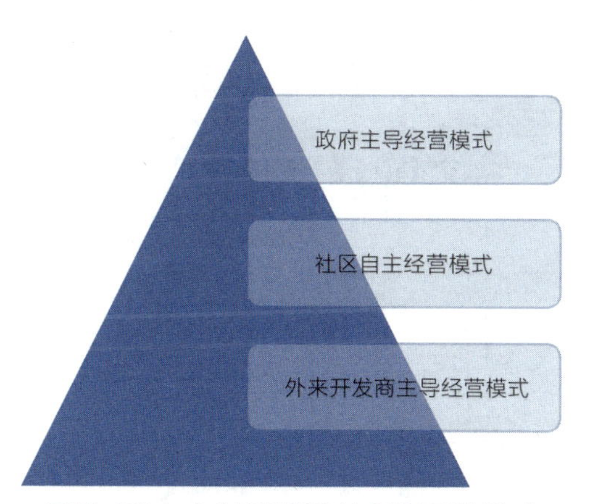

图5-33　古村镇旅游的3种开发模式

1）政府主导经营模式

以江苏周庄为代表。其旅游开发从一开始就在当地政府主导下进行，政府不仅运用规划审批和行政管理等手段对古镇旅游开发进行宏观管理，负责古镇内的公共设施、公共服务和社会事务，而且在一定程度上参与旅游开发、经营。所不同的是，随着时代的发展，政府参与旅游开发、经营的方式和程度有所变化。

2）社区自主经营模式

以安徽西递村为代表。自 1986 年开始商业性旅游开发以来，西递的旅游经营权始终掌握在村委会手中，其间数次拒绝了县旅游局令其上缴经营权的要求。村委会成立了“西递旅游服务总公司”，由村支书担任旅游公司总经理。这种村办公司的形式一直沿用至今。浙江的诸葛村等也属于这种模式。

3）外来企业开发经营模式

此种模式有两种不同具体形式：其一是由外来企业全部承包经营；其二是由外来企业控股，与当地政府或相关企业合作经营。安徽宏村、浙江南浔和浙江乌镇是此种模式的典型代表。

（6）古村镇旅游的客户来源

旅游资源的特点决定了古镇旅游产品的品位与客源构成。作为一种高品位的产品，古镇旅游要求旅游者有较高的文化素养、知识层次与审美观，且居住环境与古镇有较大差异，因而其旅游客源与一般旅游地的客源不仅在客源的数量上有所差别，更在客源的构成与层次上存在明显差异。

具体在知识层次上可以分为科考修学旅游者和知识层旅游群体；而从空间分布上可以分为国内城市客源市场、港澳台客源市场及日韩、欧美客源市场（图 5-34）。

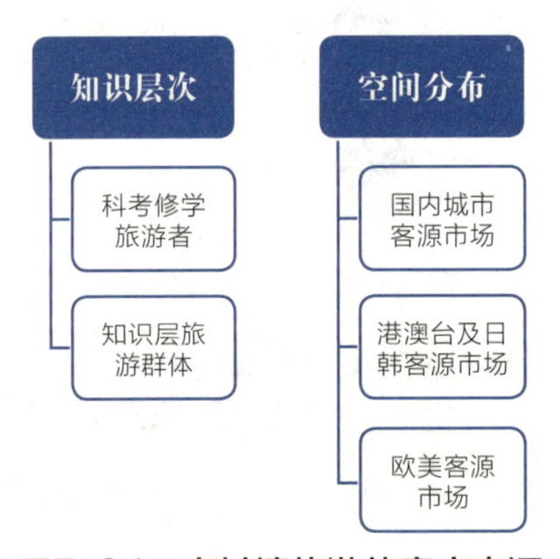

图5-34　古村镇旅游的客户来源

由于古村镇旅游者的偏好、动机、知识层次不同，在游览过程中的行为特点也存在较大的差异，具体体现在 3 个方面：一、景区的吸引物及游览内容；二、旅游形式；三、停留消费层面。

外国及港澳台游客，通常选择知名度大、级别高的景点，停留时间短，购物较少。

国内大中城市知识层旅游群体，通常出于对古代文化的兴趣或增长知识、开阔眼界的目的，以单位或家庭散客的形式去古村镇作休闲观光游。

模式 8. 会展型旅游地产

会展旅游地产是指借助举办的各种类型的会议、展览会、博览会、交易会、招商会、文化体育、科技交流等活动，吸引游客前来洽谈贸易，观光旅游，进行技术合作、信息沟通和文化交流，形成旅游行为，后期通过会展旅游带来的人流、物流，产生房地产需求，并进行相应的房地产开发，满足这类需求的同时，提升土地的商业价值和附加值，获取开发利润。

会展旅游项目一般建在有一定旅游资源的区域，以会议会展为主题，提供各种商务、商业、住宅等地产产品，并以地产为开发目的，并随着区域内的配套开发日趋成熟，使整个区域内生活设施完善，最终吸引居住人口入住本区域（表 5-11）。

会展型地产的客户类型特征　　表5-11

客户类型	客户特征
居住客户	优良的旅游景观资源、优质的生态环境、完善配套商业规划是这类客户的主要吸引力
会展会议参展商	这类客户更多的关注项目内的会展场所、旅游景观、酒店和会议资源
参观旅游客户	会展参观能带来大量的旅游客源，能给项目带来巨大的财富利润
区域内的商务客群	此类客户关注重点在于区域的交通环境，办公环境，商务氛围等基础配套

（1）会展型旅游地产的选址要求

会展型旅游地产在开发选址的过程中，要先确定会展主题的规模和影响力，结合会展主题的能级选择合适的开发地点，注重项目所在城市的能级以及城市综合能力，考虑项目周边的大交通环境和大区位（图 5-35）。在会展资源的使用中，应关注会展品牌的使用和深度挖掘。

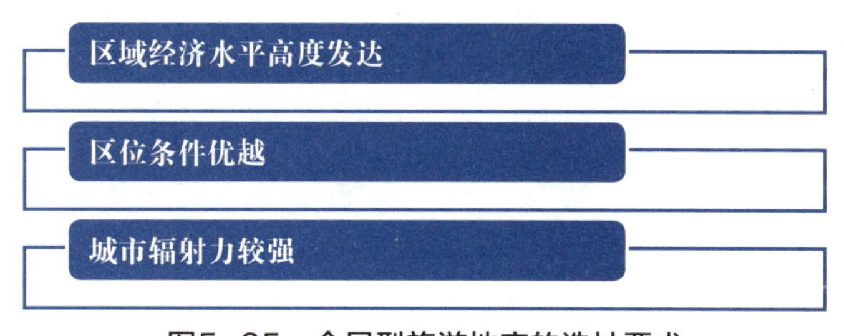

图5-35　会展型旅游地产的选址要求

1）区域经济水平高度发达

发展会展型旅游地产通常都是经济高度发达的区域中心城市，往往能凭借其雄厚的经济实力，对周边地区产生强大的辐射和带动作用，为会展经济提供物质保障。

2）区位条件优越

交通区位优越的城市，区域中心城市，港口城市在培育会展经济上具有得天独厚的优势。从会展地产的角度来看，会展场所是会展活动的最重要也是最基础配套，国际知名几大经济发达城市均配备有会展场所。

例如美国曼哈顿的贾维茨国际会展中心、法国巴黎拉德方斯的巴黎国际会展中心等，许多城市甚至以会展中心为中心区进行建设，这是因为会展物业不仅能提供产品服务展示的场所，也能提供各种大型商务活动的场所。但从旅游地产的属性出发，需考虑项目土地的取地成本以及先天的自然资源利用等因素。因此，项目的区位选址需站在较高的层面综合考量。

结合以上因素，会展地产区位选取的先决条件有如图 5-36 所示的两点：

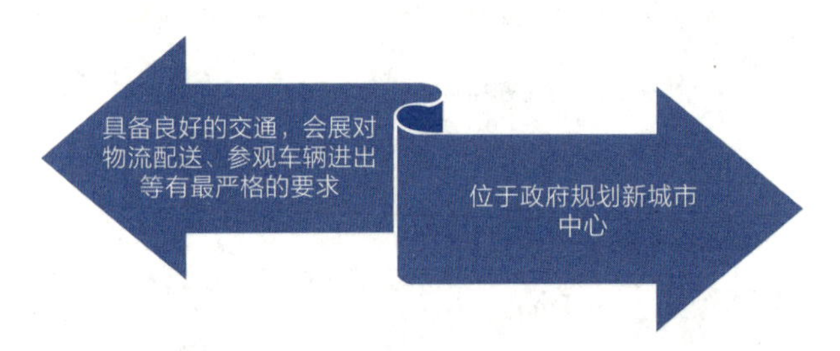

图5-36　会展地产区位选取的先决条件

第一、具备良好的交通，会展对物流配送、参观车辆进出等有最严格的要求，因此道路方面必须达到位于市直重要主干道上，从一处即可通达项目所在城市的中心。同时需要有强大的高速公路网络，使项目能便捷的通往周边重要城市。

第二、位于政府规划新城市中心，因为会展是政府对外开放的窗口，是政府对外展示改革开放成果的最佳平台。

3）城市辐射力较强

一个能被公认的国际性会展，有两个特点：

一、其所在城市，要具备大量要件。如适中的地理位置并且国际交通发达，超一流的会展设施及完善的交通、通信、宾馆饭店等基础设施，高度发达的文化与交流环境，能够为会展活动提供全面、高效的社会化服务等。

二、有较强的区域城市辐射力、影响力等城市综合能力。

（2）会展型旅游地产的资源要求

会展地产的主要功能是以会议博览、旅游观光、度假居住为主导的会展型旅游功能，同时能结合运动休闲、商业娱乐、教育文化作为辅助功能。项目功能规模，主要会展类型的大小和举办城市的城市能及所能辐射到的城市圈层，以及其居民消费的水平。

对于开发特大规模的项目，则可以以会展资源综合利用为核心，使项目所处的区域拥有以“会展商务为主题的”新城市功能，并逐步形成以会展商务为主题的卫星城区，进一步开发会展场馆、旅游点、酒店宾馆、商业设施、办公、住宅、主题公园等诸多卫星城功能。

因此，会展型旅游地产对资源的要求有如图 5-37 所示的 4 方面要求：

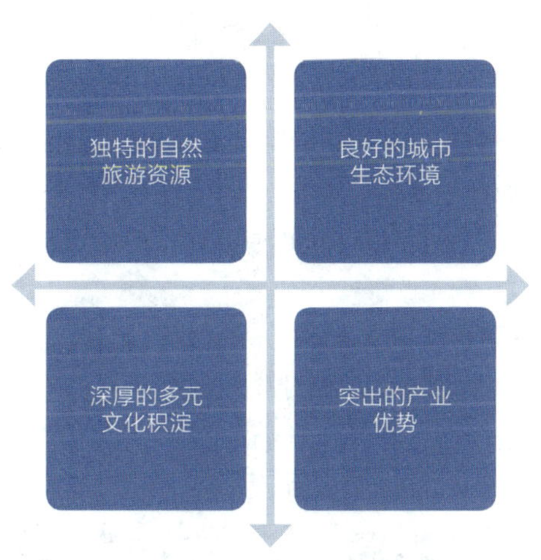

图5-37　会展型旅游地产的资源要求

1）独特的自然旅游资源

项目周边有一定的自然景观资源，开发商和政府可以通过最低的开发成本对此类自然资源进行深度挖掘和开发，并以此带动旅游休憩产业。

2）良好的城市生态环境

良好的城市生态环境，是社会经济发展与社会文明发达的标志，优良城市生态环境建设，是城市可持续发展的基础。优良的城市生态环境包括：绿化环境、人文环境、水环境、城市景观等。

3）深厚的多元文化积淀

多元文化是指在人类社会越来越复杂化、信息流通越来越发达的情况下，文化的更新转型也日益加快，各种文化的发展均面临着不同的机遇和挑战，新的文化也将层出不穷。在现代复杂的社会结构下，必然各种不同的文化需求服务于社会的发展。而会展业需要的就是

这类多元文化。

4）突出的产业优势

这里所要求的产业优势更多的是指第三产业的发达性，结合举办会展的城市自身产业特点，最大限度地形成产业集群，组成完善的产业链条。通过这些产业优势的组合，能带动会展业及旅游业的高度发展。

（3）会展型旅游地产的启动引擎

会展型地产中最重要的会展经济对房地产起催化作用，这种作用绝不是昙花一现，而是一种持久、稳定的动能经济。为适应新的形势，会议展览型物业的永久性决定了该区域未来无与伦比的社会、经济价值，尤其是当区域内配套设施到位以后，将完全刺激该区域的地产，提升该区域的土地价值。

这种经济属性和社会属性，决定了会展在此类主题地产开发中的绝对地位。

一般来说，会展型旅游地产的开发有如图 5-38 所示的 3 种启动引擎：

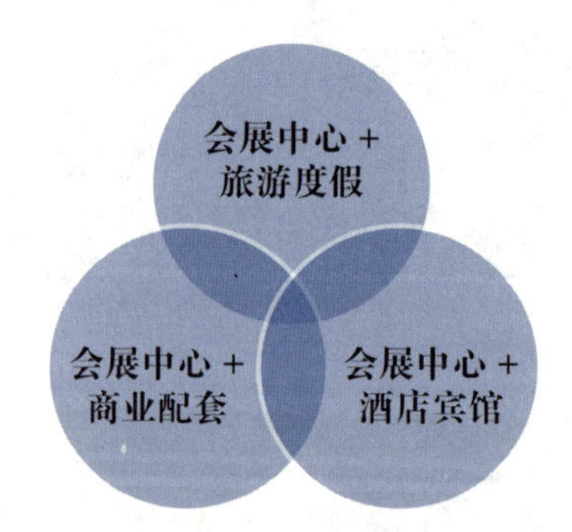

图5-38　会展型旅游地产的3种启动引擎

1）会展中心＋旅游度假

通过旅游度假产品的开发，结合会展主题资源，使整个区域形成优良的会展型旅游氛围，让参展商、参观者能“常来”。

2）会展中心＋酒店宾馆

以参加会展的参展商、参观者需求为主导，满足此类客户对于基础住宿的需求，形成完善的会展产业链，目标是通过酒店宾馆的建设，使让参展商、参观者“常留”。

3）会展中心＋商业配套

通过完善的基础商业配套建设，迅速形成成熟的商业氛围，通过商业氛围的培养，迅速提升区域土地价值，最终结合会展主题使参展商、参观者、原住民能“常住”。

（4）会展型旅游地产的开发顺序

从会展地产的角度，可以将会展地产划分为两大类（图 5-39）。

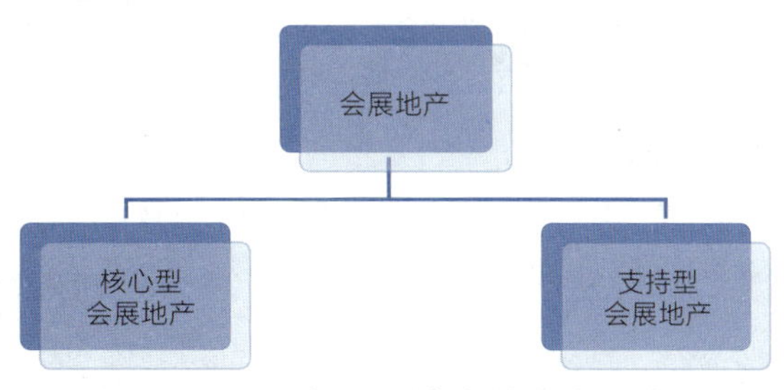

图5-39 会展型地产的两大分类

第一类是核心型会展地产，主要是指直接为会展项目服务的物业地产，包括会议中心、展览中心以及其他具有部分会展功能的设施等。

第二类是支持型会展地产，主要是指间接为会展项目服务的地产，包括配套商业、酒店宾馆、办公楼、住宅等其他基础设施等。

不同类型的会展地产，其物业的开发顺序各不相同。

1）核心型会展地产物业开发顺序

核心型会展地产的开发模式多处于各类有效旅游资源相对匮乏的区域，以科学规划和会展主题开发为核心，形成全新的会展型旅游房地产开发模式，逐渐成为实现会展业和旅游业升级和创新的有效途径。

这一新模式有两个特点：一、有利于地方经济的发展，在新型的会展旅游区，利用科学规划和开发带动会展型旅游地产的发展，可以富有成效地使土地迅速升值；二、非常有利于当地房地产业的扩张和地方财力的增长。

此类项目开发，初期先确定会展主题，联合政府等权威机构申办会展，通过会展主题的确定与举办权的取得，然后对基础配套设施进行开发，通过会展活动所需基础设施的完善，再开发提升土地价值的其他房地产产品（图 5-40）。

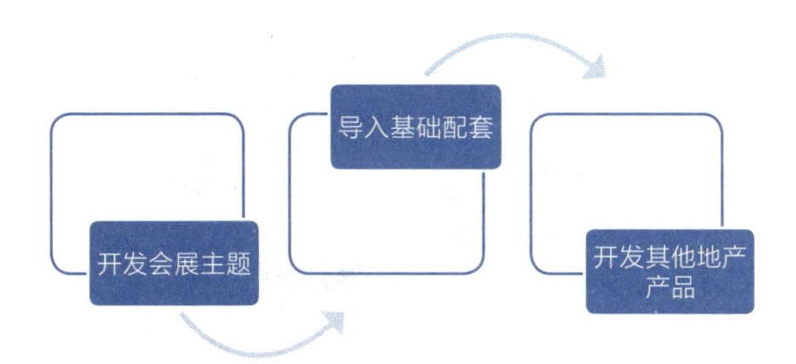

图5-40 核心型会展地产的开发顺序

2）支持型会展地产物业开发顺序

支持型会展地产所在区域，其经济实力一般较为雄厚，区域内已有一定的资源或规划注入新的强势资源（如高级温泉、顶级酒店、高级度假村等），会展概念可以结合这些资源，作为提升城市或区域形象的一个引爆点，一个能提升项目的知名度和影响力，拉升土地附加值的一种高级推广价值点。

此类项目的开发，因为区域内基础配套已经基本完善，又有一定的优质资源（旅游景观、历史人文等），可以通过会展主题的导入，提升区域的知名度，最后拉高整个区域的房地产价值（图 5-41）。

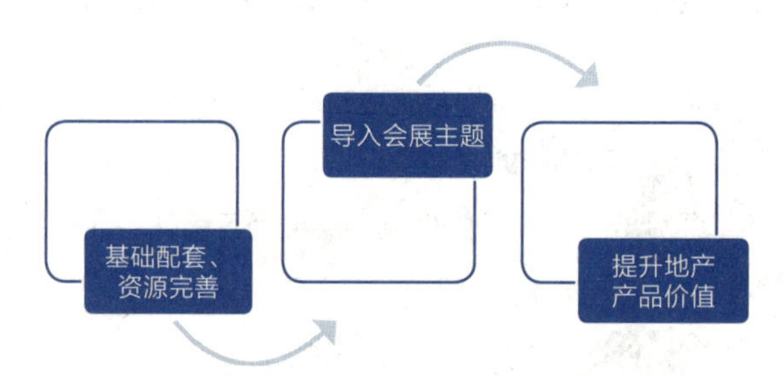

图5-41　支持型会展地产的开发顺序

（5）会展型旅游地产的核心竞争力

会展型旅游地产的核心竞争力可以从其地产物业的特点和经济特点两方面进行分析，物业特点有不可移动性、异质性、持久性，经济特点有资源稀缺性、多功能性（图 5-42）。

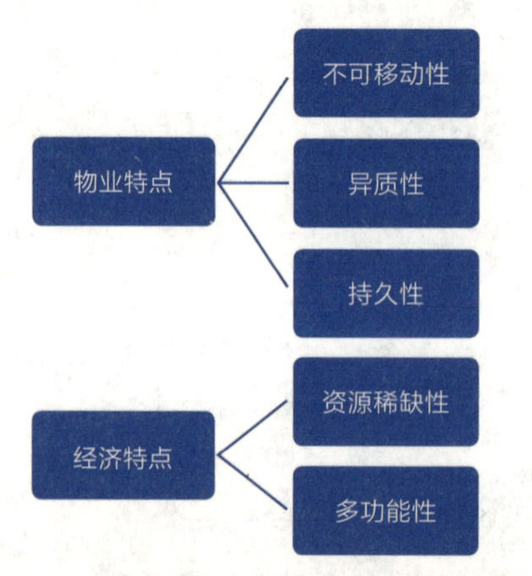

图5-42　会展型旅游地产的核心竞争力

1）不可移动性

从不可移动性的角度来看，会展型地产不能移动其位置，或非经破坏、变更不能移动其位置。这就决定了会展型地产一旦建成如果缺乏与之相适应的会展市场，就会造成区域沉淀。

2）异质性

从异质性的角度来看，每处会展型地产都有一个唯一的、不可复制的位置。这意味着核心型会展型地产开发的前期评估很难进行，此时经济的外部性将起到重要作用，相关支持型会展型地产开发能够更加强化异质性当中的优势一面。

3）持久性

从持久性的角度来看，会展型地产一般认为是不可磨灭的，能对地方社会经济、生态环境起到持久影响。

4）资源稀缺性

从稀缺性的角度来看，土地在绝对量上不存在短缺的问题，但是在一定时间、一定地点能满足某一会展地产项目的土地可能是非常稀缺的，所以一项会展地产所蕴涵的价值惊人。

5）多功能性

多功能性角度来看，会展型旅游地产不仅是生产资料，而且具有相当的保值增值功能，是一种重要的投资工具，这就要求在不动产开发时必须考虑多方面因素，包括投融资的合理安排，最大化降低可控成本。

模式 9. 产业新城旅游地产

产业新城开发是区域开发的重要且常见形式之一，它以区域特有产业资源或可嫁接资源为开发依托，在综合开发利用产业资源的基础上，建设相应的产业园区、城镇居民点体系、城市生活配套及相关基础设施，以调整或协调区域的人口、资源、经济和环境的相应关系为目标，对区域产业结构进行扩大、重整、嫁接或颠覆，从而建设一个独立性和系统性较强的、具备生产生活能力及经济创收能力的新城区。

（1）产业新城两大开发模式

通常，“产业新城开发”包含两种模式，其一是完全由政府主导建设、规划的政府行为，其二是政府主导规划，企业联合开发的“计划兼市场”模式（图 5-43）。

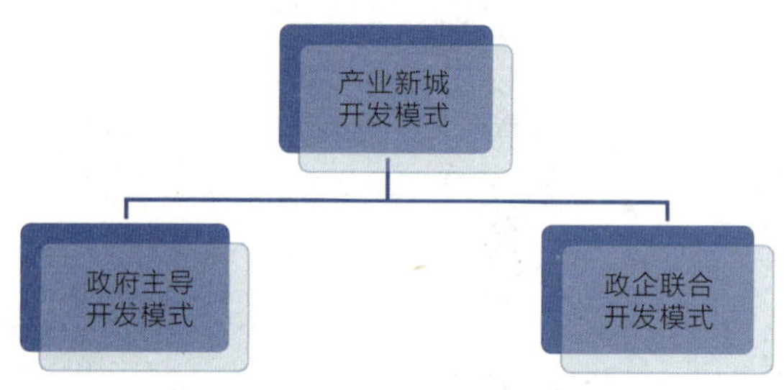

图5-43　产业新城两种开发模式

1）政府主导开发模式

由政府主导区域的整体规划，邀请设计单位对区域进行整体定位、功能分区、产业选择等，确定总体规划方案和部分区位的控制性规划等，确立并引导区域的宏观发展方向。

政府主导区域开发时的征地、拆迁和安置事宜。由政府独立出资进行征地补偿、拆迁和建设分配安置小区等工作，而不再是委托开发商进行，牺牲政府部分利益。

政府主导区域开发时的基础设施建设。进行土地平整、七通一平、道路等配套设施建设，从而使土地由生地变为熟地，由毛地变为净地，提高土地级差，在出让时获得较高的土地收益。

政府主导区域的招商引资。由政府对各个地块进行包装定位，以土地带项目的方式进行招商引资，开发商拍得地块后，按照政府预定的方向和定位发展项目，从而实现整个区域发展的“计划性”和“可控性”。

优势：

一、利于政府从整个城市发展的角度来配置区域资源、定位区域功能，以大局观实施区域开发战略，实现区域合理规划、科学布局，使区域发展与改善城市功能和形象相结合。

政府主导项目开发进度，获得主动权，从而对开发周期实行严格监控和灵活调整，满足城市建设的要求。

二、利于政府从民生角度考虑建设过程中所发生的拆迁、安置等问题，从政策角度实施人性化措施，将政府的增收节支取得的经济效益转移到当地百姓身上，解决开发商不能和不愿解决的一系列问题，避免开发商与民争利的行为。

把政府主导的有效推介和市场推介结合在一起，兼顾政企利益和市场需求。

三、利于政府宏观调配产业资源，从可持续发展的角度安排企业开发事宜。

政府主导建设，还可吸收国家金融机构对地方政府的支持资金，使政府能够顺利展开一系列开发性工作，完成区域土地一级开发市场的顺利运作。

弊端：

一、压缩了开发商开发定位的自由空间，土地有效需求往往被抑制，无法得到满足。

二、政府从土地一级开发中获取丰厚收益，或许不能直接投入新区域的基础设施建设，而是投入到城市建设的其他环节，因此，造成新区域基础设施建设的滞后，影响开发进度和效率。

2）政企联合开发模式

政企联合开发模式即政府和企业联合运作，风险共担。政府以土地入股，开发商投资建设，政企双方共同享受土地溢价收益。

优势：

一、政府作为最大限度地遵循经济规律，有效利用土地和资源，协调城市空间的需求。

二、当区域开发投资巨大时，政府无法保证资金的充足，因此，需要实力企业的参与，带来充足的现金流，促使项目运作顺利。

政府希望区域开发能够带动整个城市经济的良性循环，企业希望项目能够为自己带来稳定的长期收益，因此双方能够在区域发展的远期目标上达成一致，在这种情况下，企业往往承担着政府职能，推进和调控区域的具体项目开发。

弊端：

一、政企联合开发，入股方式不同，如何平衡各方利益极为重要，若协调不当，极易导致开发进程中断。

二、企业的介入使得政府无法单一的从城市发展角度考虑区域开发定位，兼顾城市与开发商集团利益成为政府面临的核心问题。

（2）产业新城开发的特征

产业新城开发有如图 5-44 所示的 6 个特征：

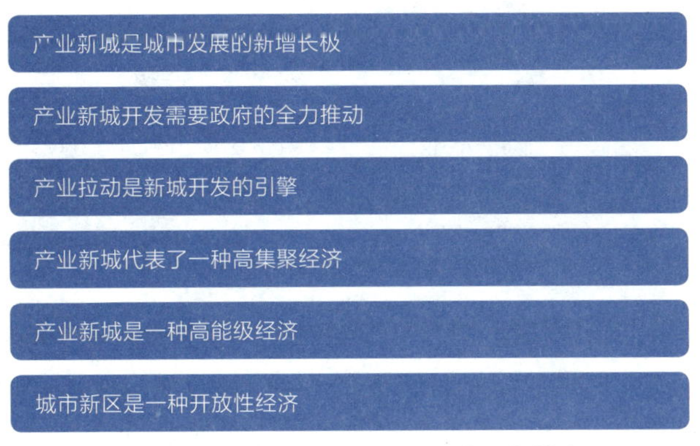

图5-44　产业新城开发的6个特征

1）产业新城是城市发展的新增长极

产业新城的建设依托对原有区域的重新规划和定位，升级原有产业结构或引进新型主导产业，建成城市产业转移和人口疏散的基地，由此成长为城市的新经济增长极，完成城市的扩张和用地功能的转换。

2）产业新城开发需要政府的全力推动

在城市郊区选择新城，并制订标准高、切实可行的新城总体规划，通过城区政府对新城开发规划的具体实施，促进城市社会经济的协调发展。当然，政府推动符合城市发展的内在规律。

3）产业拉动是新城开发的引擎

产业新城的开发是城市发展到一定的历史条件下由特定产业拉动和提升的，广州天河新区的开发规划就是通过天河体育中心的建设得以实现，并通过高新技术产业的推动不断提升的。

4）产业新城代表了一种高集聚经济

以高新技术或新型产业为开发核心的产业新城，实际上是一种高集聚的经济体。通过一条完整、独立的产业链聚合，推动区域内部的社会分工和规模经济，实现更高的总体经济效益，并通过城市新区辐射而带动整个地区经济的发展。

5）产业新城是一种高能级经济

由于集聚经济作用，城市新区经济比其他地区具有更高的经济发展势能，从而对周围地区产生强烈的经济吸引和经济辐射功能。

一方面，城市新区作为一个强大的经济场，通过向外扩散商品、转让技术、产业转换，为中心城市的金融、贸易、信息、技术服务等第三产业的发展腾出空间。

另一方面不断向外扩散经济、产品及产业，又可以带动周围地区的经济发展，促进城市经济的空间拓展。

通过城市新区吸引和经济辐射的双重功能作用，有利于合理配置资源，形成合理的产业结构和空间布局，使企业集团的扩张边界扩大，发挥集约化规模经营优势。

6）城市新区是一种开放性经济

城市新区以国际市场为背景，以外向化为特征，吸引大量的国际资本、信息技术、人才集聚，从而推动城市新区经济的全球化发展。其开放性还表现在城市新区大量的对外经济、贸易、金融活动的功能上。城市新区已成为一个国家，一个地区外向型经济的枢纽点。

7）城市新区经济是一种自组织经济

主要表现在城市新区经济处在不断地调整结构、调节功能和空间形态的变化之中，表现出强大的自我调整的生命力。

（3）产业新城的 5 大产业驱动力

产业新城的开发通常借助以下 5 个产业作为驱动力（图 5-45）。

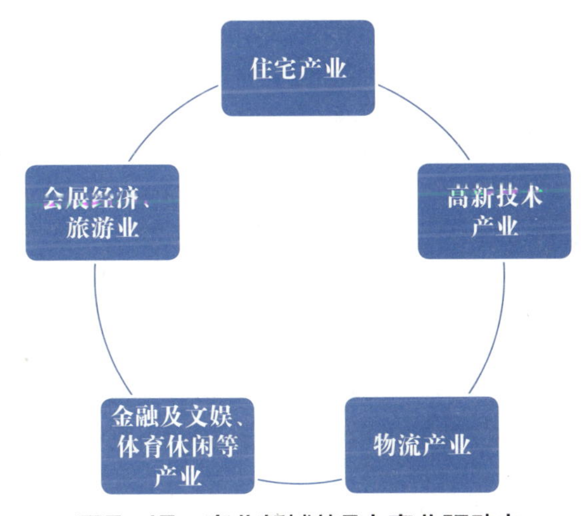

图5-45　产业新城的5大产业驱动力

1）住宅产业

其一，产业新城因产业人口的快速积聚而产生相应的住房需求。其二，产业新城因市政力量的大举投入，因此在道路建设、绿化环境、生活配套、行政配套等方面均具有一定的吸引力，产业园区所积聚的中高端技术人才又使得区域具备一定的人文气息，其住宅价格往往大大低于原城市中心区域，因此不仅是老城区居民购房的热点区域，更成为开发商竞相追逐的开发热土。

2）高新技术产业

产业新城的主导产业往往从城市产业升级的角度进行选择，因为经济发展不能再以牺牲资源能源环境为代价，必须加快调整产业结构，转变经济增长方式，按照走新型工业化道路的要求，加快用高新技术改造传统产业的步伐，形成以高技术产业为先导的产业发展格局。

3）物流产业

统一的公共物流平台对产业园区来说非常重要和必要。物流平台能够为产业园区内企业提供便捷的低成本物流服务，降低企业原材料采购成本、半成本、成本运输、包装、仓储等成本。

4）金融及文娱、体育休闲等产业

产业新城既然承担了城市新增长极的作用，那么它应该是一个功能齐全的小型城市综合体，既有产业的发展基础，更有服务于新城的金融、文娱、休闲等配套，满足因频繁的商贸往来而产生一系列配套需求。

5）会展经济、旅游业

会展经济、旅游经济和房地产经济是新世纪 3 大无烟产业。会展经济具有桥梁、窗口、展台、连带等功能，具有强大的关联效应，已被许多城市纳入重点扶持的都市型朝阳产业。旅游业因具有较强的经济带动作用（依据旅游业的经济带动量计算，旅游业每收入 1 元钱，可以带动社会综合效益 6 元），因此，是结合地方特有资源后值得开发的产业类型。

（4）产业新城开发的启动引擎

产业新城是政府包装之下的项目，因此，也需要有一个强大和有效的引擎，在区域启动之初，迅速积累关注度，树立新城良好的开发形象和开发潜力，以吸引投资和合作伙伴（图 5-46）。

图5-46　产业新城开发的4大启动引擎

引擎 1. 国内外知名企业集团的入驻

知名企业集团的入驻，可以说是最为提振市场信心的途径之一。因大型品牌企业在城市区位、经济发展、产业环境、交通条件等方面的考量较为苛刻，业内企业往往选择跟随战略，以随时享受产业积聚带来的积极效应。

引擎 2. 知名财团的资金投入

知名财团的资金投入是引爆新城开发的又一重要途径。他们往往不自觉地承担着一种“投资风向标”的作用，它的资金流向成为业内判断投资热点的重要依据。

引擎 3. 高尖端产业的引进

高尖端产业技术含量较高（表 5-12），对关联产业的波及效果强烈，且因为极度的稀缺性，而受到国家和地方政府的“格外关注”，除给予政策性的支持外，在产业新城建设、基础配套建设上，往往优先满足区域需求。

各种高尖端产业 表5-12

以尖端技术为中心的产业	飞机、宇宙、原子能、海洋开发、生物技术、电子计算机
系统产业	工程管理、城市开发、通信
支撑技术革新的材料产业	新金属、陶瓷、高性能树脂、复合材料

引擎 4. 地方新行政中心的伴随建设

国内许多城市在发展产业新城时均采用此类办法，即将位于老城区的行政中心进行迁移，在产业新城区域建设新行政中心，甚至建设大型的城市功能配套，如体育馆、科技馆等，以此来转移城市的发展核心，带动新城的快速发展。

新手知识总结与自我测验

总分：100 分

第一题：旅游地产盈利有哪几个核心价值？（20 分）

第二题：温泉旅游度假项目有哪几种产品形式？（15 分）

第三题：主题公园有哪几种盈利模式？（15 分）

思考题：旅游地产九大盈利模式各自的核心竞争力在哪？（50 分）

得分：　　　　　　　　　　　　签名：

旅游地产风险规避与发展趋势

操作程序

一、旅游地产的风险规避

二、旅游地产未来发展趋势分析

旅游地产投资效益高于传统住宅地产，高收益投资伴随着高风险。因此，投资旅游地产必须先明确风险影响因素，掌握规避风险的策略，尽可能将投资风险降到最低。

旅游地产作为一项长期的投资，投资前有必要分析旅游地产产业发展现状，预测未来趋势。

一、旅游地产的风险规避

旅游地产投资的特点是：周期长，投入资金量大，资金变现能力差，影响因素复杂等，同时还具有一般房产所不具有的特征：物业档次较高、容易受到旅游环境变化影响等（图6-1）。因此，旅游房地产投资面临的风险因素更加复杂，其投资风险相对来说更大。

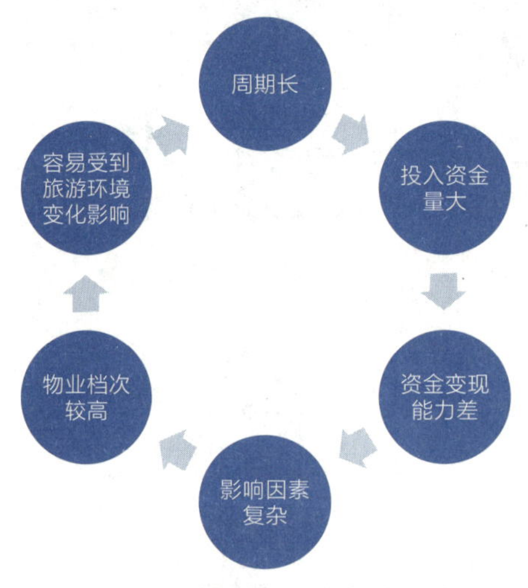

图6-1　旅游地产投资的特点

引发旅游房地产投资风险的因素有很多，后果严重程度各不相同。在引起房地产投资风险的诸多因素中，将所有风险因素考虑进去分析既不现实也不科学，要抓住主要矛盾，忽略次要矛盾，仔细研究主要矛盾的主要方面，通过风险识别，合理缩小风险因素的不确定性，寻找影响风险的主要因素，为决策者提供最适当的风险对策。

1. 影响旅游地产风险的因素

旅游地产投资风险除了具有一般房地产投资风险外，还兼有旅游业的风险。由于受到诸多不确定因素的影响，旅游地产投资收益与预期收益发生偏离是非常普遍的现象。

影响旅游地产投资风险的因素大致有 7 个（图 6-2）：

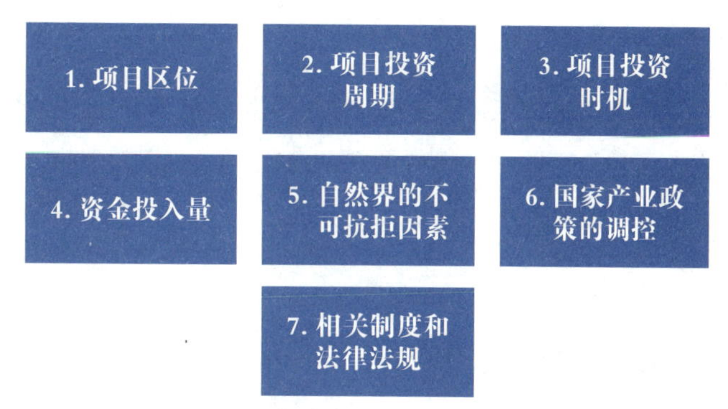

图6-2　旅游地产风险的7个影响因素

（1）项目区位

一般地产都具有不可移动性、区域性和独特性的特点，这些特点决定了它所处的区位、环境条件对项目非常重要。对旅游地产投资者而言，首先是项目所处区位的优劣，环境的好坏，列为影响投资的重要风险因素之首。

首先，旅游地产的区位，必然依托丰富的资源，无论天然的，还是人文的，很大程度上限制了项目地段或区域的选择。

其次，旅游地产的售价与区位的社会经济条件及地理环境关联紧密，但相关区位的经济社会条件的变化充满变数，不确定性因素和风险也隐含其中。

（2）项目投资周期

旅游地产项目从项目建议提出，到项目开发、竣工一直到最后交易，整个时间通常较长，时间因素对于风险而言是亘古不变的主题，时间延续越久，项目风险越大。尤其旅游地产项目，还要对未来消费目标群以及市场行情作出整体预测。在建设前期阶段、建设阶段、租售阶段以及物业管理阶段，时间因素无时无刻不发挥扮演着蕴藏机遇又时刻充满风险的角色。

（3）项目投资时机

不同于普通房地产的是，旅游地产的消费还同时受到旅游气候变化的影响。选择合适时机介入旅游房地产开发项目是房地产企业决策者的一门必修课。决策者必须通过对未来影响旅游房地产开发项目的因素开展科学的预测，以此界定最佳投资契机，降低投资时机给项目带来的风险。

（4）资金投入量

旅游地产投资回收期相对较长，需要较为雄厚的资金做后盾，是一项战略性投资。相对于普通房地产开发项目，旅游房地产的土地购买难度更大，如果处在客流量庞大的地段，土地购买成本相应更高。对于旅游房地产项目的投资者来说，资金所带来的风险永远不允许小觑。

（5）自然界的不可抗拒因素

旅游地产是一种依托旅游业而发展的产业，对旅游业发展状态及自然界不可抗拒的事件的依赖性很大，二者都有可能给旅游带来灾难性影响。如日本地震、东南亚海啸、美国飓风，特别是全球性流行病爆发，如流感、禽流感、非典，对近年旅游业造成的消极影响巨大。因灾害导致的旅游业大起大落，对以旅游为主业的各旅游地经济造成很大的负面影响。从金融角度看，经济及旅游业的不景气，将直接影响投资者对银行的还款。

（6）国家产业政策的调控

产业发展都受国家产业政策的约束及调控。针对我国房地产投资过热，国家出台了一系列的调控政策及措施，政府出台了关于促进房地产市场持续健康发展的若干通知，实行严格的土地管理制度，提高固定资产投资项目资本金的比例，提高房地产交易税等。与此同时，银行相继出台了关于加强房地产信贷业务管理、提高房地产及个人住房消费贷款利率、调整商业银行对房地产贷款比例及个人房地产贷款比例等相关政策。这些房地产发展政策及信贷政策，旨在控制过热的地产业投资。

（7）相关制度和法律法规

近年发展迅速的农村旅游投资（旅游中心城市向周边城区的辐射），由于其项目繁多、投资额少，绝大部分由当地农行和农村信用社贷款支持，在贷款抵押方面与大型旅游投资项目有很大的不同，抵押物基本以私人自住房为主。但最高人民法院近期发布关于法院民事执行中查封、抵押、冻结财产的司法解释中规定，对被执行人及其所抚养家属生活所必需的居住房，即使已经抵押，人民法院可以查封，但不得拍卖。这意味着商业银行以此类房屋为抵押发放的贷款一旦违约，银行也无法处置变现。

城市周边的农家休闲山庄大都是向当地农村信用社贷款，贷款一般以支持“三农”项目为由，没有有效的实物抵押。项目一旦经营不善，将加大农村信用社的风险。

2. 旅游地产不同阶段的风险特征分析

旅游地产开发项目自开发商有投资意向开始到项目建设完毕租售直至实施全寿命周期的物业管理，行业内已经形成了一套相对完备且逐渐被社会高度认可的项目开发流程步骤，即开发的 5 个阶段：即投资与决策阶段、建设前期阶段、建设阶段、租售阶段和物业管理阶段（图 6-3）。

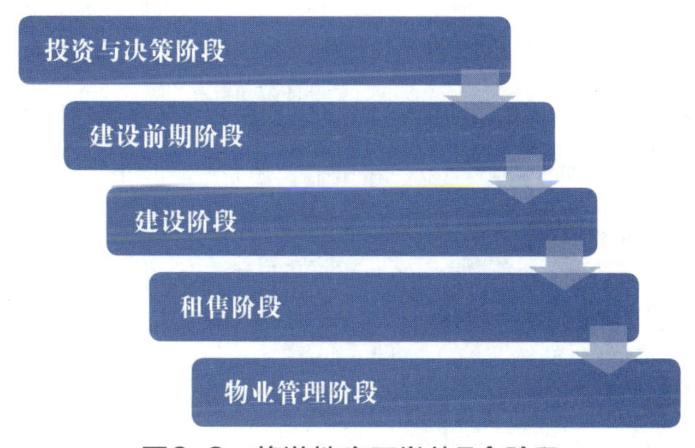

图6-3 旅游地产开发的5个阶段

旅游地产开发项目，包含的内容繁杂，要素众多，过程也较为复杂，将这些复杂的要素放到相应的 5 个阶段中进行分析与管理，会让整个项目的投资过程更加科学。

对旅游地产项目进行综合评价的目的，就是要分析该项目的 5 个阶段可能发生的风险，并进行风险等级的评价，还要得出结论，从而有针对性地根据风险的状况进行风险规避，制定合理的风险管理对策，减少旅游房地产投资的风险，获得投资效益的最大化。

（1）旅游地产投资决策阶段的风险特征

在旅游地产投资决策阶段，由于对其项目决策定位恰当与否与之后的地产建设、租售和物业管理紧密相连，所以，它既是项目科学运作的基础，也是关键。投资决策阶段责任重大，风险程度也就相应很高，主要从如图 6-4 所示的 5 个类别分析。

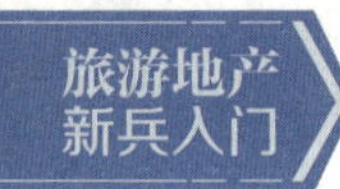

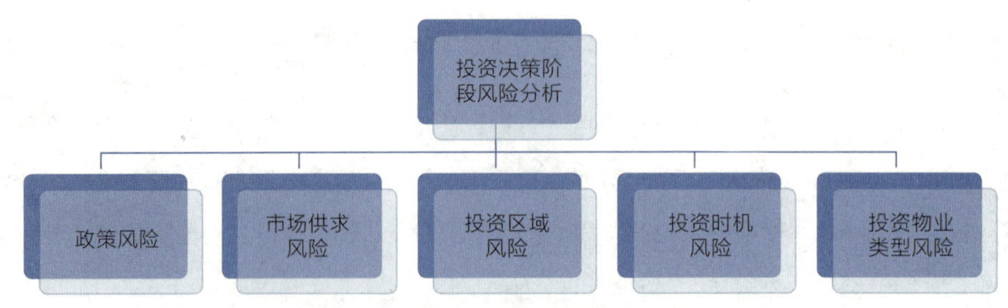

图6-4　旅游地产投资决策阶段风险分析

类别 1. 政策风险

我国旅游房地产业发展历史较为短暂，政府政策引导变化是旅游房地产业投资者制定决策的重要参考。对于旅游地产业的开发商而言，政策影响力不容忽视，只有及时关注政策动态，科学合理的预测与估计，才能在旅游地产项目规划设计中顺应政策的引导。

近年来，国家根据宏观经济环境和房地产业的发展动态，适时出台政策调整整个房地产行业的发展走向，这也给房地产商带来了无法完全规避的政策风险。

类别 2. 市场供求风险

房地产商品价值受供求影响幅度很大，其风险主要体现在现有房地产商品空置率较高的风险和对未来供给预测的风险。

影响旅游房地产风险的主要因素有以下 8 点：整体经济增长速度、有关房地产政策及金融措施、地区财富积累状况、消费者收入变化、外来投资额的变化、需求者心理变化、景观客流量、旅游者行为（图 6-5）。

图6-5　影响旅游房地产风险的主要因素

类别 3. 投资区域风险

影响旅游房地产物业价值的区域因素有：所处的自然地理位置、社会地理位置、经济地理位置和交通地理位置息息相关（图 6-6）。这对于旅游地产业的投资开发起着至关重要的作用。旅游房地产对于投资区域内的旅游资源有较强的依赖性。

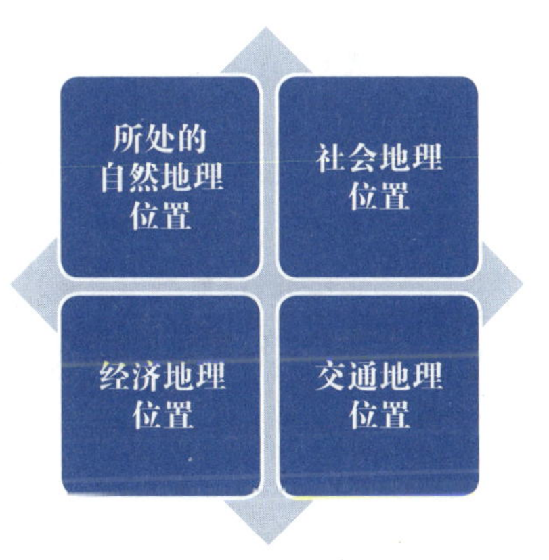

图6-6 影响旅游房地产物业价值的区域因素

类别 4. 投资时机风险

不同于普通房地产的是，旅游房地产消费还同时受旅游气候的变化影响。在什么时机介入到旅游房地产的开发中也决定了该项投资的收益和风险大小。界定最佳的投资契机，是降低项目风险的一个重要影响因素。

类别 5. 投资物业类型风险

旅游地产的不同种类对物业管理要求水平各不相同，物业管理风险也就各不相同。开发企业应该分析不同种类旅游地产物业的不同特点，作出合理的选择和决策。

（2）建设前期阶段风险因素分析

经过房地产投资决策阶段，房地产投资过程即进入第二阶段——建设前期阶段，这个阶段的主要任务是为建造工程做好铺垫工作。主要面临以下 3 类风险（图 6-7）：

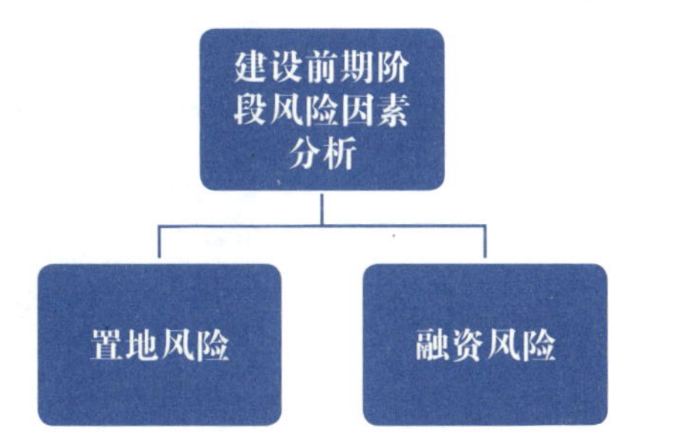

图6-7 旅游地产建设前期阶段风险因素分析

1）置地风险

开发企业也只有通过与政府相关部门的有效沟通，才有顺利取得土地使用权的可能。旅游房地产企业较其他房地产开发商在购置土地时面临的难度更大，相应带来置地风险也大。旅游房地产开发企业在设计项目时务必考虑到该项目开发价值是否顺应了当前政府有关政策的指导主旨和经济发展趋势。

2）融资风险

频繁变化的金融政策给旅游地产开发商的方案策划带来挑战，如何确定融资方式、如何界定融资结构等都属于旅游地产开发融资风险的考虑对象。

（3）建设阶段风险因素分析

建设阶段的主要风险有进度风险、质量风险、成本控制风险、安全风险、技术风险、信息管理风险、沟通风险等（图 6-8）。因此，建设阶段风险也要格外注意。

对旅游房地产而言，投资高，质量要求也高。施工中还要保护自然、历史资源的完整性、密切注意对环境的影响。

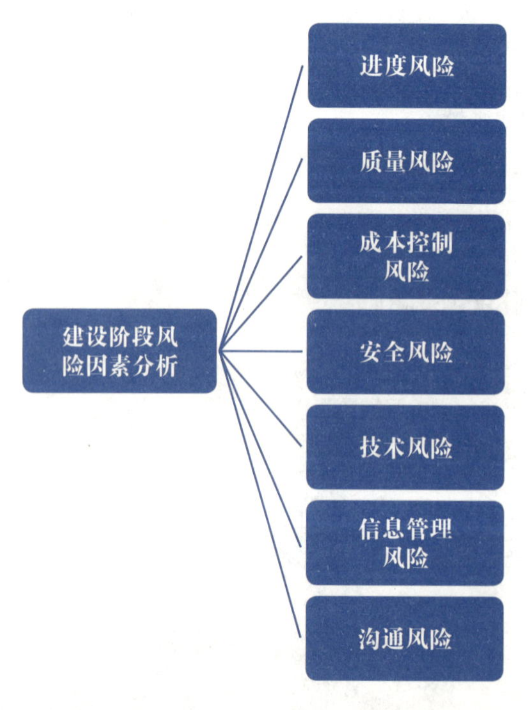

图6-8　旅游地产建设阶段风险因素分析

（4）租售阶段风险因素分析

房地产项目开发完毕后，房地产开发商面临的主要任务是实现房地产的商品转化，尽快实现投资回收并获取利润。房地产租售阶段风险包括市场风险、价格风险和营销风险（图6-9）。

旅游房地产物业的销售时机、方式、市场定位一旦确定不准确，营销措施不力，市场拓展状况不佳等都会使销售量下降，从而产生风险。

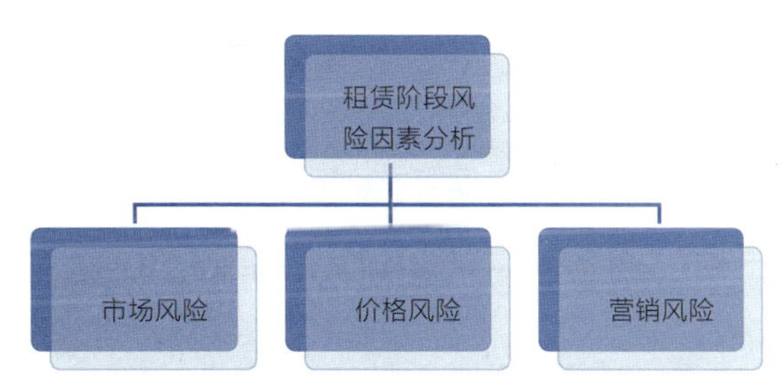

图6-9　旅游地产租赁阶段风险因素分析

（5）物业管理阶段风险因素分析

房地产在租售后面临的风险，即物业管理风险。

房地产投资竞争日益激烈，租售后服务即物业管理愈来愈显得重要。物业管理是房地产开发商委托物业管理公司，以商业经营的手段管理房地产，为业主提供高效、优质和经济的服务，包括物业及其设备日常维护及修缮、绿化、卫生、治安等，使物业发挥最大的经济价值和使用价值。

主要有两方面的风险：委托—代理机制所固有的信息风险和合作管理中的问题（图6-10）。

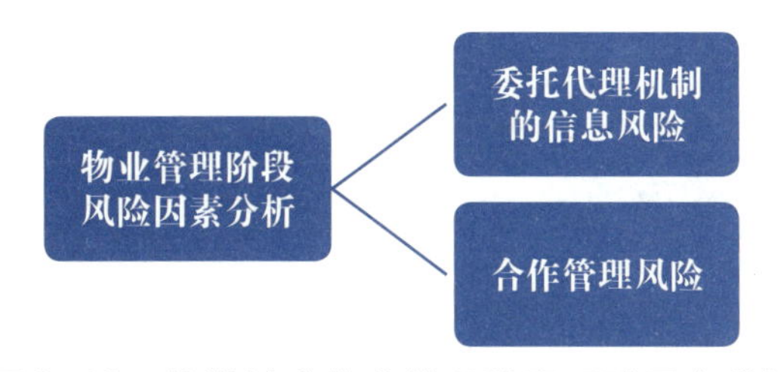

图6-10　旅游地产物业管理阶段风险因素分析

3. 旅游地产风险控制策略

根据风险管理理论和旅游房地产投资的特点，防范和控制风险基本思想是调整某种损失的可能性，进而尽可能降低这种可能性。如果造成损失的不确定因素有可能出现，也有可能不出现，那么在投资过程中应尽量避免可能出现的情况。如果造成损失的不确定因素有大有小，就要采取措施使出现的可能性尽量小，从而减少损失的可能性。

一般来说，可以通过以下方法来规避或控制风险（图 6-11）。

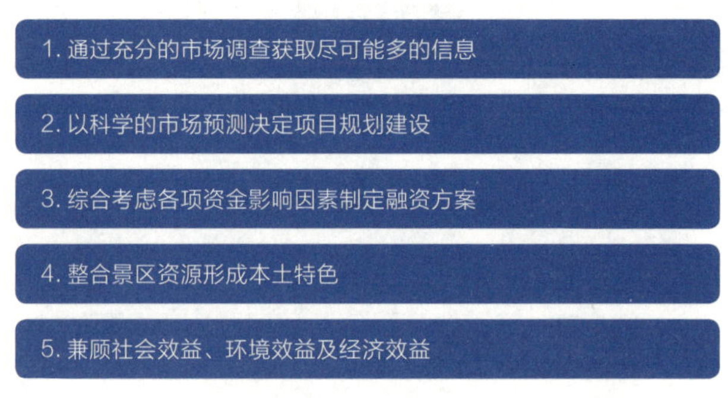

图6-11　旅游地产风险控制的5个策略

措施 1. 通过充分的市场调查获取尽可能多的信息

楼盘的预售收入受政策、市场价格变动等因素影响较大，开发者要特别关注宏观经济发展、宏观政策变化和市场供求现状。如果预售收入完成不好，无法进行后续建设，会引发整个项目资金链断裂，对项目造成毁灭性打击。要控制好这些风险必须加强市场调研，根据环境变化灵活确定策略，确保预售进度的按期完成。

旅游地产开发中，模式选择、策划设计甚至市场营销的失误都有可能使实际收益偏离预期收益。减少这种不确定性从而减少这种“偏离”的最好办法，就是在前期要借助市场调查，获得尽可能多的信息，包括投资项目的信息、区位条件、时机选择、租售选择等。这样就能把不确定性降低到最低限度，较好地控制旅游地产投资过程中的风险。

措施 2. 以科学的市场预测决定项目规划建设

旅游业发展需要市场与客源，房地产出售也需要大量购买者，因此，必须首先进行旅游地客源的预测，并由此来决定各类旅游地产及设施建设规划。

科学市场预测内容包括：旅游地产的具体类型、旅游产品、可进入性、区域经济条件、旅游吸引力、景区知名度等综合分析、合理预测（图 6-12）。

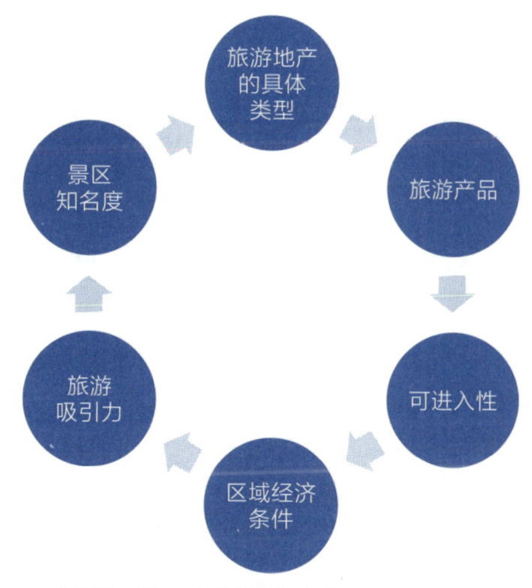

图6-12 科学的市场预测内容

由此看出，旅游地客源与市场的预测，涉及许多相关变量，是一项复杂的系统工程，也是规避风险的关键。

措施 3. 综合考虑各项资金影响因素制定融资方案

旅游地产是一项资金需求量很大的投资，如何科学合理地进行资金平衡测算，从而进行融资模式和方案的设计及操作，关系到整个投资资金链的延续。融资可行性方案则必须结合国家货币金融政策的影响以及自身承受能力，综合考虑资金成本及时序要求，降低融资风险与成本。

措施 4. 整合景区资源形成本土特色

从全国范围来看，不同地区的景区旅游资源属性各不相同，这决定了旅游地产开发形式和规模的不同。只有结合景区各自特点，并针对景区客源市场需求进行合理规划，才能在全国范围内有效整合和开发旅游地产资源，形成优势特色互补，有效有序的开发态势。

既要有本土化发展的策略，也是为了更好的国际化发展态势。对于时权酒店及相关的分时度假产品，则更要注意本土化问题，在开发分时度假产品汇总整合国内资源，使其运作和发展与本地区实际情况相结合。

措施 5. 兼顾社会效益、环境效益及经济效益

首先，旅游地产发展要体现社会效益。不能对景区居民生活、社区环境和原有规划造

成不良影响和破坏。

其次，由于景区原生态体系通常相当脆弱，因而，发展旅游地产首先要调整和完善现存的敏感生态体系，进行保护性、建设性开发，获得环境效益，这是旅游地产增值和可持续发展的保障。

再次，也要兼顾地方和开发商自身利益。即在满足上述两方面要求的前提下，将资源优势转化为经济效益，注重保护稀缺性的生态景观资源。

对于一般旅游地产而言，项目都会选在生态环境资源比较丰富的地区开发，而任何一种开发在某种意义上都意味着对原有生态系统的一种改变。

城市投融资平台参与其中时，更加应该将这三者效益结合在一起。在满足政府规划要求的前提下，尽量开发出更优质的产品，从而更好地将资源优势转化为经济效益。

操作程序

二、旅游地产未来发展趋势分析

旅游产业与旅游地产的发展是互相依赖、互相促进的关系。旅游地产在旅游产业发展的带动下，呈现多元化的开发趋势。旅游地产又反过来促进了旅游产业的发展。预测旅游地产未来的发展趋势，必然需要研究旅游产业的发展趋势。

1. 中国旅游业发展趋势分析

从市场上来看，中国国内旅游市场前景广阔，需求潜力大，国内旅游将维持高速稳定增长的局面，由数量速度型向质量效益型过渡。国内旅游的配套基础设施和服务设施一定会因为行业发展进一步的发展，基本上符合国内旅游的发展步伐。

未来中国的旅游业将呈现以下发展趋势（图 6-13）：

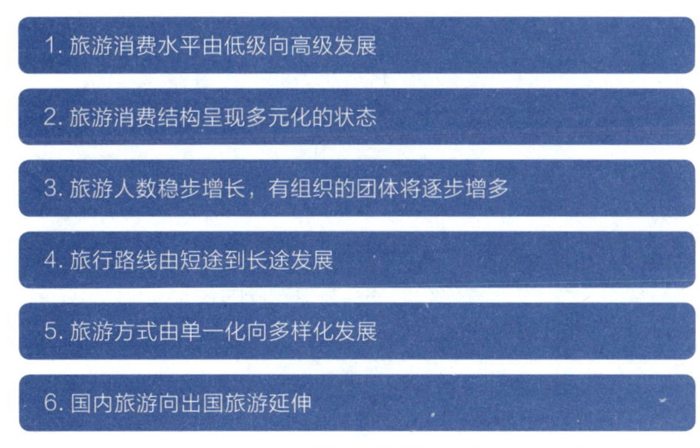

图6-13 中国旅游业发展的6种趋势

趋势 1. 旅游消费水平由低级向高级发展

我国人民收入水平以及旅游设施的供给水平逐渐提高，促使人们对旅游条件提出更高的要求：吃得好、住得好、乘车带空调、坐软卧，有的甚至要求乘坐飞机往返。旅游消费水平将由基本满足型向舒适型、享受型过渡。

趋势 2. 旅游消费结构呈现多元化的状态

当前我国国内旅游消费的结构中食、住、行的比重较大，达 75% ~ 85%，游、购、娱占 25% ~ 15%。旅游业发达国家和地区如新加坡和香港，旅游消费中游览、购物、娱乐支出占 60%。我国旅游消费资料中，物质消费资料多，精神消费资料少。

旅游产品生产开发的多样化、系列化和旅游配套设施投资结构的进一步改观，将有利于旅游消费结构中游、购、娱的比重进一步上升，精神消费资料的比重也将上升。

趋势 3. 旅游人数稳步增长，有组织的团体将逐步增多

目前我国国内旅游人数年平均增长率在 10% 以上，随着市场经济的深入发展，旅游人数将继续增长，并维持高速局面（扣除各种意外因素的影响）。由于负责接待国内旅游者的旅行社增长速度过慢以及经营中的不正之风，服务质量低劣造成目前国内旅游者多以散客出现。随着旅行社的发展及服务质量的改观，将会有越来越多的人通过旅行社旅游。旅行社提供食、住、行、游、购、娱一条龙服务，提供各种旅游信息，也将使一部分旅游者选择它。

趋势 4. 旅行路线由短途到长途发展

人们将不满足家门口的短距离启蒙式旅游，而是向中长途涉足。在旅游区域的扩大中，

热点项目仍会保持热度，温点和冷点将随着国内旅游的发展而逐步升温。交通事业的进一步发展，闲暇时间的增多，将会使消费者的眼光投向外面的世界。

趋势 5. 旅游方式由单一化向多样化发展

近年来国内旅游经济已经获得了长足发展，表现是游客规模的不断扩大、旅游消费形式的不断丰富和旅游经营收入的持续增加。未来，旅游市场在“量”方面还会获得显而易见的增长，并有进一步强劲增长的趋势。

通过对这个市场客源、交通及消费行为进行综合分析之后，当前旅游市场的发展不仅有表象上“量”的增长，更蕴藏着“质”的提升，而体现集中这一“质变”的，就是旅游消费模式的转换，即由传统以景点观赏为目的的“观光旅游”转向 3 个旅游模式：休闲消费旅游、时间消费旅游、度假居住为目的的旅游（图 6-14）。

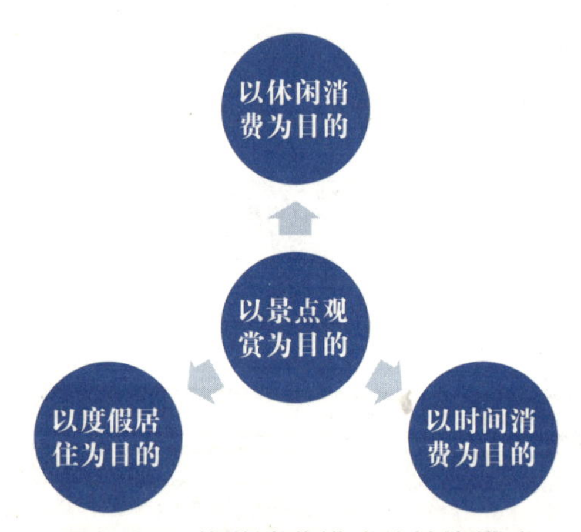

图6-14　旅游消费模式的转换模式

正是这样一种新兴模式，对原有旅游配套服务设施与景区经营模式提出了新兴功能要求。在“休闲旅游”模式中，人们需要的不仅仅是对旅游景点的观赏，更强调旅游全过程的质量与舒适程度，尤其是远离城市景区短期或定期居住，更成为未来旅游发展的时尚。

这种消费模式的转变，是传统的旅游景区在设施上无法继续适应和满足的，正是这样一种转变，使当前以新型旅游消费空间营造为目的的“旅游房产”开发如火如荼。

旅游产品的多样化还会促使人们旅游方式由观光型发展到度假旅游、探险旅游、科学考察旅游、民俗旅游、生态旅游、体育旅游、保健康复旅游、文学旅游、美食家旅游等各种形式的旅游（图 6-15）。

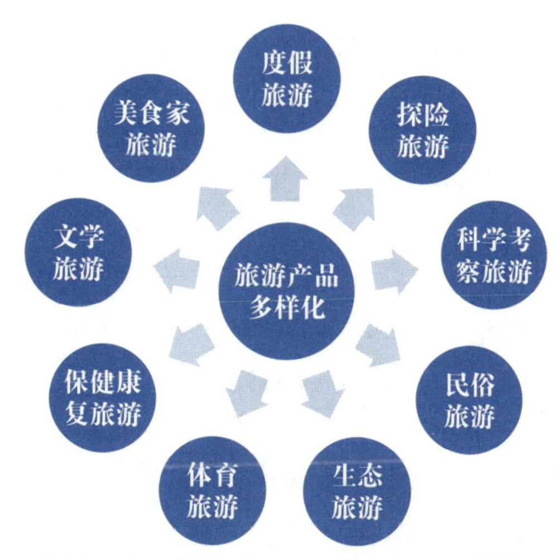

图6-15 旅游产品多样化的发展趋势

趋势 6. 国内旅游向出国旅游延伸

由于边境旅游口岸的增加，使边境旅游日益成为焦点。中国旅游者到东南亚、欧洲、美洲、澳洲等的人数日益增长。

2. 中国旅游地产的发展趋势预测

旅游地产在我国尚是一个比较新的概念，从产品寿命周期理论来说，其尚处于产品寿命周期 4 个阶段（投放期、成长期、成熟期和衰退期）中的第一个阶段。

结合旅游地产在我国的发展现状与发展环境分析，未来旅游地产在我国将出现如下 7 个发展趋势（图 6-16）：

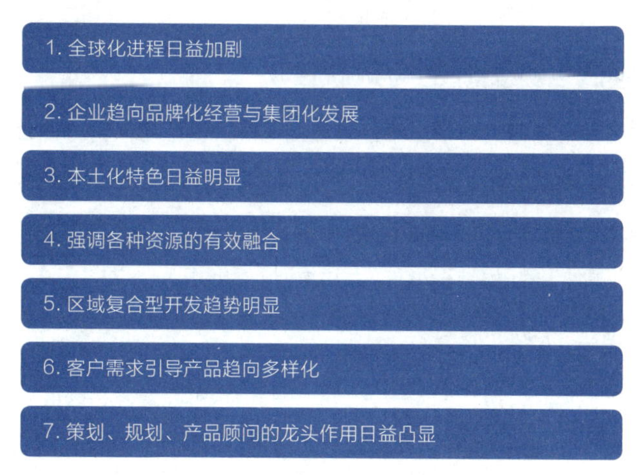

图6-16 中国旅游地产的7个发展趋势

趋势 1. 全球化进程日益加剧

发达国家的旅游地产已有 40 多年的历史，已经发展相当成熟，出现了像 RCI、II、Sunterra 这些大型的开发与经营旅游地产的企业集团，目前正走在以收购与兼并为主要方式的全球化进程的最前端。

中国这样一个庞大的市场正是国际旅游地产企业寻求地域扩张与品牌化经营的重点对象。不少国内企业也希望通过与国际接轨，借助国际上比较成熟的经验及完善的交换网络，完善自己的产品与经营方式，规避一些风险以在竞争中立于不败之地，从而获得更多利益。

趋势 2. 企业趋向品牌化经营与集团化发展

一个有竞争力的品牌在企业进入新市场及推出新产品时将扮演“沟通大使”的角色。而旅游地产不同于一般商品及时购买及时消费的特点，具有一定的期货性质，再加之由于开发初期制度的缺失而导致市场信誉度的下降和美誉度的缺失，因而打造品牌和集团化发展将是旅游地产经营者努力的重要方向。原有的旅游企业集团与地产品牌，依托其已有规模优势及品牌效应，打造本土化品牌，创造交换网络。不同的企业集团之间也将会通过分时度假联盟等加强联合，组建产业联盟，扩大交换网络，以适应消费者多样性的需求。

趋势 3. 本土化特色日益明显

我国企业在进行旅游地产开发与经营中将会越来越理性，会逐步走出一位追求高档与高价的误区，开始从我国实际的市场需求出发，探索出适合我国国情的产品与开发和销售模式。根据我国国情、我国消费者的心理需求和消费理念找出适合我国国情的运营模式并设计出更加符合消费者需求的产品。

因而，未来一段时间，旅游地产在我国的本土化的特征和趋势将日益明显。

趋势 4. 强调各种资源的有效融合

旅游地产的开发投资行为特征已不是单纯的地产投资活动，它对社会文化的促进、生态环境的保护、土地资源的利用等各种层面的影响，均会受到社会舆论的关注。旅游地产的开发，越来越强调各种资源的有效融合。因此要求开发商能有效地整合区域各方资源，增强关联效应，从单纯的旅游资源依托型转变为共生型，实现开发形式的多样化。

1）自然资源与人文资源较好的地区

自然资源越来越稀缺，且人们对于人文历史的追求不断增强，因此，依托人文资源开发旅游地产成为一种新的发展趋势。对传统旅游地产开发而言，选址通常会在两类资源较好的地区（图 6-17）：一类是自然资源较为丰富的地方，如山、湖、海、河周边，这些地区通常空气较好，环境优美，位于城市近郊，具备离城不离尘的特征；另一类是人文资源丰富的地区，如古城遗址、古村落等，此类地区通常人文底蕴浓厚，历史厚重，充满文化气息，在地方人群中引起强烈的内心共鸣。

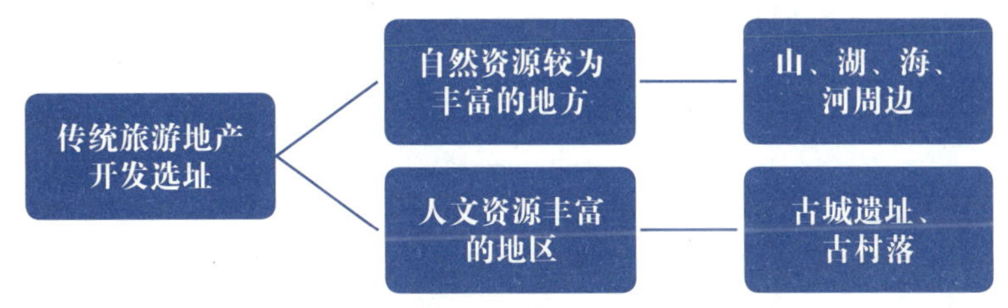

图6-17　传统旅游地产开发的选址

2）自然资源有限经济欠发达的地区

从城市经济发展的角度来考虑，在有限自然资源的经济欠发达地区发展旅游地产，是对经济不很发达的地区、相对贫困的地区经济发展的提升。基于这个目的，地方政府和房地产开发商进行了紧密的、有效的合作，带动区域的招商引资以提高经济实力；其次是在缺乏自然资源的经济发达城市发展旅游地产，地方政府可以由房地产开发商进行土地招标，以完善城市周边基础设施的建设，丰富商业配套。城市两极甚至多极开发的战略布局，将成为今后旅游地产选址的主要方向。

趋势 5. 区域复合型开发趋势明显

不同的资源，不同的土地属性，不同的开发商背景，都会影响项目的体量和规模。从国内目前的发展趋势来看，项目规模正从小体量单一性逐渐转变为大体量多元化特征，也就是从“小而精”到“大而全”的发展方向转变。空间规模并不能单纯地以占地面积和建筑体量来衡量，更需要考量不同层次的产品特征和组合方式。

就目前旅游地产的发展现状而言，旅游地产项目占地面积正在逐渐扩大。

一方面，不断增长的土地价值使得开发商更愿意在项目开发之前先行圈地，且土地越多越好。

另一方面，在累积了多年开发经验的情况下，很多开发商都有着较强的开发自信，在不断扩大其开发项目体量的前提下，在产品组合方面，不断创新产品形态，做更合理有效地整合，以“全”为基础，不断地创新。

在旅游地产大规模开发的发展趋势之下，也开始逐渐演化为大型区域的经济开发，由旅游地产主导的旅游产业和旅游相关产业，逐渐支撑起地区人口、经济发展，并通过复合型的旅游地产开发，不断提高土地价值，催热区域经济发展，再反作用于地区产业经济的进步，这就是大旅游地产的概念。

在这样的发展趋势之下，空间规模从“小而精”到“大而全”的复合型发展趋势将越加明显。

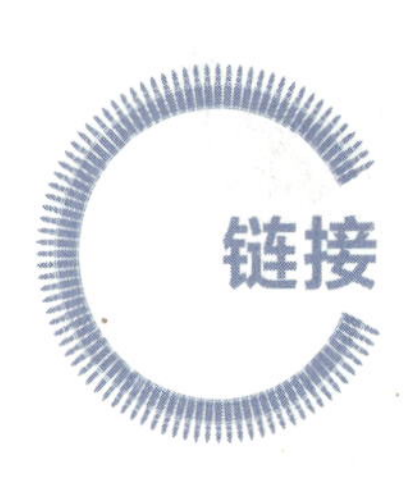

目前我国旅游地产主要出现在东部沿海及一些中心城市。但是中西部地区有着丰富的旅游资源优势，随着这些地区经济的发展，依托中西部地区丰富的旅游资源将会出现大批与其开发相结合的旅游地产产品。旅游地产势必会向中西部扩展。另一方面，随着我国高速公路交通网络的日益完善，以及私家车的拥有量增多，一小时都市圈应运而生，不少城市人会在周末或其他假期选择到附近景色宜人、环境优美的地方度假，因而旅游地产会逐渐从中心城市向周边的二级城市扩展。

趋势 6. 客户需求引导产品趋向多样化

旅游行为的发生主体是消费者客户群体。满足不同档次客户的不同需求，是旅游地产不得不面临的重要挑战。面对这一挑战，旅游地产的开发商们正在逐渐地转变产品设计和功能布局，而左右这一变化的是对客户需求的不断深入研究。

旅游行为的发生载体是客户群体，旅游地产功能产品的升级是旅游行为不断转变的结果，多变的客户需求，引导着旅游地产产品的不断变化。

因为旅游房产通常具有“投资 + 自用”的两重功能，投资者不仅可以在投资中获得保值增值收益，更可以通过投资长期享受物业带来的空间享受和消费功能。这样的旅游房产通常会吸引一些“高收入”、追求“高品质”生活的人群前来消费与投资。这是近年来旅游房地产发展的一个重要特征。

开发商可以采取一些相关的营销措施满足不同消费者与投资者的需求。如委托经营与定期免费自用的营销策略，即房产售出之后，每年提供一定期限的居住期限，具体入住时间可以由业主自由选择，此外的时间，将由酒店营运商接受委托实施对外统一经营管理，并向业主提供固定比例的收益回报。 这样一种模式不仅满足了“双高”阶层休闲度假的愿望，同时也免去了他们在不使用物业时打理、租赁的麻烦，是今后此类旅游地产物业的经营方向。

趋势 7. 策划、规划、产品顾问的龙头作用日益凸显

面对专业化程度越来越高的房地产开发，仅靠开发企业和设计单位已经难以满足复杂的开发系统工程，加之旅游地产的规模庞大，系统繁杂，现有的智库已经远不够用，因此，

专业顾问公司的作用就显得非常明显，尤其是在设计方介入之前，顾问公司可以起到指导性的作用。由于顾问公司经验丰富，专业化程度高，在整体定位、市场调研、客户研究、产品建议等方面都能提出专业且合理化的建议，同时顾问公司在平衡开发商和政府、开发商和设计院等各方关系上都能起到特殊的作用。

新手知识总结与自我测验

总分：100 分

第一题：哪几个要素对旅游地产构成威胁？（20 分）

第二题：旅游地产风险在不同阶段有哪些不同特征？（30 分）

第三题：旅游地产风险有哪些控制策略？（20 分）

思考题：未来中国旅游地产会怎样发展？（30 分）

得分：

签名：